프랜차이즈 시작이 달라야 성공한다

프랜차이즈 생명은
'통일성 유지'

『프랜차이즈 1,000호점 만들기』, 『프랜차이즈 슈퍼바이저의 정석』, 『프랜차이즈 현장의 모든 것』을 구독해 주신 독자 여러분께 진심으로 감사의 마음을 전합니다. 많은 분들께서 책에 깊은 감명을 받으셨다는 소중한 피드백 덕분에, 성공적인 가맹사업을 꿈꾸는 분들에게 실질적인 도움을 주고자 『프랜차이즈 시작이 달라야 성공한다』를 출간하게 되었습니다.

현재 자영업을 운영하며 프랜차이즈 사업을 준비 중이거나 가맹사업 초기 단계에 있는 창업주와 CEO들이 원하는 프랜차이즈를 성공적으로 구축할 수 있도록 이 책을 집필했습니다. 필자가 1호점부터 메이저 프랜차이즈로 성장하기까지 직접 실천하며 터득한 노하우를 현실적이고 실질적인 관점에서 담았습니다.

프랜차이즈를 성공적으로 운영하기 위해서는 처음부터 기본 원칙과 역할을 철저히 준수해야 합니다. 이를 간과하면 기대하는 목표를 달성하기 어렵습니다. 이 책에서는 가맹본부와 가맹점이 함께 성장할 수 있는 방안을 정리하고, 실천 가능한 구체적인 전략을 명확하게 제시했습니다.

프랜차이즈의 본질은 가맹본부와 가맹점의 상생입니다. 어느 한쪽의 이익에만 집중된다면, 장기적으로 성공적인 가맹사업을 기대하기 어렵습니다. 가맹본부와 가맹점이 상호 동반자로서 각자의 역할을 완수할 때 비로소 지속 가능한 성장이 가능합니다.

또한, 프랜차이즈 브랜드가 성장하려면 어디에서든 동일한 맛과 서비스를 유지해야 합니다. 검증된 모델 매장을 다른 지역에 오픈했을 때도 일관성을 유지할 수 있어야만 메이저 프랜차이즈로 도약할 수 있습니다.

이를 위해 프랜차이즈는 단순화, 표준화, 전문화를 이루고, 조직을 슬림화하여 경영자의 의사결정이 신속하게 가맹점에 전달되고 실행될 수 있도록 체계적인 시스템을 구축해야 합니다.

프랜차이즈 사업은 가맹본부에서 먼저 모델 매장을 운영하며 사계절 동안 수익성을 철저히 검증한 후에 시작해야 합니다. 마치 첫 단추를 잘 끼워야 옷이 제대로 여며지듯, 1호점의 성공 여부가 가맹사업의 성패를 좌우하기 때문입니다. 성공적인 가맹사업에서 1호점인 모델 매장의 중요성은 아무리 강조해도 지나치지 않습니다. 1호점은 브랜드의 첫 발걸음이자 성공의 토대입니다. 브랜드의 정체성을 확립하고, 유행이나 계절적 변화에도 안정적인 매출과 수익을 보장할 수 있는 매장을 구축하는 것이 가맹사업 추진 전 가장 중요한 과제입니다.

프랜차이즈는 어디서나 동일한 맛과 서비스를 제공해야 합니다. 이 부분이 무너지는 순간 프랜차이즈의 존재 가치는 급격히 떨어집니다. 가맹사업에서 1호점과 똑같은 방식으로 모든 가맹점을 운영하는 것이 성공의 열쇠입니다. 가맹본부의 역량과 브랜드 경쟁력에 따라 메이저 프랜차이즈로 도약할 수 있습니다.

가맹본부를 경영 자문과 임직원 대상 강의를 통해, 가맹점이 200호점은 고사하고 100호점조차 안정적으로 정착하지 못하는 근본 원인이 신뢰할 수 있는 성공 모델 매장의 부재와 현장 실행력 부족에 있음을 직접 경험했습니다. 프랜차이즈의 기본 원리와 시스템에 대한 이해 없이 막연한 기대만으로 메이저 프랜차이즈를 꿈꾸는 것은 어불성설입니다.

브랜드 통일성 유지는 프랜차이즈의 근간과 다름없습니다. 이는 구성원들의 프랜차이즈 원리와 시스템에 대한 이해, 그리고 강력한 실행력이 있어야 가능합니다. 프랜차이즈를 사람 중심의 교육사업이라고 말하는 이유가 바로 여기에 있습니다.

디지털 시대를 넘어 융합의 시대로 접어들면서 프랜차이즈 시장도 급격히 변화하고 있습니다. 주변 환경이 변할수록 더욱 기본에 충실하고 초심을 잃지 않아야 합니다.

개인 창업 후 성공을 거두어 본인의 의지나 주변의 권유로 프랜차이즈 사업에 뛰어드는 경우가 많습니다. 처음부터 프랜차이즈에 대한 이해가 부족한 상태에서 가맹사업을 시작할 수밖에 없는 것이 현재 프랜차이즈 시장의 현실입니다.

『프랜차이즈 시작이 달라야 성공한다』에 담긴 내용을 현장에서 강력히 실행하는 브랜드는 향후 메이저 프랜차이즈로 도약할 수 있는 초석을 다질 수 있을 것입니다.

프랜차이즈 사업을 희망하거나, 100호점, 200호점, 300호점을 앞둔 모든 브랜드와 메이저 프랜차이즈를 꿈꾸는 가맹본부에게 이 책이 귀중한 지침서가 되기를 바랍니다.

김진석

CONTENTS

수익성 있는
성공모델
매장 구축

01
수익 극대화 모델 매장 안착

프랜차이즈는 모델 매장을 성공시켜 동일한 맛과 서비스를 전국에 있는 불특정 다수 고객에게 제공하여 브랜드를 좋은 이미지로 널리 알려서 매출 증대로 인한 수익이 창출되어 가맹본부와 가맹점이 상호 상생하는 사업 형태이다. 모델 매장을 사계절 동안 운영했을 때 계절적인 영향을 크게 받지 않고 꾸준한 매출을 보여서 일정한 수익이 발생한다고 확실하게 검증이 되었다고 확신할 때 가맹사업을 추진해야 성공할 수 있는 발판을 마련할 수 있다. 안정적인 모델 매장의 안착이 없이는 프랜차이즈 사업을 꿈꾸어서는 안 된다. 시기의 문제일 뿐 결국 실패로 이어질 수밖에 없다. 결국 프랜차이즈는 완벽하게 검증된 성공적인 모델 매장 없이는 가맹점과 상생할 수 없는 구조이며 프랜차이즈가 갖추어야 할 가장 기본적인 원칙이다.

가맹점의 만족도 없이는 활발한 신규 가맹점 확산은 기대하기 어렵다. 표본매장인 모델 매장의 수익은 성공적인 가맹사업의 척도나 다름없기에 심혈을 다해 안정적인 수익 창출에 총력을 다해야 한다. '이 정도 매출이면 가맹점을 내도 되겠다'라는 안일한 생각으로 가맹사업을 전개했다가는 오래갈 수가 없는 것이 프랜차이즈 가맹사업의 진리다. 따라서 가맹사업을 희망하는 예비 경영자는 확실하게 이점을 인식할 필요가 있다. 개인 자영업을 하다가 자의 반 타의 반으로 프랜차이즈 사업을 시작하는 경우가 많다. 부분별로 객관적인 검증이 안 된 상태에서 주변의 권유나 가맹점을 하고 싶다는 희망자가 있을 때 일단 매장을 오픈해 탄생한 브랜드가 대다수라고 해고 틀린 말이 아닐 정도다. 100호점을 못 넘기는 주된 원인이 여기에 있다고 볼 수 있다. 성공적인 프랜차이즈 사업을 달성하기 위해서는 성공적인 1호점 즉 모델 매장을 누가 보아도 인정할 수 있도록 완벽하게 구축하는 것이 급선무다.

매장 매출이 높으면 수익도 함께 높아지는 것은 당연한 논리지만 수익이 비례하여 발생한다고 볼 수는 없다. 점포 여건과 환경을 비롯하여 고정비 및 원가율 등 매출에 따른 여러 비용 발생 요인이 수반되어 수익률이 산정되기 때문이다. 특히 누가 어떻게 매장을 운영했느냐에 따라서도 수익률이 다르게 나타난다는 사실을 가맹본부는 간과해서는 안 된다. 현실적으로 수익을 산출해서 실질적인 수익을 파악하는 것이 중요하다. 이 부분을 놓치면 기대하는 바가 수포로 돌아갈 수 있기에 각별히 유념해야 한다. 홈페이지에 일 매출 신기록 달성을 숫자로 표기해놓은 브랜드를 쉽게 볼 수 있을 것이다. 인건비와 임대료 등 세부적인 사항을 살펴보면 매출과 수익은 정비례하지 않는다는 것을 알 수 있다. 매장 수익은 보이는 매출이 전부가 아니라는 것과 같은 맥락이다. 투자수익률이 좋은 매장이 점포 평수가 넓어서 매출이 상대적으로 높은 매장보다 안정적으로 오랫동안 매장을 운영하기가 수월 하다는 것이 여러 브랜드를 통해 입증되었다고 할 수 있다.

성공적인 가맹사업을 희망하는 예비 경영자는 매장 내에 항상 고객이 붐벼 지나가는 사람들이 "저 집은 왜 이리 사람이 많을까?" 의아해할 정도로 뇌리에 각인시킬 수 있는 성공모델 매장을 만들어야 한다. 언제나 매장을 지나칠 때마다 빈자리가 없을 정도로 장사가 잘되게 만드는 것이 최우선 과제라 할 수 있다. 여기서 가맹사업의 성공 여부가 반은 정해진다고 보아야 한다.

프랜차이즈 사업에서 최고의 브랜드 홍보모델은 다름 아닌 운영 중인 가맹점이다. 가맹사업 초기는 예비 창업자 인근에 매장이 없어서 영업담당의 말을 듣고 신규 계약을 체결할 수 있으나 최소 가맹점이 50개 정도 오픈한 브랜드는 예비 창업자는 운영 중인 가맹점을 방문하여 매장 분위기와 점주의 표정을 확인하는 것이 일반적인 현상이다.

따라서 가맹사업을 성공시키기 위해서는 확실하게 검증된 모델 매장, 즉 '안테나 매장'을 운영하고 시스템과 성과가 다른 가맹점으로 파급되어서 유사한 매출과 수익이 나올 수 있도록 만들어야 한다. 무엇보다 우선 해야 할 가맹본부 선결과제이다.

고객 충성도가 높아지면 브랜드가 입소문을 타고 확산되며 신규 고객으로 전환되고 시일이 지날수록 단골 고객이 많아져서 지인까지 함께 방문하는 충성고객을 얼마나 확보하느냐가 수익 발생의 근원이라 할 수 있다.

외식 프랜차이즈는 더욱 그렇다. 브랜드에 대한 입소문을 좋게 나게 하려면 먼저 가성비가 좋은 맛과 최고의 서비스를 지속적으로 제공할 수 있어야 한다. 잠깐 잘되다가 어느 순간 머릿속에서 지워지는 브랜드가 의외로 많은 것이 작금의 현상이다. 가맹본부의 역량과 경쟁력 부족에서 비롯된다고 볼 수 있다.

프랜차이즈 가맹본부는 직접 고객을 상대하는 것이 아니라 가맹점을 통해서 매출을 발생시키는 구조이므로 모델 매장과 동일한 수준으로 매장 운영을 할 수 있도록 가맹점 교육과 관리 및 지도를 철저히 해야 한다.

필자가 1호점부터 몸담았던 브랜드가 메이저 프랜차이즈로 진입하게 된 배경에는 무엇보다도 모델 매장이 성공적으로 정착하여 고객으로부터 좋은 브랜드라는 이미지로 확실하게 자리매김한 것이 크게 영향을 주었다고 볼 수 있다. 물론 부수적인 부분도 중요한 비중을 차지했으나 일차적인 핵심 요인은 성공모델 매장의 힘이라고 확신할 수 있다. 성공적인 가맹사업을 이루기 위해서는 안정적으로 수익을 창출할 수 있는 검증된 모델 매장이 필수다.

02
조리 간편성과 주방 편리성 구비

아무리 장사가 잘되고 이윤이 많더라도 조리 과정이 복잡하고 주방 일이 힘들다면 매장을 오랫동안 운영하기가 쉽지 않다. 예비 창업자가 창업에 관심을 갖고 가맹 상담을 마친 후 기존에 운영 중인 가맹점을 방문하여 브랜드에 대해 궁금한 부분에 대해 알아보는 것이 일반적이다.

이때 가맹점주가 장사는 잘되는데 주방일이 너무 힘들다고 표현하는 경우가 종종 있다. 이 소리를 듣는 순간 브랜드에 대한 이미지가 부정적으로 인식되어 창업을 포기하는 사례가 적지 않은 것이 현실이다.

주방일의 불편함은 가맹점 확산에 큰 걸림돌이 될 수 있기에 가맹본부는 간편하고 효율적인 주방 시스템을 구비할 수 있어야 한다. 주방일의 강도가 가맹점을 확산시키는데 큰 비중을 차지한다는 사실을 인식해야 한다.

예비 창업자가 프랜차이즈를 선택하는 궁극적인 이유는 외식업 경험이 적더라도 가맹본부에서 실시하는 일정한 교육만 이수하면 손쉽게 메뉴를 완성 시킬 수 있으며 이른 시간에 어려움이 없이 조리 레시피대로 맛을 낼 수 있다는 확신 때문이다. 만약 가맹본부가 이런 부분을 놓쳐서는 프랜차이즈로 순기능을 할 수 없기에 특별히 유념하고 조리 매뉴얼을 완성 시켜야 한다.

주방 근무자가 조리가 아닌 요리 속성이 강한 메뉴를 만들 경우 매번 동일한 맛을 내기가 힘들다. 이는 프랜차이즈 본연의 목적인 동일한 맛을 제공하는데 어려움이 따른다. 조리하기에 간편하게 만들어진 레시피를 활용하면 일정한 교육을 이수하게 되면 특별하게 손재주와 눈썰미가 부족한 사람을 제외하고는 대체로 같은 맛을 수월하게 낼 수 있다.

조리 실력은 사람에 따라 개인차가 클 수밖에 없다. 이런 간극을 최소화할 수 있도록 브랜드만이 갖는 조리 기법 완성이 활발한 가맹사업을 전개하는데 필수 요소라 할 수 있다. 주방의 편리성과 조리 간편성은 브랜드 존속기간을 결정지을 정도로 프랜차이즈 사업에서 중요한 요인이다.

　대부분의 브랜드나 직영점은 다소 주방일이 힘들어도 참고 견디어 내면서 매출을 올릴 수 있는 여건과 환경을 조성하고 있다. 반면에 가맹점은 여러 요인으로 인해 직영점같이 장기간 운영한다는 것이 결코 쉬운 일이 아니다. 안정적인 주방 근무자의 안착이 어려운 것이 첫 번째 요인이라 할 수 있다.

　이를 극복하기 위해서는 짧은 조리 교육으로도 동일한 맛을 낼 수 있게끔 간편한 조리 레시피와 주방 시스템을 구축할 수 있어야 한다. 경영자가 반드시 유념해야 할 사항이다.

　프랜차이즈 창업과는 달리 개인 자영업을 할 경우는 주방일이 힘든 것보다는 매출과 수익에 더 집중하려는 경향이 강하다. 하지만 프랜차이즈를 하는 목적은 손쉽게 제품을 완성하여 고객에게 제공하려는 의도가 크기에 주방일의 강도가 브랜드를 선택하는 중요한 기준이 된다.

　가맹사업을 추진하려는 가맹본부는 가맹점에서 '주방 일이 힘이 많이 들지 않다'라는 인식을 가질 수 있도록 만드는 것이 무엇보다도 우선으로 구축해 놓아야 한다. 주방일이 힘들면 장기간 운영이 곤란해지게 되어 타업종을 고려하는 경우가 예상보다 많이 발생하게 된다. 주방 여건을 살펴보면 속칭 주방일의 선수가 아닌 이상 엄두가 안 나서 양도·양수도 어렵게 되는 사례가 많다.

　주방의 편리와 간편성은 프랜차이즈 사업을 활성화하는 큰 무기가 된다. 물론, 아이템 특성에 따라서 어쩔 수 없이 약간의 조리 기술을 요구하는 경우가 있다. 아이템을 불문하고 대표메뉴만큼은 간편한 레시피로 완성 시킬 수 있도록 해야 한다. 조리의 간편성은 예비 창업자와 기존 가맹점주의 만족도를 높일 수 있는 요소임을 가맹본부는 늘 염두에 두고 지속해서 개선하며 가맹사업을 펼쳐야 한다.

모델 매장은 대부분 직영점으로 운영되기에 주방일이 힘들어도 묵시적으로 인정은 하나 표면적으로 드러내지 않고 매장을 운영하는 경우가 많은 편이다. 하지만 간과해서는 안 될 사항이 가맹점은 인력구성부터 여건과 환경이 다르다는 사실이다.

주방 경험이 전혀 경험이 없어도 가맹본부 교육만 이수하면 충분히 주방을 쳐낼 수 있도록 만들어야 한다. 단기간에는 주방일이 힘이 들어도 견딜 수 있으나 오랜 기간 매장에서 반복하여 매장을 운영한다는 것은 어렵다. 필자는 이런 이유로 매장을 오픈한지 얼마 지나지 않아서 매장일이 힘들다고 볼멘소리를 하는 경우를 자주 접한 경험이 있다.

따라서 모델 매장에서 가맹점 시각으로 조리 매뉴얼을 다시 한번 간편성과 편리성을 추구할 수 있도록 재정립하는 것을 가맹본부는 잊지 말아야 한다. 모델 매장에서 부족한 부분을 보완해서 시스템화할 필요가 있다는 의미다. 아이템 특성에 따라 상이하겠으나 간편하게 동일한 맛을 낼 수 있는 소스 개발에 만전을 다한다든지 모델 매장에서 나오는 고유의 맛을 최대한 보존한 상태의 원 팩 시스템을 도입하여 가맹점에 공급할 수 있도록 제도적 장치를 마련하는 것이 중요하다.

또한 주방은 주방기기의 편리한 사용을 위한 동선을 신중하게 짜야 한다. 매장 공사 시 점포마다 여건이 다르기에 적합한 주방기기 위치선정을 통해 손과 발의 편리함으로 효율성을 높일 수 있도록 배치해야 한다. 주방은 메뉴를 짧은 시간 안에 힘을 덜 들이고 메뉴를 완성할 수 있는 주방 동선을 짜야 한다. 메뉴 맛을 내는데 적합한 주방기기를 선정하는 것도 소홀히 해서는 안 될 부분이다. 효율적인 주방 공간이 될 수 있게 점포 전체 평수에서 차지하는 비율을 적정하게 모델 매장에서 차지하게 만들어 놓아야 한다.

주방 환경을 신경 써서 일하기 편리하고 되도록 손쉽게 구성해 놓아야 주방 근무자가 정착하는 데 긍정적인 요인으로 작용하게 된다. 똑같은 맛을 내는 데 불리하게 작용할 수 있는 핵심적인 이유 중의 하나가 잦은 주방 인력 교체에 있다고 해도 지나친 말이 아니다. 따라서 새로운 인력이 충원되어도 주방 동선이 효율적으로 되어 있어서 근무자의 손발이 잘 맞아 신속하게 고객에게 메뉴를 제공할 수 있도록 해야 한다.

그래서 조리를 누구나 가맹본부 교육만 이수하면 손쉽게 동일한 맛을 낼 수 있게끔 만든다는 것이 현실적으로 매우 어려운 것이 사실이다. 가맹사업 초기에 어느 정도 가맹점을 오픈시켰다가도 어느 순간부터 정체되는 것이 대다수가 동일한 맛을 지속적으로 유지하지 못하기 때문이다. 이는 고객이 서서히 이탈하기 시작하는 근본적이 이유이다. 따라서 모든 가맹점에서 동일한 맛을 낼 수 있도록 조리를 간편하게 하고 주방 근무자의 편리를 추구할 수 있도록 모델 매장에서 완벽하게 구현해 낸 후 가맹사업을 추진하는 것이 성공의 지름길이다.

03
고객에게 감동을 줄 수 있는 진정성 있는 인사

아무리 맛과 분위기가 매우 뛰어나도 매장에서 근무하는 종업원이 불친절하다면 다시금 발길이 가지 않게 된다. 외식업에는 '두 번의 기회는 오지 않는다'라는 말이 있다. 단 한번의 서비스 불만족을 느끼면 고객은 이를 쉽게 이해하고 넘어가지 않는다는 의미다.

반면, 고객이 매장을 방문하였는데 종업원의 서비스가 만족스러웠나면 좋은 이미지로 브랜드가 오랫동안 뇌리에 남게 된다. 그러나 서비스 업종에 근무하는 종업원은 대다수가 자신은 고객에 충분히 서비스를 잘하고 있다고 착각하는 경우가 많다. 나를 평가하는 것은 내가 아니라 남이라는 사실을 가맹본부는 교육을 통해 확실하게 주지시킬 수 있어야 한다.

모델 매장은 인사부터 서비스가 만점인 매장으로 만들어야 한다. 프랜차이즈는 대다수가 모델 매장이 창업자 오픈전 교육 매장으로 활용하고 있다. 모델 매장은 가맹점이 오픈하기 전에 대부분 현장 실무 조리 교육을 위해 거쳐 가는 장소이다. 모델 매장을 브랜드의 거울이라고 부르는 이유가 여기에 있다.

교육생이 직접 현장실습을 하는 동안 고객서비스는 이렇게 하는 것이라고 느낄 수 있도록 뇌리에 확실히 심어주는 장소이다. 눈으로 보고 느끼면서 나도 우리 매장에서 저렇게 고객에게 응대해야겠다는 각오를 느낄 수 있어야 한다. 결국 모델 매장에서 맛은 물론이고 서비스까지 동시에 완벽하게 만들어야 하는 이유다.

고객서비스의 시작은 상대를 존중하는 마음에서 비롯되는 진심 어린 인사이다. 사람은 자신에게 인사하는 사람의 마음을 인사를 받는 순간 알아차리게 되는 것이 인지상정이다. 진심으로 섬기는 자세로 인사하고 진정성이 깃든 마음 자세로 고객을 맞이하고 응대해야 고객의 뇌리에 좋은 이미지의 브랜드로서 남게 되는 것은 자명한 사실이다.

그러나 이러한 원칙을 알고 있음에도 불구하고, 실제로 실행되지 않는 경우가 문제이기에 반복적인 교육이 절실하게 요구된다. 매장 안에서 고객에 대한 인사는 종업원 전체가 함께하는 것이 효율적이다. 처음으로 고객을 본 직원이 큰소리로 인사를 하면 이를 들은 타 직원이 함께 복창하는 것이 효과적인 인사 방식이다. 또한 홀 근무자가 매장 내에서 고객의 흐름을 간파할 수 있는 지혜가 필요한 대목이다. 정성을 다한 서비스가 몸에 익숙할 때까지 반복적이고 지속적인 교육과 실습이 절실히 요구되는 부분이 고객서비스다.

필자가 근무했던 브랜드는 가맹점을 관리하는 핵심지표인 Q(품질, Quality), C(청결, Cleanliness), S(서비스, Service)에 G(인사, Greeting)를 추가해서 관리하고 평가했다. G는 greeting의 인사를 줄인 말이다. 즉 서비스는 인사가 처음과 끝이라고 해도 틀린 말이 아니라는 것을 신생 브랜드를 메이저 브랜드로 진입시키는 과정에서 뼈저리게 경험하고 터득하였다.

고객의 발이 뜸하고 매출이 저조한 매장을 전 종업원에 인사의 중요성을 강조하고 철저히 교육 시킨 결과 예상치 못한 매출 증대로 이어지는 것을 목격했다. 매장에 들어오는 고객에게 모두가 한목소리로 반갑게 진정성이 있는 소리로 인사를 하고 매장을 나서는 고객에게는 문까지 배웅하며 인사를 해서 초래된 결과다.

나아가 브랜드 차원에서 '모든 가맹점에 고객에게 감동을 주는 서비스는 진정성 있는 인사'라는 슬로건을 내세우고 실천하여 최고의 브랜드로 거듭난 사례가 있다. 고객한테 제공하는 최고의 서비스는 진심을 담은 인사라는 것을 인식하고 인사를 가장 잘하는 모델 매장을 만들 수 있어야 한다.

고객이 이익이나 편의를 제공하기 위해 실시하는 고객서비스는 프랜차이즈 사업에서 차지하는 비중이 전체 직무의 절반 이상을 차지한다고 해도 과언이 아니다. 고객의 니즈를 파악해서 최상의 서비스를 제공하여 고객이 흡족하게 만드는 일련의 과정을 고객서비스라 할 수 있다.

고객은 어느 매장을 방문했을 시 종업원으로부터 존중받고 있다는 느낌을 받아야 다시 방문하고 싶은 마음이 생긴다. 그래서 고객서비스가 중요한 이유다. 좋은 품질과 뛰어난 맛을 갖추어야만 시장에서 경쟁력을 가질 수 있다는 생각을 가맹사업을 전개하는 대다수 브랜드가 지니고 있다. 그러나 고객서비스에 대한 중요도와 관심도는 상대적으로 많지 않은 것이 현실이다. 많은 브랜드가 '매장에서 알아서 고객에게 서비스를 잘하겠지'라는 생각에 별도의 교육과 지도를 소홀히 하는 경우가 많다.

하지만 서비스는 제공을 하는 사람이 아니라 제공받는 사람이 좋은지 안 좋은지를 판단하게 되어있다. 내가 아닌 상대방의 판단에 따라 결정된다는 점을 인식하는 것이 중요하다. 매장에서 진정성을 담아 고객을 존중하며 다가가는 서비스를 제공할 때 고객은 감동을 받고 브랜드에 대한 좋은 이미지를 갖게 되어 재방문할 확률이 높다는 것을 가맹본부는 유념해야 한다.

인사는 사람이 한평생 살아가면서 가장 기본적이면서 소중한 소통방식의 하나다. 처음 본 상대방에게 첫인상을 형성시키고 서로 믿음을 갖게 하며 좋은 관계를 유지해 주는 행동이다. 인사는 상대방을 높이고 중요하게 여기며 인정해 주는 핵심적인 요인이며 조직 분위기를 화기애애하게 만드는 첫 번째 요소라 할 수 있다.

프랜차이즈 가맹본부는 가맹점 오픈전 교육 시간에 대부분 서비스 교육 과정을 진행하고 있는데 고객서비스의 핵심은 한결같은 진정성 있는 인사라는 점을 강하게 주지시킬 수 있어야 한다. 매장을 방문하는 고객에게 종업원 전체가 큰 목소리로 진심을 담아 인사를 할 때 고객은 브랜드에 대한 첫 느낌이 좋아지게 되고 인정받는 마음을 갖게 되어 오랫동안 좋은 이미지로 각인되게 되어있다.

인사는 습관이다. 이 책을 읽는 독자 여러분도 처음 본 사람이 예의 바르고 진실성이 담긴 인사를 정성스럽게 했을 때 상대방에 대한 신뢰와 믿음이 가는 마음을 경험해 보았을 것이다. 진정성 있는 인사는 상대를 높이는 것보다 나 자신을 높이게 만드는 소통의 일원이라고 보고 매장에서 고객에게 최상의 서비스를 제공할 수 있도록 가맹점 교육을 철저히 하는 것을 가맹본부는 잊지 말아야 한다. 진실된 인사는 상대방에게 편안함과 안정감을 주며 브랜드에 호감을 형성하는 중요한 요소이다.

04
최적의 점포 입지 선정

안테나 매장인 모델 매장은 대부분 좋은 상권과 입지에 오픈되는 것이 일반적이다. 프랜차이즈 모든 브랜드 직영 1호점 매출이 상대적으로 높은 것을 알 수 있을 것이다. 우선적으로 매출이 좋아야 프랜차이즈 가맹사업을 할 수 있는 발판을 마련하게 되므로 비싼 점포 비용을 감수하고도 점포 선정을 할 수밖에 없다. 이로 인해 가맹섬 내출 사이가 발생하는 이유이기도 하다.

직영점을 운영하는 구성원의 역량 차이도 있으나 점포 로케이션의 상이함이 더 큰 요인으로 작용한다고 볼 수 있다. 데이터상으로 볼 때 부진 가맹점의 첫 번째 부진 요인이 상권과 입지가 취약한 로케이션에 점포를 오픈한 경우다. 아이템 특성과 부적합한 위치에 오픈하면 매출을 증대할 수 있는 요인이 극히 제한적이다. 정확하게 말하면 없다고 보아도 무방할 정도다.

점포 위치는 매출과 수익 창출에 직결되기에 신중하게 결정해야 하므로 가맹본부는 최적의 상권과 입지에 대한 명확한 개념 설정을 해놓고 이를 예비 창업자에게 전달할 수 있어야 한다.

직영 1호점을 전략적으로 B급 상권에 오픈시켜서 모델 매장으로 안착시키는 브랜드가 있다. 매출 증대를 이룰 확률이 적은 것이 현실이지만 아이템이 지닌 속성을 잘 고려하여 경제적인 점포를 구해서 모델 매장으로 안착시키게 되면 활발하게 가맹점 확산을 시킬 수 있는 계기를 마련할 확률이 높다.

자주 있는 사례는 아니지만 간혹 성공시키는 브랜드가 존재한다. 이러한 매장은 메이저 프랜차이즈 진입의 초석을 이루는 매장이 되기에 가맹사업을 희망하는 경영자는 참고할 필요성이 있다. 전국의 상권을 볼 때 A급 상권이 많지 않고 있어도 점포 투자 비용이 만만치 않아서 점포 확정이 수월하지 않기에 B급 상권에서 모델 매장 성공은 순조롭게 가맹점을 확산시킬 수 있는 비결이 될 수 있어서 시도해 볼 만한 방식이다. 이는 아이템의 특성을 잘 살릴 수 있고 메뉴의 경쟁력 있다고 확신이 있을 때 할 수 있는 형태이다.

프랜차이즈는 성공적인 수익모델 매장을 만들어서 가맹본부의 노하우를 가맹점에 전수시켜 모델 매장처럼 동일하게 운영할 수 있도록 제반 부문을 시스템화하여 기대수익을 내게끔 만드는 것이 근본적인 목적이다. 외식업에서 점포 위치는 말로 표현할 수 없을 정도로 중요하다. 속칭 장사의 귀재라고 말하는 사람들은 점포 물색 시 입지가 좋으면 과감하게 권리금을 주고 계약하는 편이다. 장사 경험이 없는 사람은 엄두도 못 낼 일이나 점포 속성을 아는 경우는 충분히 회수 가능하다고 판단하여 투자하는 것이 일반적이다.

가맹본부는 브랜드가 지닌 특성을 정확하게 파악하여 최적의 로케이션을 정립해 놓아야 한다. 예비 창업자의 투자수익률을 최대로 높여줄 수 있도록 경제적인 점포를 물색할 수 있는 노하우를 전수해 줄 수 있어야 하기 때문이다. 아이템은 좋은데 가맹점 확산이 원활하게 이루어지지 못하는 브랜드를 보면 예비 창업자가 점포를 확정하지 못해서 오픈이 늦어지는 경우가 많다. 점포 로케이션은 활발한 가맹사업을 전개하는 데 중요한 영향을 미친다.

가맹본부에서 아이템에 따른 전국 입점 가능 상권을 파악하여 예비 창업자에게 상권정보를 제공해 주면 빠른 점포 확정에 도움이 될 수 있다.

점포 상권과 입지가 다른 지역에서 모델 매장과 같은 매출이 발생할 것이라고 여겨서는 안 된다. 예를 들어서 강남의 유동 인구와 많은 지역에 오픈시킨 직영점이 잘된다고 해서 같은 강남의 다른 지역에 가맹점을 오픈했다고 잘된다는 보장이 없다는 의미다. 즉 가맹본부에서 운영할 경우와 가맹점에서 운영할 때 매출은 극명하게 다를 수 있다는 점을 유의해야 한다.

반면에 모델 매장이 아닌 다수의 직영점을 가맹본부에서 운영한다고 가정할 때 해당 직영점을 가맹점으로 전환 시켜서 운영하면 직영으로 운영할 때보다 가맹으로 운영했을 때가 더 큰 매출을 보이는 경우가 많다. 모델 매장과 또 다른 직영점과는 여러 여건과 환경이 현격한 차이를 보인다는 것을 의미한다.

대다수 브랜드가 모델 매장은 가맹사업의 첫 단추이기에 심혈을 기울여 최고의 상권과 입지에 오픈시키는 경향이 강하다고 할 수 있다. 가맹점에서 물색한 점포는 제반 상황을 고려하여 가맹본부에서 승인 여부를 결정해 줄 수 있어야 한다.

가맹본부는 성공적으로 안착한 모델 매장의 상권과 입지를 분석하여 어느 지역에 점포를 물색해야 하는지를 설정해 놓고 예비 창업자에게 인지시켜야 한다. 어느 사람이 어떻게 매장을 운영하느냐에 따라서 매출이 차이가 나는 것이 당연한 논리나 점포 로케이션이 미치는 영향이 지대하기에 소홀히 해서는 안 될 부분이다.

점포를 물색할 때 상권도 무시 못 하지만 그보다도 더 중시해야 할 부분은 입지다. 입지는 점포가 위치한 곳을 뜻한다. 상권이 열악해도 좋은 입지에 점포를 구하면 투자 대비 수익률이 높다. 하지만 대다수 가맹본부 모델 매장인 직영 1호점은 최고의 상권에 입점해 있다고 보아야 한다. 모델 매장 로케이션을 그대로 모방하려다 보면 점포 확정이 늦어지고 많은 점포 투자비로 인해 창업을 포기하는 사례가 빈번하게 발생하고 있다.

모델 매장을 최고의 상권과 입지에 오픈시켜야 한다는 생각으로 추진했다가 가맹사업이 기대 이하로 전개되는 브랜드가 의외로 많다. 이는 모델 매장과 가맹점이 상이한 속성을 지니고 있기 때문이다. 점포 위치와 운영상 차이가 그 결과로 나타나는 것이다. 이러한 간극을 최소화할 수 있는 가맹본부가 성장 속도가 빠르다.

직영점을 여러 개 오픈시킨 후 가맹사업이 예상보다 활발하게 진척되지 못하는 사례를 볼 수 있을 것이다. 직영점 운영하던 방식으로 가맹점을 관리하면 된다는 사고에서 비롯되며 가맹사업의 원리를 명확하게 간파하지 못하는 데서 나타나는 현상이다. 프랜차이즈는 직영과 가맹사업은 현저한 차이를 보인다.

모델 매장의 상권과 입지 선정은 진입장벽이 어렵지 않은 상권과 입지를 선정하여 오픈시키는 것이 예비 창업자가 점포를 확정하는데 선택의 폭이 넓어져 빠른 점포 확정에 유리하게 작용할 수 있다. 물론 브랜드를 홍보하는 차원의 직영점은 다를 수 있다.

05
효율적인 적정 점포 평수 정립

프랜차이즈는 결국 가맹점 수에 따라 브랜드 파워가 결정된다. 가맹점을 전국적으로 오픈시키기 위해서는 예비 창업자가 점포를 물색하고 확정 짓는데 수월해야 한다. 창업을 위해서 브랜드를 확정 짓고 점포를 구하는데 희망하는 평수의 점포 물색이 오래 걸리고 어렵다면 하고자 하는 브랜드를 포기할 수밖에 없기 때문이다. 아이템에 따라서 차이가 있을 수 있지만 프랜차이즈는 20평대 매장으로 모델 매장을 정립하여 확장 시키는 것이 신규 개설에 유리하다. 어떤 아이템이라도 40평 이내로 가맹점을 오픈하는 것이 가맹점 확산을 더욱 쉽게 만드는 방법이다.

실제로 50평대 이상은 점포를 물색하기도 어렵지만 매장을 통일성 있게 운영하는데 여러 장애요인이 발생해서 프랜차이즈 특성을 살리기가 현실적으로 쉽지 않다.

대형 평수는 주로 유흥상권에 적합한 아이템이 대부분인데 이곳은 빈 점포가 드물고 점포 권리금과 임대료가 비싸서 일반적인 창업자가 선뜻 점포를 확정 짓기가 만만치 않은 약점을 갖고 있어서 가맹점을 확산에 어려운 부분이 있다. 1,000호점을 넘긴 브랜드는 점포 평수가 대체로 20평 이내가 주류를 이룬다.

　가맹사업을 전개하려는 가맹본부는 가맹점 최소 평수와 최대 평수를 사전에 책정해 놓아야 한다. 브랜드 정체성이 뚜렷한 브랜드일수록 적정 점포 평수를 명확하게 규정하고 있다. 점포 평수에 대한 기준 설정을 확실하게 해놓고 신규 개설을 진행한다.

　프랜차이즈의 궁극적인 개념은 전체 가맹점의 통일성을 유지하는 것이다. 유일하게 다름을 인정하고 허용하는 것이 점포 평수라고 할 수 있다. 예비 창업자가 원하는 점포 평수를 대다수 가맹본부는 승인해주고 있는 편이다. 최소 평수와 최대 평수를 왜 권유하는지를 창업희망자에게 이해가 갈 수 있도록 설명해 주는 것이 좋다. 효율성과 생산성을 고려하기 때문임을 전달하면 대다수 예비 창업자는 수긍한다.

　점포 평수가 작아도 투자 대비 수익률이 높으면 가맹점 만족도가 높아지게 되어있다. 투자비를 빠르게 회수할 수 있는 평수가 최적의 점포 평수인 셈이다. 점포 평수와 매출이 비례할 수 있으나 수익성은 다른 양상을 보이는 경우가 많다. 점포 수익은 매장을 누가 어떻게 운영하느냐에 따라서 많은 차이를 나타내기 때문이다.

　외식업종은 아무리 브랜드 자체 경쟁력이 좋아도 외부 환경에 밀접하게 영향을 받게 되어있다. 장기적으로 일정한 수입을 유지하기 위해서 평수가 큰 매장이 불리한 이유이다. 예기치 못한 코로나로 인해 오랫동안 매출 부진으로 이어져 외식업 전반에 걸쳐 어려움을 겪었을 때 평수가 작을수록 손실의 양이 적었고 일부 브랜드는 그 와중에도 수익을 창출하는 곳이 있었던 것처럼 특수한 아이템을 제외하고는 대형 평수보다는 적은 평수가 가맹사업을 전개해 가는 데 유리하다고 할 수 있다.

가맹점 수익이 가맹본부 수익으로 직결되기 때문이다. 큰 평수 매장은 예상하지 못한 외부 상황이 발생할 때 단축 영업과 매출 부진으로 이어질 때 인건비와 임대료 부담이 커서 매장 운영이 어렵게 된다. 종업원을 감축하기도 그렇고 안 하자니 다를 수 있지만 프랜차이즈 매장을 확산하는 데는 평수가 넓을수록 불리하다는 것은 자명한 사실이다.

가맹사업을 전개하기 전에 가맹점 평수를 책정하고 모델 매장을 물색하여 오픈시키는 것을 염두에 두어야 한다. 예비 창업자는 직영점을 보고 유사한 크기의 점포를 물색하는 경우가 많기 때문이다.

큰 평수 매장은 시일이 지날수록 초심을 잃기가 작은 평수보다 상대적으로 빠르게 나타난다. 종업원 이탈 현상이 잦고 인력 충원도 쉽지 않아서 정상적인 영업 활동이 어려울 수 있다. 반면, 작은 평수가 프랜차이즈 사업을 번창시키는데 유리한 이유다. 다만 아이템의 특성을 고려하여 전국적으로 가맹점 수를 몇 호점까지만 개설하겠다고 정책이 확립된 상황에서는 큰 평수 위주로 가맹사업을 펼쳐도 무방하다.

또한 유동 인구가 많은 번화가의 특정한 지역에 점포를 집중적으로 오픈시키는 전략으로 추진하면 된다. 아무리 좋은 상권과 입지에 오픈시켜도 대형 점포는 장기간 높은 매출을 유지하기 어렵다는 것을 가맹본부는 반드시 고려해야 한다. 가맹점 평수가 작을수록 매장 운영이 수월해서 프랜차이즈 사업을 공격적으로 전개하기가 좋다. 가맹점 수가 많고 롱런 하는 브랜드를 보면 작은 평수 위주로 가맹점을 중심으로 확장하고 있다.

모델 매장의 높은 수익을 기대하며 최고의 상권에 큰 평수로 오픈시키면 이상하리만큼 가맹점도 모델 매장과 같은 평수를 희망하는 경우가 많은 편이다. 모델 매장이 좋은 상권에 위치하여 매출이 높을 수밖에 없다. 모델 매장을 방문해서 고객이 붐비는 장면을 목격한 예비 창업자는 대형 점포를 선호하게 된다.

그러나 모델 매장을 따라서 유사한 상권에 비슷한 평수로 오픈시켰다가 시일이 지날수록 매출이 하락해 낭패를 보는 경우가 의외로 많다. 대형 매장은 숙련된 외식업의 전문가가 매장을 운영해야 시너지가 나올 수 있다고 보아야 한다. 운영상의 어려움이 크기 때문이다. 실제로 프랜차이즈 가맹점을 운영하다가 타 브랜드로 전환하는 경우도 빈번하게 발생하고 있는 실정이다.

그래서 업종전환을 희망하는 창업 문의가 왔을 시 먼저 인근 가맹점과 상권이 중복되는지를 파악하여 문제가 없으면 매장 방문해서 실평수를 확인하게 된다. 이때 평수가 권장하는 평수보다도 클 경우가 있다. 일부 공간을 접이식으로 구조로 만들어서 단체 손님을 받거나 성수기에 활용하면 효과적이다.

06
모델 매장 운영의 표준화

가맹본부는 매장 문을 열어서 마감할 때까지 일련의 진행 과정을 명확하게 규정해 놓고 가맹점에서 동일하게 실천할 수 있도록 해야 한다. 프랜차이즈 생명이나 다름없는 매장 운영의 통일성을 유지하기 위해 표준화된 운영 프로세스는 필수적이다.

가맹점에서 각기 다른 방식으로 매장을 운영하기 시작할 때 프랜차이즈는 생명력을 잃기 시작한다. 예비 가맹점주가 매장 오픈하기 전에 직영 1호점인 모델 매장에서 현장실습을 거쳐야 한다. 이곳에서 직영점 구성원의 모든 일거수일투족을 보면서 학습하게 된다. 모델 매장은 가맹점의 얼굴이 다름없다. 고객을 맞이하는 방법부터 자리 배치 및 음식 제공, 고객이 매장을 나설 때까지의 응대와 태도 등 모든 과정을 교육생이 보고 배우는 장소다.

브랜드 파워가 강할수록 모델 매장이 운영 프로세스에 입각하여 체계적이고 원칙적으로 매장을 운영하고 있다. 또한 고객에게 인사를 잘하고 만족할 만한 서비스를 제공한다. 가맹본부는 예비 가맹점주가 자신의 매장을 교육 매장에서 보고 듣고 체험한 것처럼 운영할 수 있도록 만드는 것이 무엇보다도 중요하다.

프랜차이즈 가맹점의 마감 시간은 다소 자율성을 부여하더라도 오픈 시간만큼은 동일하게 규정하고 실천하도록 만들어야 한다. 모든 가맹점 오픈 시간이 일정하면 고객으로부터 브랜드에 대한 신뢰감을 줄 수 있다.

고객이 매일 같은 시간에 가맹점이 매장 문을 연다는 것이 고객의 마음속에 인지되면 매출 증대에 도움이 된다. 매장을 닫는 시간은 상권과 입지 영향에 따라 다를 수밖에 없기에 점포 상황에 맞게 조정하는 것이 유리하다. 특히 늦은 시간까지 매장을 운영하는 가맹점은 상권과 입지에 따라 상황에 맞게 매장 운영의 재량권을 주는 것이 매출 증진에 효과적이다.

이처럼 가맹점 오픈 시간을 똑같게 만들 수 있는 브랜드는 슈퍼바이저 제도가 잘 정착되고 브랜드 경쟁력을 갖추고 있을 때 가능하다. 메이저 프랜차이즈는 대다수 브랜드가 가맹점 오픈 시간이 일정한 반면 마이너 프랜차이즈는 가맹점마다 차이를 보인다. 가맹사업을 준비하는 경영자는 가맹사업 초기부터 가맹점 오픈 시간을 통일시킨다는 원칙을 세우는 것이 바람직하다.

아무리 음식이 맛이 있어도 서비스가 부족하면 고객의 발길은 서서히 끊어질 수밖에 없다. 특히 종업원의 불친절은 고객이 발길을 끊어지게 만드는 첫 번째 핵심 요인이다. 고객은 불만이 있어도 큰 소리로 항의하기보다는 조용히 떠나버린다.

따라서 가맹본부는 고객서비스의 표준화를 정립하여 이를 모델 매장에서 정착될 수 있도록 해야 한다. 매장 운영의 정석이라 할 수 있을 정도로 모델 매장을 운영해서 홀과 주방 등 전반적인 매장 운영의 표본을 만들어야 한다. 모델 매장은 1호점이라는 특성상 매출이 상대적으로 높은 편이다. 자칫하면 운영 매뉴얼 준수를 소홀히 하는 현상이 발생할 수 있다. 장사가 잘되는 매장이 의외로 청결 상태가 안 좋은 경우가 많은 것과 같은 맥락이다. 바쁘다 보면 고객이 요청한 메뉴를 빠르게 제공하는 데 주력해서 다른 부분은 소홀히 하게 되는 현상을 초래할 수 있다.

이런 상황에서도 운영 매뉴얼을 준수하면서 고객을 맞이할 수 있는 모델 매장을 만들 수 있어야 활발한 가맹사업을 추진하는데 용이한 여건 조성이 된다는 것을 가맹본부는 유념해야 한다. 모델 매장은 교육 매장을 겸하는 경우가 많기에 어떤 상황에서도 표준화 준수를 기본으로 삼아야 한다. 교육생의 본보기가 되는 매장이 모델 매장이라는 인식을 가맹본부는 늘 염두에 두어야 한다.

제품의 종류, 모양, 품질, 규격 등을 일정하게 유지 시키는 것을 표준화라 지칭한다. 프랜차이즈는 어느 업종보다도 표준화를 요구한다. 소비자들은 프랜차이즈를 떠올리면 모든 매장이 동일하게 운영된다고 생각한다. 예를 들어 고객이 방문했던 매장이 프랜차이즈여서 다른 지역에 같은 간판을 보고 들어갔는데 먼저 방문한 매장과 다른 분위기를 느끼고 메뉴도 상이하고 가격도 틀리고 맛도 예전에 먹던 맛이 아니라면 고객은 무슨 생각일지 판단하면 프랜차이즈 사업에서 운영 표준화가 얼마나 중요한 영향을 미치는지를 알 수 있을 것이다. 매장마다 다르게 운영하면 브랜드 이미지는 실추되고 프랜차이즈로서 생명력을 잃게 되는 것은 자명한 사실이다.

가맹본부는 이유 여하를 불문하고 가맹점 운영 표준화를 이룰 수 있도록 강도 높은 교육과 관리를 해야 한다. 왜 매장에서 운영을 통일성 있게 해야 하는지를 충분하게 설명하여 이해시키고 실행하게 만들 수 있어야 한다. 가맹본부 임직원의 역량이 중요한 요소로 작용한다.

매장의 운영을 표준화시키기 위해서는 점포 운영 매뉴얼이 완비되어 있어야 한다. 정해진 매뉴얼에 따라 오픈부터 마감까지 진행 과정을 숙지하고 실천할 수 있을 때 표준화가 가능하다.

브랜드가 지닌 특성을 매장에서 살리면서 모든 매장에서 근무하는 종업원의 서비스교육을 철저히 해서 어느 매장이나 고객이 만족할 만한 서비스를 제공할 수 있도록 만드는 것이 중요하다. 원·부재료는 선입선출 방법을 잘 활용해서 신선한 품질로 제품을 완성할 수 있는 프로세스를 정립해야 한다.

이처럼 매장 운영의 표준화는 가맹점주가 모델 매장에서 완전하게 학습해서 그대로 이행할 수 있도록 만들어야 한다. 모델 매장처럼 가맹점에서 운영 프로세스를 그대로 실행할 수 있도록 만드는 것은 전적으로 경영자의 역량과 가맹본부 임직원의 능력에 달려 있다. 프랜차이즈 사업은 '사람 사업'이라고 부르는 것과 같은 맥락이다. 결국, 브랜드 성공의 핵심은 표준화를 철저히 유지하고 실행할 수 있는 시스템을 구축하는 데 있다.

PART

2

🔅

브랜드를
빛낼
네이밍과 스토리

01

아이템과 메뉴를 파악할 수 있는 네이밍

브랜드를 떠올리면 어떤 아이템으로서 무슨 메뉴를 판매하고 있는지 순간적으로 뇌리에 스쳐 갈 정도의 브랜드 네이밍을 정하는 것 이 무엇보다 중요하다. 저 매장이 무엇을 파는 곳인지 생각하게 만드는 브랜드 네이밍은 금물이다. 가맹본부에서는 세련되고 럭셔리하게 보이려는 의도로 아이템 속성과 부합하지도 않는 외래어로 네이밍을 정하는 가맹본부가 있는데 브랜드를 빠르게 널리 알리는 데 바람직한 방법이 아니다. 브랜드 네이밍을 보자마자 취급하는 메뉴를 인식하게 만드는 것이 고객의 발길을 닿게 만드는 데 유리하다. 매출이 좋고 브랜드가 잘 알려진 곳을 보면 네이밍을 보는 순간 무엇을 취급하고 있는 매장이라는 생각이 한눈에 들어온다.

반면 색다른 무언가를 표출하려는 의도로 고상하고 독특한 네이밍을 정하는 경우가 있는데 고객에게 다가가기가 수월하지 않아 장려할 만한 사항이 아니다. 브랜드 네이밍은 가급적 쉬운 문구로 고객에게 일상에서 접하는 단어를 활용하는 것이 효과적이다.

브랜드 네이밍을 정할 때 글자 말미에 아이템을 알 수 있는 단어로 표기하는 것이 좋다. 예를 들어 치킨 브랜드라고 가정할 경우 ○○○치킨이라고 정하는 것이 브랜드를 파급시키기 수월한 편이다.

필자가 경험한 바에 의하면 아이템에 따라 다소 다를 수 있으나 브랜드 네이밍은 세 글자로 정하는 것이 고객이 빠르게 인식하게 만드는 데 유리하다. 또한 아이템의 특성을 살릴 수 있는 이름이 좋은 네이밍이다. 고급스러운 이름으로 멋을 내는 네이밍은 부르기도 어렵고 기억하기도 힘들기에 지양할 필요가 있다. 가급적 단순하면서도 일상생활 속에서 쉽게 사용되고, 수월하게 접할 수 있는 단어를 사용하여 브랜드 네이밍을 정하는 것이 브랜드를 알리기에 좋다. 누구나 쉽게 입에서 쉽게 나올 수 있는 브랜드 네이밍을 정해서 알리는 게 효과적이다.

브랜드 네이밍은 아이템과 메뉴에 대한 특징을 내포할 수 있도록 조합해서 브랜드 네이밍을 만들겠다는 의지가 있을 때 획기적인 네이밍이 떠오르게 된다. 럭셔리하게 보일 수는 있으나 정작 취급하는 주된 메뉴를 한눈에 파악하기 어려워 발걸음을 재촉하지 못하게 만드는 상황을 초래해서는 안 된다. 대중에 익숙하게 알려진 아이템의 네이밍이 일반적으로 취급 메뉴가 손쉽게 알아차릴 수 있게 구성된 것을 알 수 있다. 사람들은 아무리 새로운 것을 좋아한다고 해도 음식만큼은 자신에게 익숙하고 경험한 것을 선호하게 되어있다. 치킨, 피자, 커피, 버거 브랜드가 오랫동안 많은 사람에게 사랑받고 있는 이유와 같은 이치다.

이 같은 브랜드명을 보면 모두 판매 메뉴와 조합된 네이밍을 사용한다는 것을 알 수 있을 것이다. 브랜드 네이밍은 매장에서 판매하고 있는 메뉴가 무엇인지를 소비자가 한눈에 알아차릴 수 있도록 만드는 것이 효율적이고 생산적이다.

거리에서 간판을 보면 프랜차이즈 같은데 무엇을 판매하고 있는지를 알아차리기가 힘든 곳이 많다. 평소 듣고 본 경험이 없는 간판이 생각보다 많이 걸려 있는 편이다. 개중에는 일부러 저 매장은 무엇을 파는 곳인지 호기심을 유발하려고 브랜드 네이밍을 아이템 속성과 연관이 안 가는 네이밍 정하는 경우가 있다. 한두 번 간판을 더 보게 하고 의아심을 갖게 만들 수는 있을지 몰라도 고객에게 브랜드를 빠르게 알리는 데는 어려움이 따르게 될 확률이 높다고 볼 수 있다. 쉽게 읽을 수 있고 기억하기 좋아야 현실적이고 실용성이 좋은 네이밍이라 할 수 있다.

필자가 몸담았던 브랜드가 메이저로 급속도로 성장할 수 있었던 배경에는 네이밍이라고 자신 있게 말할 수 있다. 모든 사람이 네이밍 속에서 어느 아이템이고 무엇을 판매하고 있는지가 순간적으로 떠오르고 알아차릴 수가 있어서 브랜드 인지도를 높이는 크게 기여했다고 볼 수 있다.

브랜드를 보거나 들었을 때 무슨 업종이고 어느 제품을 파는지를 순간적으로 떠올릴 수 있도록 네이밍을 정하여 프랜차이즈 사업을 전개하는 것이 브랜드를 널리 알리기에 효과적이다.

기업에서 상품에 대해서 심사숙고해서 장기간 고객에게 기억되고 관심을 받을 수 있는 상표를 정하는 것을 브랜드 네이밍이라 일컫는다. 여러형태로 네이밍을 정하는 방식이 있으나 아이템과 메뉴를 부합한 네이밍을 지을 수 있도록 하는 것이 효율적인 방식이다.

가수가 노래 제목처럼 살아간다는 옛말이 있듯이 제품의 이름은 몇 배 이상의 기대효과를 나타낼 수 있다. 사람이 일이 잘 안 풀릴 때 이름을 개명하는 것도 이 같은 논리와 별 차이 없다고 봐야 한다. 그래서 브랜드 네이밍은 매출 증대와 밀접한 상관관계를 형성하고 있다고 봐야 한다. 브랜드가 탄생한지 오래된 브랜드일수록 실리를 추구하려는 경향이 크다.

다양한 타깃층을 공략할 수 있는 네이밍

세대를 아우르는 복고풍에 새로운 변화의 물결이 합쳐진 브랜드 네이밍을 쉽게 접할 수 있다. 젊은 층과 중장년층을 동시에 타겟으로 삼는 아이템이 주로 사용하는 방식이다. 고향을 그리워하고 옛것에 대한 향수를 간직하고 싶어 하는 심리에 경험하지 못한 새로운 것을 가미해서 신선하면서도 익숙한 것에 배타적이지 않게 만들려는 의도가 내포된 네이밍을 만드는 방법이라 할 수 있다.

변화하는 트렌드를 융합한다면 획기적이고 기발한 네이밍이 탄생하여 나이를 초월해 고객층을 사로잡는 데 유리하다. 역발상적인 사고를 갖고 브랜드 간판을 의도적으로 비상식적인 호기심을 갖도록 하는 것도 젊은 세대로부터 관심을 끌기 위해 의도된 행동으로 볼 수 있다. 세상이 빠르게 제반 부분에서 시공을 초월하여 변화하고 있기에 브랜드 네이밍도 고객으로부터 사랑받을 수 있도록 심혈을 기울여서 정할 수 있어야 한다. 프랜차이즈 사업에서 브랜드 네이밍이 매출 증대에 기여한다는 점을 간과해서는 안 된다.

주된 타깃층을 겨냥하기 위해서는 의도적으로 선호할 수 있는 네이밍을 정하는 것이 좋다. 현재 프랜차이즈 아이템은 의외로 젊은 여성을 주 고객층으로 삼고 브랜드를 만드는 경우가 많은 편이다. 또한 MZ 세대를 주 타깃 고객층으로 삼고 아이템을 결정하여 탄생한 브랜드 역시 다반사다. 젊은 세대에서 통용되고 애용될 수 있는 단어를 활용하여 네이밍을 정하는 것이 브랜드를 알리고 진입장벽을 낮추는 데 효과적이다. 대부분 브랜드가 다양한 고객층을 공략 대상으로 메뉴 구성을 하는 편이나 아이템에 따라서 주 고객층이 확연하게 달라지는 경우가 있으므로 특성을 잘 살린 네이밍을 정할 필요성이 있다.

프랜차이즈는 브랜드를 많은 사람에게 알리는 것도 중요하지만 그보다 좋은 이미지로 인식시키는 것이 더 중요하다고 할 수 있다. 단순한 브랜드를 홍보하기 위해서 고객이 쉽게 다가올 수 있도록 친근감이 있는 네이밍과 남들이 부르기 쉽고 기억하기 좋은 네이밍을 만들 수 있어야 한다. 우선 브랜드를 부르기가 어렵다면 기억하는 데 많은 어려움을 겪을 수밖에 없다. 머릿속에서 쉽게 각인시킬 수 있는 브랜드 네이밍을 정하는 것이 프랜차이즈 사업을 활발하게 전개하는데 긍정적인 요인으로 작용하게 되어있다. 브랜드 네이밍은 고객 입장에서 부르기 쉽고 오랫동안 기억할 수 있는지를 우선으로 고려해야 한다. 이 점을 간과해서는 안 된다.

브랜드 네이밍은 소비자가 브랜드에 대해 최초로 느낌과 인상을 결정하는 데 큰 영향을 준다. 따라서 동종업종에서 브랜드만이 갖고 있는 우월적인 차별 요소를 네이밍에 내포할 수 있어야 한다. 단순히 색다른 이름이라는 이유로 막연하게 네이밍을 정하는 것은 바람직하지 않다.

좋은 네이밍은 감정이나 사실을 유발할 수 있는 네이밍이 좋으며 무언가 기운을 줄 수 있는 이름이라면 더욱 효과적이다. 또한 네이밍의 글자 수는 간결할수록 좋으며 읽고 쓰기가 쉬워야 고객이 기억하기 쉽다. 브랜드가 가지고 있는 고유의 본질적인 내면을 한 단어로 표현할 수 있는 네이밍이 이상적이다.

특히 독특한 성질을 의미하고 믿음과 신뢰를 줄 수 있는 단어를 사용하여 중장년층의 옛것을 그리는 향수를 불러오게 함과 동시에 현대의 모더니즘을 병행하여 브랜드 네이밍을 정할 수 있으면 고객으로부터 사랑받는 이름으로 자리 잡기가 수월하다는 것이 가맹사업을 추진하는 경영자는 유념해야 한다.

브랜드 네이밍을 보면 브랜드가 무엇을 고객에게 제공하는지를 쉽게 이해할 수 있어야 한다. "무슨 제품을 파는 곳일까?" 하고 의아심을 갖게 된다면 아이템이 지닌 특성과 성질을 그대로 빠르게 알 수 있도록 네이밍을 정하는 것이 무엇보다도 중요하다.

고객이 잠시라도 간판을 보는 순간 취급 제품에 대해서 생각하게 만드는 것은 좋지 못하다. 간혹 네이밍을 획기적인 발상으로 새로움을 표출하고 싶어서 기존의 틀을 벗어난 문구로 사용하여 정하는 브랜드가 있다. 색다른 이름을 조금이나마 보충하기 위해 간판 외의 부분에 아이템의 특성을 살리려는 문구를 표기하는 브랜드가 있는데 현실성이 결여될 확률이 높기에 권장할 사항은 아니다.

브랜드 네이밍은 단순할수록 고객이 인지하기가 좋기 때문이다. 가맹사업을 개시하기 전에 브랜드 네이밍을 한글로 표기할지 아니면 영어로 표기할지를 아이템 특성을 고려하여 신중히 결정해야 한다. 이 과정에서 브랜드가 전달하고자 하는 이미지와 고객이 직관적으로 받아들이는 인식을 종합적으로 판단하는 것이 중요하다.

03
브랜드 정체성을 반영한 네이밍

어떤 브랜드나 고유의 본질적인 특성이 있다. 이는 해당 브랜드가 가지고 있는 특질이라 할 수 있다. 남과 다른 무언가를 담고 있다고 보아야 한다. 브랜드 네이밍은 이러한 정체성을 순간적으로 파악할 수 있도록 만드는 것이 좋다. 브랜드 이름만 보거나 들어도 그 브랜드의 특색과 성격을 알 수 있을 정도의 네이밍을 정하도록 해야 한다.

단순히 남에게 불리기 쉬운 이름이라는 것만으로 브랜드 네이밍을 정하는 것은 지양해야 한다. 모든 브랜드는 남들이 가지지 못한 무언가의 특징과 고유의 성질을 지니고 있다.

따라서 브랜드 네이밍은 단순하게 이름 이상의 의미를 담아야 하며 브랜드가 대중의 마음속에 기억하게 만들기에 브랜드 본연의 속성과 특질이 함축된 네이밍을 정할 수 있어야 한다.

브랜드 네이밍을 만들 때 기본적으로 단어에 내포해야 할 내용이 있다. 브랜드를 성공시키기 위해 추진해야 할 방법과 지혜를 은연중에 담을 수 있어야 한다. 네이밍 자체에서 풍기는 깊고 오묘한 무언가를 알 수 있는 의미를 지니고 있어야 한다.

또한 네이밍에 대해 누군가 특별하게 꼭 집어서 말을 안 해주어도 네이밍이 주는 의미를 알 수 있어야 한다는 것을 염두에 두고 정하는 것이 좋다.

네이밍을 정할 때 특별하게 유의할 부분은 법률적인 검토를 동시에 진행하여야 한다는 것이다. 브랜드 정체성을 알릴 수 있는 이름에 대해 착상이 떠올랐어도 이미 상표가 등록되어 있다면 소용이 없기 때문이다. 브랜드 네이밍에는 브랜드가 태동하게 된 근원을 나타낼 수 있는 것이 좋으며 고객의 입장에서 친근하며 다가가기 쉽고 소비자의 머릿속에 오래 남으며, 이는 브랜드의 성공에 긍정적인 영향을 미친다.

브랜드의 정체성을 알리는 주요 요소들로 슬로건, 캐릭터, 심볼 마크, 로고와 함께 네이밍도 또한 매우 중요한 요소다. 500호점을 넘긴 브랜드를 보면 네이밍 속에서 브랜드만이 지닌 차별화된 아이템의 강점을 강조하고 있는 것을 알 수 있다. 이름 속에서 브랜드가 지닌 특유의 성질과 아이템을 찾을 수 있도록 지어진 것이 대다수다. 브랜드 네이밍이 정체성을 가지려면 다른 브랜드와 차별화된 특색을 지녀야 하고 브랜드 가치와 믿음을 고객이 가질 수 있도록 지어야 한다. 단순히 이름을 넘어 고객들이 입소문을 통해 자연스럽게 퍼뜨릴 수 있는 네이밍이 이상적이다.

고객과의 관계 속에서 파급성을 높일 수 있도록 네이밍을 정하는 슬기가 있어야 한다. 브랜드가 본질적으로 가지고 있는 특성을 부각할 수 있는 이름이 좋은 브랜드 네이밍이다.

타인의 것을 본뜨지 않고 스스로 새롭고 특별한 것을 만들어 낼 수 있을 때 동종업종의 브랜드와 차별성을 부각하여 고객에게 강한 이미지를 심어줄 수 있는 브랜드만이 가지는 고유의 정체성을 확립할 수 있는 네이밍을 만들었을 때 브랜드를 알리는 속도가 빠를 수 있다.

네이밍은 한번 방문한 고객을 재방문하게 만드는 데도 네이밍이 어느 정도 기여한다. 브랜드가 뚜렷하여 약간의 모호성이 없으며 단어 발음하기가 쉽고 기억에 남기 수월하면서 브랜드가 지닌 고유의 성질을 담을 수 있는 브랜드 네이밍을 정할 수 있어야 한다.

브랜드 정체성은 네이밍 뿐만 아니라 여러 부분에서 최대한 살릴 수 있어야 한다. 매장 인테리어 역시 브랜드 고유의 특성을 살리는 것이 중요하다. 홈페이지를 비롯해 제반 부문에서 브랜드 정체성을 유지하고 표출시킬 수 있어야 한다. 특히 네이밍은 더욱 그러하다.

각양각색의 브랜드 네이밍으로 간판이 하루가 다르게 올라가고 있는 것이 프랜차이즈 현실이다. 프랜차이즈 브랜드가 지금 순간에도 무수히 많이 탄생하고 있다. 반면 많은 브랜드가 우리의 머리에서 잊히고 있는 것도 현실이다. 이 같은 일이 계속해서 반복적으로 발생하고 있다고 보아야 하고 앞으로도 마찬가지 현상이 이어질 것이다.

결과론일 수 있으나 메이저 프랜차이즈 네이밍을 보면 안정감과 믿음을 심어주며 브랜드가 갖는 특별함을 한눈에 알 수 있게 정해져 있다는 인상을 준다.

오랜 세월 고객에게 널리 많이 불려서 그렇다고 볼 수 있다. 반대로 생각하면 브랜드 네이밍이 좋아서 고객에게 좋은 이미지로 오랜 세월 동안 기억되고 있다고 말할 수 있다.

아무런 의미 없이 특이하다고 판단하여 네이밍을 정하는 것을 지양할 필요가 있다. 개인 자영업을 하다가 가맹사업을 전개할 경우 기존 간판에 적힌 이름으로 브랜드 네이밍을 정하는 경우가 많은 것이 일반적인 현상이다.

프랜차이즈 사업 개시 전의 브랜드 네이밍이 고객에게 빠르게 전파되기 힘들다고 판단된다면 과감히 변화를 주는 것이 효과적일 수 있다. 브랜드 정체성이 없는 네이밍은 브랜드 경쟁력을 갖기가 어렵다. 브랜드 네이밍이 중요한 이유다.

04
브랜드 스토리 구성 요소

브랜드 스토리는 특정 세대층을 공략 대상으로 삼고 그들이 바라고 기대하는 것과 상관관계가 있는 내용으로 구성되어야 한다. 타깃층을 설정한 후 어떤 니즈를 공통적으로 지니는지를 파악하여 무엇이 좋고 옳은지를 판단하는 것과 연관을 지을 수 있는 이야기 소재를 찾아 브랜드 스토리를 만들어야 한다.

또한 가맹본부가 아닌 고객의 위치에서 기억하고 간직할 수 있는 내

　　　　　　　　　　프랜차이즈 시작이 달라야 성공한다

용으로 구성하는 것이 좋다. 진실하고 참되며 진정성이 있는 내용을 전파하여 고객의 마음에 직접적으로 와닿게 할 수 있어야 한다.

고객과의 친밀도를 높이고 긍정적으로 뇌리에 남기게 만드는 브랜드 스토리는 프랜차이즈 사업을 추진하면서 소홀히 해서는 안 될 중요한 요인으로 자리 잡고 있다. 가맹본부는 좋은 이미지의 브랜드로 고객의 마음에 늘 가까이 있게 만들 수 있는 스토리를 구성할 수 있어야 한다.

인위적으로 기획되는 브랜드 스토리는 고객의 마음을 움직일 수 없기에 지양해야 한다. 고객은 스토리를 읽는 순간에 진정성이 결여되었음을 알아차릴 수 있기 때문이다. 따라서, 진정성과 진실성을 담아낸 브랜드 스토리가 중요하다.

브랜드 스토리는 브랜드가 태동하게 된 배경, 원재료의 강점, 브랜드가 지닌 특성, 로고의 상징적인 의미, 미래의 비전, 추구하는 가치 등을 이야기 소재로 담을 수 있어야 한다. 브랜드 스토리는 브랜드가 추구하는 방향과 경영이념이 담겨있어야 한다. 기업의 미래 비전과 원하는 목표와 추구하는 고객의 핵심 가치도 포함된다면 더욱 좋다.

무엇보다도 고객의 입장에서 접근하여 스토리를 구성하는 것이 필요하다. 프랜차이즈 사업은 잠깐의 브랜드로 고객에게 기억시켜서는 본연의 목적 달성이 힘들다. 핫플 역시 마찬가지다. 꾸준히 은근하게 오랜 기간 고객의 사랑을 받아야 진정으로 프랜차이즈 브랜드로서 가치가 있다고 할 수 있다.

즉 고객의 관심을 받지 못하는 브랜드 스토리는 브랜드로서 경쟁력을 잃을 수밖에 없으므로 가맹본부는 늘 고객 입장에서 만들 수 있어야 한다. 트렌드가 지나도 고객으로부터 외면당하지 않는 좋은 브랜드로 이미지를 굳힐 수 있도록 브랜드 스토리 구성에도 신중을 기해야 한다.

브랜드가 갖는 특성 및 속성과 동떨어진 친숙하지 않은 것들로 구성해서는 효과를 보기가 힘들다. 스토리 안에서 브랜드가 지닌 무언가를 파악할 수 있는 강력한 메시지를 줄 수 있어야 한다. 고객이 보고 읽고 듣는 순간에 감흥을 받을 수 있도록 구성하는 것이 중요하다.

필자는 브랜드 스토리로 인해서 브랜드 인지도가 상승하고 꾸준히 고객으로부터 사랑받는 브랜드로 정착한 것을 경험했다. 단골 고객이 브랜드 스토리를 대다수가 알고 있으면서 주변 지인에게 지속적으로 알리고 있다는 사실을 인지한 경험도 있기에 진실한 브랜드 스토리는 고객의 기억에 오랜 기간 남아서 타인으로 파급효과가 크게 미치게 된다. 가맹사업에서 브랜드 스토리가 중요한 요인임을 일깨워 준다.

브랜드 스토리는 주 고객층한테 강한 인상을 줄 수 있으며 그들이 어떤 일을 하거나 얻고 싶은 것을 채워줄 수 있게 구성할 수 있어야 한다. 고객이 언제나 기억할 수 있고 기억하게 만들 수 있도록 정확한 메시지를 전할 수 있게 만드는 것이 최상이다. 참됨이 실린 진정 어린 이야기로 만들어서 고객이 스스로 공감할 수 있도록 해야 한다.

브랜드가 출시된 배경을 표현하고 상품으로 완성되기까지의 일련의 과정을 소개하며 브랜드 로고, 심볼, 캐릭터가 갖는 의미를 표현할 수 있도록 해야 한다. 고객이 이야기에 집중하고 빠져들 수 있도록 스토리를 구성할 수 있는 지혜 또한 필요하다. 스토리를 기존고객에 국한하지 말고 새로운 고객을 창출할 수 있도록 필요한 이야기를 구성하는 것도 놓쳐서는 안 된다.

신규 고객을 늘려서 단골 고객으로 이어질 수 있도록 만드는데 브랜드 스토리가 차지하는 비중이 크기에 경영자는 브랜드 스토리의 중요성을 마음속 깊이 새길 수 있어야 한다.

프랜차이즈 사업에서 브랜드 스토리는 여러 곳에 유용하게 활용된다. 홈페이지를 비롯하여 온라인 마케팅, 브랜드홍보 등 감초처럼 따라붙게 되어있다. 브랜드 스토리는 고객의 시야에 가까이 두는 것이 효율적이다. 고객이 브랜드를 접할 때 확연하게 띄게 할 필요가 있다.

관심을 줄 수 있도록 공간과 지면을 생산적으로 이용해야 하며 변화하는 트렌드에 발맞추어 함께 나갈 수 있는 이야기를 보완하는 것을 잊지 말아야 한다. 브랜드 스토리를 고객의 심금을 울릴 수 있는 내용으로 구성할 수 있다면 금상첨화다.

유명 대기업에서 생산하는 제품의 브랜드를 떠올리면 항상 강렬한 문구가 순간적으로 뇌리에 스치는 것을 느낄 수 있다. 오랜 기간 고객에게서 잊히지 않게 브랜드 스토리를 만들 수 있어야 한다. 브랜드에 대한 만족도가 높은 고객을 많이 확보하는 데 도움을 줄 수 있다.

05

브랜드 탄생 배경을 담은 스토리

브랜드가 시중에 나오게 된 계기와 브랜드만이 지닌 특질을 알릴 수 있는 스토리가 있으면 동종업종의 타 브랜드에 비해 월등한 경쟁력을 가질 수 있다. 남이 가지지 못하는 무언가를 나만이 지니고 있다는 것은 상대적으로 우의를 선점하는 것과 같은 이치다.

고객은 상품이 마음에 들고 서비스가 좋아야 구매동기가 생기게 된다. 인상 깊은 브랜드 스토리가 있을 때 더욱 브랜드에 대한 믿음을 갖게 되어 자주 이용하게 되는 경우가 많다. 진실이 담겨있고 공감을 줄 수 있는 스토리는 브랜드에 대한 만족도가 높아지게 된다. 솔직하고 담백한 스토리는 고객에게 무한한 신뢰를 주게 되고 매장을 다시 찾게 하는 원동력이 심어준다.

브랜드 스토리는 브랜드가 지닌 특질이 변함이 없이 처음부터 끝까지 같다는 인식을 고객한테 전달하여 재방문을 유도할 수 있는 강점이 있다.

사람은 자신과 직접적으로 이해 관계없으면 어떤 현상에 대해서 별 관심이 없다. 자신이 경험하지 않은 브랜드는 흥미를 보이질 않게 되어 있다. 고객이 브랜드에 관심 갖게 하려면 스토리를 고객의 니즈에 부합하게 만들 수 있어야 한다.

고객이 평상시 관심도가 무엇인지에 접근하여 공감을 줄 수 있는 스토리를 만드는 것이 중요하다. 브랜드가 탄생한 배경과 계기에 대해 임팩트를 줄 수 있는 이야기를 만들어서 고객의 관심도를 높이는 것이 필요하다.

브랜드 스토리는 고객의 진입장벽을 완화 시켜주는 데 긍정적인 역할을 한다. 스토리가 있는 브랜드는 고객의 믿음의 앞설 수 있는 강점이 있다고 볼 수 있다. 브랜드를 출시하게 된 의미와 배경을 짤막한 이야기로 구성해서 고객의 뇌리에 강하게 각인시킬 수 있는 가맹본부가 경쟁력이 있는 브랜드가 될 확률이 높다.

현대 프랜차이즈는 명확하게 핵심 타깃층이 설정되어있다. 어느 세대를 주 고객층으로 선정하느냐에 따라서 스토리 구성이 효율적으로 활용될 수 있기에 확실한 주 고객층 설정이 우선시되어야 한다.

인구학적으로 주 타깃층을 정하기보다는 구체적인 세대와 인물을 중심으로 정하는 것이 좋다. 이러면 주된 고객한테 주위를 집중하게 만들 수 있고 흥미를 유발시킬 수 있는 소재거리로 구성하며 고객의 고민과 갈등을 해소할 수 있도록 당사자와 연관을 지어 관심을 갖도록 하는 것이 효율적인 브랜드 스토리를 만드는 방법이다.

특유의 브랜드 스토리는 고객에게 특별한 체험을 하게 해주며 머릿속에 오랫동안 기억되어 단골 고객으로 이어지는 데 긍정적이라는 것을 가맹사업을 시작하는 가맹본부는 특히 중시해야 할 부분이다.

시중에 걸려 있는 프랜차이즈 간판에 SINCE ○○○이라고 표기가 되어 있는 것을 볼 수 있을 것이다. 부모 몇 세대가 이어 내려온 것을 강조하거나 전통적으로 오랫동안 이어져 온 음식을 강하게 표현하여 고객에게 맛에 대한 믿음과 신뢰를 느끼게 하기 위함이다.

고객은 원조브랜드를 선호한다. 몇 대째 대대로 이어져 온 브랜드를 보면 좋은 재료, 좋은 맛이 우선 떠올리게 되어있다. 장인정신이 깃든 음식이라는 것을 경험하지 않고서도 마음속에 와닿게 되어있다.

성공적으로 정착한 프랜차이즈를 보면 오래전부터 맛집으로 소문난 경우가 많다. 가업을 이어받아 자손이 운영해 오다가 가맹사업으로 전환하면서 고객으로부터 좋은 반응을 보이는 브랜드가 의외로 많다.

물론 원조브랜드라고 해서 성공을 보장받는다고 볼 수는 없다. 프랜차이즈로 성공하기 위해서는 강력한 슈퍼바이징을 비롯해 제반 부분에서 시스템화되고 실행력이 있어야 하기 때문이다. 하지만 원조브랜드가 가맹사업을 전개하면 조기에 안착할 확률은 상대적으로 높은 것은 사실이다.

프랜차이즈로 탄생했을 시 일반 대중은 이미 경험했거나 들어본 적이 있어서 미리 신뢰를 주는 경향이 있다고 보아야 한다. 간판을 보면 할머니부터 내려온 브랜드임을 부각시키는 경우를 볼 수가 있는데 신뢰와 믿음을 줄 수 있는 브랜드가 탄생했음을 강조하려는 의도가 크다고 볼 수 있다. 브랜드 태동의 강점을 살릴 수 있는 소재를 지닌 브랜드는 최대한 부각할 필요가 있다.

전국적인 브랜드로 거듭나기 위해서 고객에게 브랜드가 주는 이미지가 차지하는 비중은 말로 할 수 없이 크다. 브랜드 스토리에서 나오는 이미지는 고객으로부터 관심을 갖게 만드는 잣대가 될 수 있다는 점을 경영자는 인지해야 한다. 브랜드가 탄생하게 된 계기와 배경을 간결하고 강렬하게 전파할 수 있도록 지혜를 모아 스토리를 만들 수 있어야 한다.

프랜차이즈사업을 추진하면서 2 브랜드, 3 브랜드를 탄생시키는 가맹본부가 생각보다 많다. 1 브랜드가 메이저로 프랜차이즈로 입성했거나 아니면 조기에 안착이 되지 못해서 만드는 경우도 있다. 경영자가 브랜드 만들기를 선호해서 탄생 되는 경우도 적지 않다. 요리에 역량이 있는 경영자일수록 여러 브랜드를 탄생시킨다고 보아도 틀린 말이 아니다. 주방 경험이 풍부하기에 손쉽게 이른 시일 안에 새로운 브랜드를 런칭 한다.

이처럼 기획하여 시중에 탄생한 브랜드는 스토리를 구성하는 소재가 풍부하지 못한 약점을 지니고 있기에 차별화된 브랜드 경쟁력을 강조하고 부각시켜 고객에게 메시지를 전달하는 게 중요하다. 브랜드가 탄생하게 된 취지와 배경에 대해 고객에게 임팩트 있게 알릴 수 있는 브랜드 스토리를 만드는 것이 성공의 핵심이다.

06
브랜드 경쟁력을 각인시킬 수 있는 스토리

브랜드 스토리는 이야기 내용을 보면서 고객이 영혼이 깃든 음식임을 순간 떠오르게 할 수 있어야 한다. 전통과 소울을 인상 깊게 심어줄 수 있는 이야기를 담는 것이 좋다. 다른 무언가와 비교하고 견주어도 독특한 장점을 갖고 있다는 것을 이야기를 통해 표현하는 것이 브랜드 스토리의 궁극적인 취지이다.

즉 고객의 마음을 사로잡을 수 있도록 연결고리를 갖게 해주어 재구매를 유도하는 전략이라 할 수 있다.

프랜차이즈 브랜드는 맛이 최고다, 깨끗하다, 양이 많다, 값이 저렴하다, 가성비가 좋다, 등 여러 차별적인 요소를 강조하며 고객에게 자사 브랜드가 갖는 특성을 최대한 알리는 데 총력을 기울인다. 아무리 좋은 것이라도 고객이 모르면 관심 밖의 일이 되어버리게 되어있다. 매출 상승을 위해서 마케팅과 홍보의 중요성이 날로 증대되고 있는 실정이다.

동종업종 간의 경쟁이 심화되어 특출난 차별성을 심어주지 않고는 살아남기가 쉽지 않기에 브랜드 강점을 최대한 살린 소재를 구성하여 입에서 입으로 파급될 수 있도록 스토리를 만들어서 빠르게 전파되도록 할 필요가 있다. 브랜드를 많은 대중에게 신속하게 알릴 수 있는 비결이다.

브랜드 스토리는 대상에 따라 이야기 내용이 달라지는 것이 일반적이다. 예를 들어 개인 자영업을 시작하여 성공적인 장사를 이루게 된 과정을 소재로 삼을 수 있고 매장을 찾는 고객의 입장에서 공감과 관심을 유발시킬 수 있는 이야기를 내용으로 만들 수 있으며 상품의 가치를 높일 수 있는 스토리 구성도 하나의 방법이다.

여기서 핵심적인 것은 다른 브랜드가 지니지 못한 자사만이 지닌 특별한 상품과 서비스를 제공한다는 것을 인상 깊게 심어줄 수 있는 스토리를 만들 수 있어야 한다는 것이다.

어느 브랜드나 탄생하게 될 때는 그만이 가진 특출난 강점이 있다고 보아야 한다. 자의든 타의든 남에게 자신 있게 내놓아도 충분히 가치가 있다고 판단되어 시장에 선을 보이게 되는 것이 통상적이라 할 수 있다. 가맹본부는 어떻게 이야기를 구성했을 때 브랜드 강점을 고객에게 확실하게 인식시켜서 충성도가 높게 만들 수 있는가를 숙고하여서 브랜드 스토리를 완성 시키는 슬기를 모을 수 있어야 한다.

브랜드 스토리가 있는 브랜드와 그렇지 못한 브랜드는 확연하게 고객으로부터 관심도가 상반되게 차이를 보이는 것이 현실이다. 고객은 브랜드를 선택하는 판단 기준으로 브랜드에 대한 믿음과 신뢰를 가장 앞세운다고 보아야 한다. 고객은 백화점에 필요한 물건을 구매하러 방문할 경우 이미 머릿속에 어떤 브랜드 상품을 구입하겠다고 결정을 내린 상태라는 것이 보편적인 현상이다.

이처럼 브랜드를 긍정적이고 좋은 이미지로 고객에게 각인시키기 위해서 브랜드가 가진 고유의 특색을 간결 명료하고 임팩트 있게 이야기로 담아 구성할 수 있어야 한다. 스토리가 보이지 않게 매출 증대에 기여하는 비중을 간과할 수 없기 때문이다.

가맹본부는 브랜드가 해야 할 일에 대해 명확한 설정을 하고 어떤 대상과의 관계 속에서 자신만이 갖는 차별된 특징을 스토리에 담아 한결같은 메시지를 전할 수 있어야 한다.

PART
3

상징적인
대표메뉴의
힘

01
브랜드를 떠올리는 순간 연상되는 메뉴

잘나가는 브랜드를 생각하면 순식간에 떠오르는 대표메뉴가 존재한다. 가성비가 좋은 히트 메뉴가 있어야 고객으로부터 좋은 이미지로 브랜드가 기억된다. 히트 메뉴는 매출로 직결된다는 것을 누구나 알고 있다.

하지만 히트 메뉴로 자리 잡기가 과장된 표현을 빌리면 하늘의 별을 따는 것 이상으로 어렵다고 보아야 한다. 브랜드를 대표하는 대표메뉴 즉 히트 메뉴가 존재하지 않는다면 성공적인 가맹사업은 꿈도 꾸어서는 안 된다.

메이저 프랜차이즈 브랜드를 보면 고객으로부터 관심과 사랑받는 대표메뉴가 반드시 존재한다. 대표메뉴와 히트 메뉴는 같은 의미의 성질을 띠고 있다. 히트 메뉴가 시일이 지나면서 대표메뉴로 자리 잡아가기 때문이다. 대표메뉴가 존재하기 위해서는 획기적인 차별적 요소와 경쟁적 우위를 점할 수 있는 메뉴가 있어야 한다. 이를 위해 메뉴 개발을 담당하는 부서의 역량도 중요하겠으나 모든 구성원이 역량이 절대적으로 요구된다고 할 수 있다.

유명 가수가 신곡이 여러 곡 수록된 음반을 출시했을 때 대중에게 사랑받는 곡이 한 곡만 되어도 대성공이라고 한다. 한 곡을 제외한 많은 신곡이 고객의 머리에서 흔적도 없이 사라지는 것을 알 수 있을 것이다. 결국 한 곡을 히트시키기 위해서 여러 곡을 녹음하게 된다. 어느 곡이 히트 칠지는 아무도 모르기 때문이다.

히트 메뉴도 같은 맥락이라고 보면 된다. 브랜드가 탄생할 때 구성된 메뉴와 매년 지속적으로 나오는 신메뉴 중에서 히트 메뉴가 나와 브랜드를 대표하는 메뉴로 자리 잡는다는 것이 결코 쉬운 일이 아니다.

대표메뉴로 안착시키기 위해서는 동종업종의 대표메뉴를 면밀하게 분석할 필요가 있다. 그 속에 반드시 성공 요인이 존재한다고 보아야 한다. 경쟁사의 강점에 자사 브랜드만의 차별 요소와 융합하여 고객에게 낯설지 않은 대중성이 있으면서도 독창적인 메뉴를 개발할 수 있는 역량을 모으는 지혜가 필요하다. 브랜드를 대표하는 메뉴가 존재해야 성공적인 프랜차이즈로 성장 해갈 수 있다는 사실을 가맹본부는 반드시 인식해야 한다.

변화무쌍한 외부 환경에 적응하면서 안정적인 매출을 유지하려면 지속적인 신메뉴 개발이 필수다. 하루가 다르게 시장 상황이 변화하고 있고 레드오션이 난무한 주변 환경에서 살아남기 위해서는 브랜드를 대표하는 대표메뉴가 존재하여 차별화된 경쟁력을 갖추는 것이 중요하다.

예를 들어 직장인이 여럿이 식당을 가려고 할 때 특정 메뉴를 잘해서 입소문이 나 있는 곳으로 발걸음을 누군가가 주도해서 가게 되는 경우가 많다. 대표메뉴 존재 여부가 매출과 직결되는 것을 입증해주는 사례이다. 이는 고객의 뇌리에 확실하게 자리 잡을 수 있는 히트 메뉴 여부가 수익 창출의 관건이다.

대표메뉴의 탄생은 많은 시간과 노력을 요구한다고 볼 수 있지만 그보다 중요한 것은 고객과의 소통이다. 메뉴 출시 전에 다양하게 고객 반응을 체크하여 현장의 소리를 반영한 메뉴를 선보인다는 인식을 갖는 게 중요하다. 메뉴 개발자와 임직원의 의중을 높여서는 현장에서 히트 메뉴로 안착하기가 힘들다.

대기업에서 슬로건을 정해서 대대적인 홍보를 통해 고객에게 친숙한 이미지로 다가가게 하는 것도 늘 기억 속에서 브랜드를 잊지 않게 하기 위함이다. 매출 규모가 큰 기업마다 한 가지 특출난 대표 제품이 있다. 어느 기업은 무슨 제품이 좋다는 인식이 고객의 마음에 확실하게 자리 매김하고 있는 것이 일반적인 현상이다.

브랜드를 고객이 잘 기억하게 만들려면 경쟁력을 갖추고 있어야 한다. 브랜드를 대표하는 대표메뉴는 최고의 경쟁력이다. 한 명이 만 명을 먹여 살린다는 말이 있다. 대다수 브랜드 매출 추이를 보면 한가지 대표 메뉴가 매출의 30% 이상을 차지하는 경우가 많다.

따라서 가맹사업을 전개하기 전에 확실한 대표메뉴가 있는지를 진단해야 한다. 만약 대표메뉴로 부족한 부분이 있다면 보완해서 완성도를 높여야 한다. 현 상태에서 브랜드를 대표할 만한 메뉴가 없다고 판단되면 히트 메뉴 개발에 전 구성원이 총력을 기울여야 한다. 매출 안정화의 열쇠가 되기 때문이다. 나아가 가맹점 수익과도 직결되고 가맹점 확산과도 연관이 직접적으로 이어지기에 가맹본부의 중요한 미션 중의 하나라 할 수 있다.

히트 메뉴가 나오려면 듣도 보도 못한 특이한 메뉴보다 익숙한 것에서 색다른 무언가에 착안하는 지혜가 필요하다. 고객은 익숙함을 좋아하는 성향이 매우 강하며 생소한 것에 쉽게 다가가지 않는 경향이 있다.

보편화된 것에서 살짝 변화를 준 메뉴가 히트를 쳐서 브랜드 대표메뉴로 자리매김하는 사례가 비일비재하다는 것을 보면 알 수 있다. 대표메뉴로 안착시키기 위해 어느 가맹점에서나 동일한 맛을 낼 수 있도록 철저한 교육이 필수적이다. 고객의 입소문으로 맛있다는 말이 전파되어야 대표메뉴로 자리 잡게 되어서다.

아이템 속성과 브랜드가 지닌 특성으로 인해 다양한 메뉴가 개발되고 있다. 이런 와중에서 나만의 강점을 표출하여 오랫동안 고객에게 사랑받을 수 있는 메뉴로 거듭날 수 있느냐가 성공적인 프랜차이즈로 가는 척도가 될 수 있다. "그 집은 그게 맛있어."라는 말이 고객의 입에서 순간적으로 나올 수 있는 대표메뉴 정착에 사활을 걸어야 한다.

02
맛과 가격을 충족할 수 있는 메뉴

고객이 맛과 가격에 대해 만족스럽지 못한 생각을 지니고 있다면 마케팅과 홍보를 대대적으로 진행해도 고객의 마음을 사로잡을 수가 없다. 맛이 좋고 양이 풍족하면서도 가격이 비싸다는 생각을 갖지 않게 만들면 고객은 가성비가 좋다고 말하게 된다.

가성비가 좋다는 말을 듣지 못하고는 단골 고객을 확보하기가 쉽지

프랜차이즈 시작이 달라야 성공한다

않다. 가격에 비해 무언가 뿌듯한 음식의 맛과 가치를 갖게 하는 것이 무엇보다도 중요하다고 할 수 있다. 단순하게 말하자면 음식을 먹은 후 이 가격이면 충분히 만족스럽다는 생각이 들도록 해야 한다.

물론 가성비와 무관하게 맛으로만 성공하는 경우도 있으나 보기 드문 현상이다. 맛도 있으면서 가격도 비싸다는 생각이 들지 않게 만들기 위해서는 고도의 제품과 차별화된 전략이 필요하다. 무엇보다 수요가 많게 만들 수 있어야 한다. 그래야 가격경쟁력을 펼칠 수 있다. 맛을 최고로 완성 시킨 후 공급을 많게 해야 동종업종보다 저렴한 가격을 책정할 수 있게 된다는 것을 가맹본부는 인식해야 한다.

손에 들고 먹는 것이 너무 맛이 좋아 앞에 전봇대가 있는 줄도 모르고 마냥 걷다가 자신도 모르게 부딪혀서 넘어져 기절할 뻔했다는 우스갯소리가 있다. 이는 고객 감동을 극대화해 고객을 기절시킬 정도의 맛을 제공해야 고객으로부터 사랑받을 수 있다는 의미를 풍자해서 비유한 말이다.

이처럼 고객들은 음식에 대한 맛과 가격에 대해 반전문가라고 생각하고 메뉴 개발에 임할 수 있어야 한다. 맛과 가격이 고객이 브랜드를 선택하는 필수적인 요인이라는 걸 알면서도 현실은 그렇지 못한 경우가 많다.

반면 맛집으로 소문난 집을 보면 맛과 가격을 동시에 고객의 니즈에 부합하게 만들어 놓았다는 사실을 알 수 있다. 맛이 없으면 고객은 자연적으로 외면하게 되어있다. 맛을 좋게 하려면 일차적으로 품질이 우수해야 한다는 선결 과제를 해결해야 한다.

맛이 없으면 그다음의 어떤 요소가 충족되어도 매출 증대에 도움이 안 되는 것이 외식업의 현실이다. 맛과 합리적인 가격이 조화를 이룰 때 고객으로부터 관심과 사랑을 받는 대표메뉴로 자리매김하게 되어있다.

최근 외식 시장이 가격과 품질을 고객에게 만족시킬 수 있는 제품이 고객의 트렌드로 떠오르면서 가성비가 중요한 요인으로 부각 되는 실정이다. 물론 일부 고객층은 가격에 개의치 않고 맛만 좋으면 소비하는 경우도 있으나 일부에 국한되기에 제품에 비해 비싸다는 인식을 갖지 않도록 가격을 책정하는 것이 중요하다.

필자는 신생 브랜드를 메이저 브랜드로 진입시키는 과정에서 가성비 좋은 안주가 매출 증대에 크게 영향을 주었다는 사실을 직접 경험하였다. 가격은 저렴하면서도 요기를 할 수 있을 정도의 안주를 구성하는 것도 중시해야 할 사항이다.

이처럼 맛이 있으면서 풍족한 양을 제공하는 것이 고객의 마음을 사로잡아서 고객의 발걸음을 재촉하게 만든다는 것을 가맹본부는 늘 유념해야 한다.

프랜차이즈 브랜드 대다수가 소비 트렌드에 발맞추어 맛과 가격을 동시에 잡을 수 있는데 총력을 기울이고 있다. 맛도 좋고 가격도 부담이 없다는 것은 가성비가 좋다는 말과 같은 맥락이다. 판매가격 대비 양, 품질, 성능이 좋은 메뉴를 가성비가 좋은 메뉴라고 말한다.

가성비가 좋다는 진정한 뜻은 고객 입장에서는 맛과 품질이 좋으면서 부담 없이 즐길 수 있을 때이다. 반면 매장 운영주 입장에서는 원·부재료 공급 대비 이익률이 높아야 가성비가 좋다고 말할 수 있다. 판매

가격을 불가피하게 인상해야 할 시점에서 동종업종 대비 최소폭으로 인상하여 꾸준하게 안정적인 매출을 보인 경험이 있다. 500원이나 1,000원의 가격 인상은 별거 아닌 것 같이 보일 수 있으나 고객은 즉각적으로 가격 저항을 느끼게 된다. 타업종은 1,000원 인상할 때 300원을 인상시키고 브랜드 가치를 증대시킨 사례가 있다.

한번 인상한 가격을 다시 인하한다는 것이 현실적으로 불가능하다. 메뉴 가치가 하락할 수 있어서다. 따라서 가맹사업을 전개하면서 지속적인 매출 증대를 이루기 위해서는 항상 가성비 좋다는 소문이 돌 수 있도록 만드는 것이 우선이다.

고객이 좋아하면서 매출 증대에 도움을 주고 이익 발생에도 기여하는 맛과 가격 착한 메뉴가 존재하는 브랜드는 가맹사업을 활발하게 전개하는 데 매우 유리하다. 가맹본부와 가맹점이 함께 이득을 볼 수 있을 때 가성비가 좋은 메뉴라 할 수 있다.

가맹점에 공급하는 원·부재료 대비 매출이 좋아서 수익 발생이 큰 메뉴가 맛과 가격을 충족시킨 메뉴라고 단정 지을 수 있다. 매출은 높은데 의외로 수익 발생이 저조한 메뉴가 있다. 동종업체에서 취급하지 않고 있다면 판매가격을 인상 시킬 필요가 있다.

수익이 저조한 메뉴는 단기간은 고객 유치에 도움을 주지만 장기적으로 판매하기가 거북한 상황에 놓이게 될 수 있다. 가성비가 좋은 메뉴는 정해진 양을 고수하는 정책을 펴야 한다. 항상 일정한 양을 고객에게 제공할 수 있도록 시스템화할 필요가 있다. 양에 편차가 있게 제공하게 되면 가성비 효과를 보기 힘들기 때문이다.

또한 매출은 많지 않은데 수익성 측면에서 도움을 주는 메뉴가 있다. 관련해서 원인을 분석하여 해법을 찾아 어떻게 하면 매출을 증대시킬 수 있을지 지혜를 모아야 한다.

03
트렌드를 선도하는 신메뉴

트렌드는 강한 영향력을 갖고 있는 대상이 새로운 형태의 작품을 감각적으로 개발하여 시중에 선을 보여 고객의 반향을 일으켜서 입에서 입으로 빠르게 파급시켜 시장을 선도하는 것을 지칭한다. 유행은 주기적으로 찾아오고 변화하게 되어있다. 여기에 누가 신속하게 적응하여 뒤처지지 않고 함께 승선하느냐가 관건이 된다고 할 수 있다.

의외로 변화에 둔하게 반응하는 브랜드가 있는 반면 너무 빠르게 적응하는 곳이 있다. 주어진 여건과 환경에 부합한 변화를 주어 독창적인 차별화를 꾀할 수 있는 정책을 추진하는 것이 현명한 처사라 할 수 있다. 시시각각으로 간판이 내려가고 새롭게 생기는 프랜차이즈 시장에서 살아남기 위해서 트렌드를 쫓아가야만 하는 것은 불가피한 현상이다.

가맹본부는 고객이 유행을 좇아 이동하는 성향이 강하기 때문이다. 변화하는 시장정보를 빠르게 파악하여 브랜드의 강점은 더 살리고 약점은 보완하여 사상이나 행동이 일정하게 유지되는 현상에 대처할 수 있는 브랜드로 거듭날 수 있는 역량을 갖추고 있어야 한다.

대중적인 맛을 유지하면서 남들이 지니지 못한 특별한 맛을 낼 수 있게 만들어야 브랜드가 경쟁력을 갖출 수 있다. 맛을 평가할 때 주관적인 요소가 가미되어 연령층, 지역별로 다소 상이한 식감을 보이는 것이 일반적인 현상이나 이를 최소화할 수 있도록 메뉴를 개발할 수 있느냐에 따라 브랜드 파워가 증대되기에 이를 중시해야 한다.

프랜차이즈 사업을 시작하는 브랜드 대다수는 정통으로 메뉴를 개발하고 기획할 수 있는 전문인력을 갖고 있지 않다. 개인 창업을 하다가 장사가 기대 이상으로 잘되어서 가맹사업을 하는 경우가 많아서 굳이 메뉴 개발자의 필요성을 느끼지 못하기 때문이다.

신메뉴를 지속적으로 출시해야만 고객으로부터 식상하단 소리를 안 듣고 트렌드를 선도할 수 있는 것이 외식 프랜차이즈 사업임을 명심해야 한다. 사상이나 행동이 일정한 방향으로 진행되는 트렌드에 발맞추어 신메뉴를 출시할 수 있을 때 브랜드를 안정화시켜 고객의 발걸음을 끊이지 않게 만들 수 있게 된다.

고객은 일정한 시일이 경과 되면 평소 자주 이용하던 맛에 대해 식상한 맛을 느끼게 되어있다. 지속적으로 트렌드에 부합하는 신메뉴를 출시해야 하는 이유가 여기에 있다고 할 수 있다. 유독 유행에 민감하지 않고 오랜 기간 고객으로부터 관심을 받는 메뉴가 있는데 극히 제한적이라 할 수 있다.

한 해에 2번 신메뉴를 출시하면서 1번 출시할 때마다 2개나 3개 정도 신메뉴를 시장에 선을 보이는 것이 일반적이다. 평균적으로 6가지 정도 신메뉴가 한해에 출시된다고 할 때 한 가지만 고객에게 반응이 좋아도 성공적이라 할 수 있다. 그만큼 신메뉴가 기존 메뉴를 제치고 새로운 입맛을 사로잡기가 어렵다는 반증이다.

신메뉴는 가맹본부, 가맹점, 협력업체가 함께 변화하는 트렌드를 읽고 상호 지혜를 모아서 협력하여 맛을 테스트하고 원가를 점검하여 시장에 출시할 수 있어야 고객의 마음을 사로잡기가 수월하다. 아이템에 따라서 트렌드 민감도가 확연히 다르다고 할 수 있다.

치킨. 피자 국밥 등이 대표적으로 유행을 좇아가지 않는 아이템이라 할 수 있다. 유행에 민감한 아이템과 그렇지 않은 아이템의 메뉴 개발은 전략적 사고를 가지고 접근해야 한다. 고객의 니즈를 파악하여 기존의 제품을 보완하는 방법과 새로운 제품으로 전체 변화를 줄지를 중지를 모아 실행할 수 있어야 한다.

가맹점 수가 100호점을 넘어 200호점이 되어도 메뉴 개발하는 팀이 부재한 가맹본부가 의외로 많다. 프랜차이즈 창업주 경영자가 요리 출신이 많은 이유도 한몫한다고 할 수 있다. 자신이 가장 많이 알고 있어서 직접 주관해서 메뉴를 개발하면 된다는 마음이 강하게 작용하기 때문이다. 주방에서 오랫동안 종사한 경우 스스로 관련분야에 전문가라는 인식이 강하다. 히트 메뉴가 안 나오는 이유 중의 하나가 이러한 고정관념이 있어서다. 히트 메뉴가 나와서 대표메뉴로 정착해야 가맹점과 상생이 가능하므로 현재의 여건과 환경을 잘 분석하여 메뉴 개발을 할 수 있어야 한다.

시장의 변화를 빠르게 읽어서 대응할 수 있도록 슈퍼바이저 활동을 통해 트렌드 변화에 대한 정보를 얻는데 게을리해서는 안 된다. 메뉴개발팀 역시 수시로 현장의 흐름을 간파해서 트렌드를 읽을 수 있어야 한다.

트렌드를 선도하는 브랜드를 보면 경영자가 창조적 사고를 지니고 있거나 임직원이 창의력이 뛰어난 경우가 많다. 이들은 늘 새로운 기발한 아이디어를 추구하는 것을 좋아한다. 프랜차이즈 사업처럼 사람의 역량이 크게 성과 창출에 미치는 업종도 드물 것이다. 사람은 성향에 따라 기존 것을 유지하려는 마음과 획기적인 것을 추구하려는 마음이 병존하고 있다.

신메뉴를 출시했는데 어느 순간부터 브랜드를 대표한 히트 메뉴로 정착하여 고객에게 엄청난 관심과 사랑을 받아 매출의 중신에 우뚝 자리 잡는 경우를 종종 볼 수 있다. 경영자와 임직원이 창조적 사고를 갖고 부단히 노력하여 개발한 결과이다. 이러한 메뉴가 트렌드 선도하게 되어 동종업종시장을 이끌게 된다.

어느 브랜드나 유행을 선도할 환경과 여건을 갖고 있다. 누가 좀 더 창의적인 사고를 갖고 접근하느냐에 따라 차이가 난다.

04
특성을 쉽게 이해할 수 있는 메뉴명

현대 프랜차이즈는 주 타겟 고객층을 젊은 세대로 보고 아이템을 구성하는 추세다. 독특하고 특출나며 나만의 개성을 고집하는 젊은 층의 기호에 맞게 메뉴명도 다양하게 색다른 이름의 형태로 출현하고 있는 실정이다. 메뉴 이름을 짓는 것도 마케팅의 한 분류로 우뚝 자리 잡고 있다고 볼 수 있다. 단순하게 메뉴명에 그치지 않고 나아가 매출과도 연관이 있다는 의미다.

메뉴명에는 깊숙하게 그 속에서 메뉴 특성이 발산할 수 있도록 하는 것이 중요하다. 메뉴명 속에서 맛과 종류, 계절 메뉴 등을 한눈에 알아차릴 수 있도록 정할 필요가 있다. 메뉴명이 인기 메뉴로 안착하기도 하며 브랜드 가치를 증대시키는 요인이 된다는 현실을 경영자와 메뉴 개발자는 가슴속 깊이 새기고 정해야 한다.

최적의 메뉴명은 고객이 확실하고 분명하게 뇌리에 남을 수 있으면서도 남다른 무언가를 메뉴명 속에서 느낄 수 있도록 정한 이름이라 할 수 있다.

메뉴 이름은 부르기 편하고 메뉴가 지닌 특성을 쉽게 이해할 수 있어야 고객이 기억하기 수월하다. 순수 우리말로 지으려면 기존의 메뉴명과 중복되는 사례가 많아서 프랜차이즈 브랜드도 외래어를 가미한 메뉴명이 점점 활성화되고 있는 형국이다.

외래어를 사용할 시에는 고객한테 쉽게 다가갈 수 있는 익숙한 단어를 선택하는 것이 바람직하다. 발음하기 어려우며 뜻을 해석하기 힘든 메뉴명은 지양하는 편이 좋다. 간판을 보면 무엇을 취급하고 판매하는지 한 눈에 파악이 가능하도록 정해야 하는 것과 마찬가지로 메뉴명을 보면 어떤 속성을 지니고 있는지를 바로 알아차릴 수 있어야 한다는 점을 유념해야 한다.

전국의 가맹점에서 사용하는 인기 메뉴가 고객의 관심을 유발시켜 브랜드를 알리는 데 영향을 주게 된다. 기억하기 쉬운 메뉴명을 정하는 것이 전파속도가 빠르다는 것을 염두에 두어야 한다. 프랜차이즈 메뉴명은 한번 정해져서 다수 고객에게 인지되면 새로 변경하기가 힘들다. 부르기 수월하고 기억하기 쉬운 메뉴명이 유리한 것은 브랜드 네이밍과 유사하다고 볼 수 있다.

메뉴명에 따라서 고객이 느끼는 정감은 확연히 달라질 수 있다. 메뉴명을 어떻게 표기하냐에 따라 매출에 증대에 다소 영향을 줄 수 있다고 표현해도 틀린 말이 아니다. 특정된 음식을 지칭하는 메뉴 이름은 고객의 마음을 움직이게 하는 보이지 않는 힘을 지니고 있다. 메뉴 이름을 떠올리면 어떠한 맛을 갖고 있으며 특별한 무언가를 가질 수 있는 만족감을 성취할 수 있도록 지어야 한다.

메뉴 이름이 고객의 표정을 변하게 하기도 하기에 메뉴를 상징할 수 있는 메뉴명을 임직원 모두가 견해를 피력하여 협의를 통해 메뉴명을 정하는 것이 좋은 방식이다. 가맹본부 대표가 일방적으로 자신의 주장을 관철시켜 메뉴명을 정하는 사례가 생각보다 많은데 지양해야 할 사항이다.

메뉴명이 지닌 특정한 고유의 성질은 고객의 흥미를 유발시키는 원동력이 될 수 있기에 가볍게 보고 넘겨서는 안 된다. 메뉴 이름이 갖는 무게감이 크게 작용하여 매출과 직접적으로 연관된다는 것을 방증해 주는 대목이라 할 수 있다. 순댓국보다는 토종 순댓국이 훨씬 고객에게 친근감을 주면서 왠지 지역의 특산품 같은 이미지를 주어 자주 애용할 수 있는 욕구를 일으키게 하는 것과 같은 이치이다.

아이템 성질에 따라 메뉴의 본질은 유지하면서 약간의 외래어나 유행어를 가미한 특이한 성격의 메뉴명도 젊은이들의 호감을 불러오게 하는 데 긍정적으로 미칠 수 있기에 메뉴명을 정할 때 참고할 필요가 있다.

이처럼 메뉴명이 매출 증대에 미미하고 간단해 보이지만 실상은 생각보다 크게 영향을 미친다는 사실을 가맹본부는 염두에 두어야 한다. 갖은 노력과 산고를 겪어서 출시하는 메뉴의 이름을 현실적이고 실질적으로 고객의 흥미를 유발시킬 수 있도록 지어야 한다.

프랜차이즈 브랜드 중에서 메이저로 안착한 곳을 보면 브랜드 네이밍이 왠지 고객의 마음에 공감을 주면서 믿음을 갖게 만드는 경우가 많다. 물론 성공한 브랜드라 결과론적인 표현일 수도 있다. 브랜드명이 활발한 가맹사업을 추진하는데 일정 부분 역할을 한다고 해도 지나친 말이 아니라고 해도 부인하는 사람이 없을 것이다.

마찬가지로 메뉴명이 고객의 마음속에 간직되어 오랫동안 관심을 받도록 영향을 준다고 보아야 한다. 메뉴 이름은 고객으로부터 최초로 다가가게 만드는 시발점이라고 생각하고 중요하게 고려해서 정해야 한다. 브랜드명과 같이 메뉴명도 하나의 중요한 사업을 성공시키기 위한 전략과 다름없다.

그래서 가맹본부는 메뉴의 특징을 살릴 수 있으면서도 명료하고 강렬한 메시지를 줄 수 있는 메뉴명을 정하도록 지혜를 모아야 한다. 메뉴명을 보고 고객이 이 메뉴는 어떤 맛이 있을까? 어떤 만족을 줄 수 있을

까? 하는 호기심과 관심을 일으킬 수 있는 메뉴명이 대표메뉴로 정착하기가 수월하다.

05
메뉴 출시 프로세스 정립

메뉴를 개발하고 가맹점에 공급하기까지 일련의 프로세스가 없이 출시하게 되면 현장 실행력이 강화되지 못해 고객의 관심을 받는데 제한적일 수밖에 없다. 레시피를 준수하지 않고 판매하는 가맹점이 발생하고 일부 가맹점은 판매조차도 안 하는 경우가 생기게 된다. 일정한 절차에 의한 신메뉴 출시는 현장에서 붐을 조성하기 위한 핵심 요인이다. 가맹사업을 성공적으로 추진하는 브랜드를 보면 매사 체계적이고 절차에 입각하여 실행하고 있다는 사실이다.

내부 임직원들이 업무 공유를 통해 일사불란한 협조를 이루어 일선 가맹점에 전파될 때까지 정책을 추진하는 의미와 내용을 명확하게 인지하고 있어야 한다. 그래야만 고객에게 직접 응대하는 가맹점이 한마음이 되어 실천할 수 있는 환경을 마련할 수 있어서다. 이 과정을 거치지 않고서는 아무리 좋은 정책이나 최고의 메뉴를 출시해도 현장에서 안착하기가 만만치 않은 것이 현실이다. 프랜차이즈는 사전에 붐 조성이 되지 않고는 강력한 실행력을 발휘할 수 없다.

메뉴개발팀에서 신메뉴 개발을 완료했으면, 임직원의 맛 테스트를 우선적으로 실시하고, 대표성을 갖춘 가맹점을 모아 맛을 점검하는 과정을 거쳐야 한다. 외부 맛 체험단을 활용한 테스트도 실행하면 좋다. 다음 단계로는 직영점과 지역별로 테스트 가맹점을 선정하여 고객에게 선보이는 것이 효과적인 방법이다. 고객의 맛에 대한 후기를 들어 맛을 보완한 뒤 최종 메뉴를 완성하여 출시하는 것이 일반적인 메뉴 개발의 프로세스라 할 수 있다. 메뉴 개발 후 가맹본부는 확실한 맛과 조리 레시피 및 원가율을 명확하게 진단하고 분석해야 한다.

신메뉴 출시는 1차적으로 내부 임직원, 2차로 가맹점주, 3차로 일반 고객의 반응을 보고 보완하여 레시피를 완성한다. 직영점과 지역별로 가맹점을 선정하여 테스트 판매를 거친 후 최종적으로 완성된 메뉴를 고객에게 선보이는 프로세스를 정립하여 실행해야 한다.

메뉴를 개발하기 전에 시장조사는 필수적으로 실천해야 한다. 시장의 트렌드 변화와 고객의 현재 입맛과 취향을 간파해 메뉴를 선택하는 것이 중요하며, 어떤 메뉴를 개발할 것인지 결정하기 전에 사전 준비 과정을 거치는 것이 효율적이다. 고객 반응이 좋은 동종업종의 메뉴를 시식하고, 차별화된 요소를 파악하는 데 집중할 필요가 있다. "왜 잘 팔릴까?"라는 질문을 던져보고, 기존 메뉴와 차별화된 특색을 가미해 신메뉴를 개발해야 한다. 또한 기존고객이 어떤 맛과 구성을 좋아하는지에 대한 취향을 파악해 새로운 요소를 추가하여 메뉴를 개발할 필요가 있다.

메뉴 형태와 스타일 및 구성을 정할 때는 관련 부서 및 일선 가맹점의 견해를 참고해 추진하는 것이 현장의 트렌드 변화를 읽는 방법이다. 메뉴 개발은 연속성이 중요하며, 시시각각으로 변화하는 시장 상황과 트렌드에 적응하기 위해 고객의 욕구를 충족할 수 있는 메뉴를 출시해야 한다. 이를 통해 고객의 지속적인 관심을 유도하고 가맹점 매출 증대로 이어질 수 있다.

신메뉴 개발은 아이템 성질에 따라 상이할 수 있으나, 연 2회 개발이 효과적이다. 상반기와 하반기로 나누어 동절기와 하절기에 대응할 수 있는 메뉴를 개발하는 것이 좋다. 신메뉴를 출시할 때 가맹본부는 경영자의 판단으로 수시로 신메뉴 개발을 추진하는 것을 지양해야 한다. 특히 프랜차이즈 경영자 중에는 요리사 출신이 많아 직접 메뉴 개발을 하는 경우가 흔하다.

그러나 신메뉴 출시 직후 기존 메뉴가 자리 잡기 전에, 경영자가 주변 인맥의 의견이나 순간적인 아이디어로 새로운 메뉴를 자주 개발하는 것은 바람직하지 않다. 이는 신중히 피해야 할 부분이다. 일정한 원칙을 확립하고 순리와 절차를 준수해 고객의 니즈를 충족할 수 있는 메뉴를 가맹점에 공급해야 한다.

가맹본부는 현장 시장조사를 통해 변화하는 환경에 부합하는 메뉴를 개발하고, 이를 가맹점에 공급하기까지의 일련 과정을 표준화하고 체계적으로 프로세스를 정립해야 한다. 프랜차이즈는 가맹점이 함께 하지 않고는 이룰 수 있는 것이 하나도 없다. 해마다 고객의 입맛 변화를 보완하기 위해 신메뉴 개발은 필수로 가맹본부의 중요한 책무다. 온갖 시간과 공을 들여 완성한 메뉴를 성공적으로 정착하기 위해 과정 관리는 매우 중요한 미션이다. 가맹본부는 단계별 직무 처리 과정을 매뉴얼화하고, 합리적이고 효율적인 프로세스를 정립하여 실행해야 한다.

06
메뉴 개발 시 유의 사항

메뉴 개발자는 "나는 요리를 하는 사람이다."라는 인식에서 벗어나 사업을 계획하고 운영하는 사람이라는 생각을 갖는 것이 중요하다. 단순히 메뉴를 만든다는 마음을 버려야 한다는 의미다. 그래야 출시된 메뉴가 매출과 직결되어 수익 창출로 직결된다는 의식을 갖게 되어 각고의 노력을 기울여 하나의 메뉴를 탄생시킬 수 있기 때문이다.

또한 어린아이부터 성인까지 아우를 수 있는 메뉴를 완성하는 지혜가 필요하며, 원·부재료를 다른 메뉴와 교환하여 활용함으로써 비용 절감을 고려해야 한다. 완성된 메뉴 사진은 생동감이 넘치고 실물과 비슷한 느낌이 들 정도로 촬영해야 한다.

대중적으로 자리 잡은 메뉴에서 차별화를 발휘해 고객의 니즈를 만족시키는 메뉴를 개발하는 것이 매출에 더 유리하다. 고객이 사진으로 메뉴를 담고 싶게 만들어야 하며, 이는 매장 인테리어가 고객의 발길을 끄는 원리와 같다. 주메뉴에 함께 사이드 메뉴 개발에도 소홀해서는 안 된다. 사이드 메뉴는 주메뉴를 돋보이게 하고, 흥미를 유발할 수 있는 메뉴를 선정해야 한다.

프랜차이즈 가맹본부별로 메뉴 개발 주체와 과정 및 시기가 상이한 것이 현실이다. 아이템 속성을 잘 이해하고 그에 맞는 최적의 방법이 무엇인지를 염두에 두고 메뉴 개발에 착수하는 것을 잊지 말아야 한다. 고객의 소비 니즈와 욕구를 파악하기가 말처럼 쉬운 일이 아니다. 지역 정서와 고객의 취향, 소비 심리는 모두 다르다.

프랜차이즈는 전국의 모든 고객을 대상으로 맛과 서비스를 동일하게 제공하는 것을 원칙으로 삼고 있지만 이 부분에서 맛의 통일성에 대한 약간의 딜레마를 갖게 되는 것이 현실이다. 아무리 지역적인 한계가 있어도 맛은 전국적으로 통일해야 한다는 것이 프랜차이즈가 갖는 고유의 본질이다. 지역별로 소스를 다르게 사용하도록 허용하는 가맹본부가 간혹 있는데 해서는 안 되는 금기사항이다. 근시안적으로 괜찮다고 여길 수 있을지 몰라도 프랜차이즈 본연의 시스템이 무너지는 결과를 초래하는 시발점이 될 수 있기에 때문이다. 프랜차이즈는 특정 타깃층을 대상으로 한 메뉴 개발을 할 경우도 있겠지만 아이템이 갖고 있는 특성을 고려하여 세대를 아우를 수 있는 메뉴 출시를 하는 것이 매출 증대에 효과적이라 할 수 있다.

메뉴 개발할 때는 고객이 무엇을 바라고 기대하고 있는지, 시대에 맞추어 고객의 니즈를 충족할 수 있는 대상이 무엇인지 파악하는 것이 중요하다. 현재 운영하는 가맹점을 대상으로 향후 어떤 메뉴를 출시하는 것이 좋은지를 조사해서 견해를 반영할 수 있어야 한다. 나아가 매장을 방문한 고객을 대상으로 의견을 들어보는 것도 좋은 방법이 될 수 있다. 인터넷상의 반응을 참고하여 메뉴 개발의 방향성을 정하는 것도 효과적일 수 있다.

고객의 소리를 통해 기존 메뉴의 강점과 약점을 보완하면 새로운 메뉴의 착상이 떠오르게 되어 기발한 아이디어가 나올 수 있기에 적극적으로 활용할 필요가 있다. 여러 채널을 통해서 색다른 기획을 할 수 있도록 활용하는 것도 직무역량을 높이는 방책이다. 메뉴의 맛과 가격, 메뉴명과 비주얼까지 모두 신경 써야 하며, 보기 좋은 것이 먹기도 좋다는 옛말처럼 메뉴 비주얼은 고객의 니즈 충족에 중요한 역할을 한다. 메뉴 비주얼에 도움을 주는 별도의 전문가를 활용해서라도 각별히 중시해야 할 사항이다. 메뉴 출시 후에는 마케팅 및 홍보활동을 할 수 있어야 한다.

가맹사업의 성공 열쇠를 쥐고 있는 요인 중에서 가장 우선시해야 할 부분이 메뉴경쟁력을 높이는 일이다. 메뉴가 고객의 관심 밖이면 좋은 정책과 실행력도 소용없다는 사실을 경영자는 반드시 인지해야 한다. 기존에 판매되고 있는 메뉴와 조화를 잘 이루어 브랜드의 독창적이고 특색 있는 메뉴를 개발하여 정해진 프로세스를 통해 강력한 실행력과 안정적인 매출을 유지해야 경쟁력 있는 브랜드와 가맹본부로 자리 잡을 수 있다.

PART
4

가맹본부와
점주의
상생 구조

01

가맹점 수익 창출

프랜차이즈는 가맹본부와 가맹점이 공동으로 투자하여 각자의 역할을 완수하고 함께 수익을 창출해가는 시스템이다. 가맹점이 만족할 만한 수익이 기대만큼 발생하지 않으면, 가맹점 확산이 빠르게 이루어지기 어려운 사업 형태라 할 수 있다.

가맹점에서 원하는 수익이 발생하기 위해서는 일차적으로 가맹점 의 책무 사항을 성실히 이행해야 한다. 여기에 가맹본부가 역할을 제대로 수행할 때 상호 간의 상생이 가능하다. 가맹점 매출이 부진한 이유로는 대표적으로 부적합한 점포 로케이션과 브랜드 경쟁력 약화, 매장 운영의 미숙 등을 들 수 있다.

이처럼 가맹본부와 가맹점이 톱니바퀴처럼 맞물려 늘 함께 움직이며 각자의 역할을 다할 때 가맹점 수익이 발생할 수 있는 것이 프랜차이즈 원리이다. 가맹점 수익은 곧 가맹본부 수익이기도 하기에 가맹본부와 가맹점은 생사고락을 함께하는 운명공동체라 할 수 있다.

가맹본부에서 말하는 원가율과 가맹점에서 체감하는 원가율 사이에는 큰 온도 차가 있다. 심지어 부부가 각자 점장 역할을 하며 매장을 운영했을 때도 원가율이 상이하게 나타나는 경우가 있다.

이처럼 누가 운영하느냐에 따라 달라지는 것이 매장 원가율이기에, 가맹본부는 운영자에 따른 원가차이를 최소화할 수 있는 운영시스템을 확립하는 것이 무엇보다 중요하다. 효율적이고 생산적인 운영 매뉴얼을 정립하고, 그대로 실천할 수 있도록 지도하고 관리해야 한다.

가맹본부에서 공급하는 원·부재료 공급가가 45%를 초과하면, 가맹점에서 기대하는 수익을 내기가 쉽지 않다고 보아야 한다. 원가율을 최소한 40% 초반까지 유지해야 기대하는 수익률을 달성할 가능성이 크다. 가맹본부와 가맹점 사이에 갈등과 분쟁이 자주 발생하는 원인 중 하나는 원가율에 대한 인식 차이에서 비롯되는 경우가 많다. 이는 매장을 운영하면서 지출되는 비용 중 어느 부분까지를 원가로 봐야 하는지에 대한 인식의 차이에서 비롯되는 현상이라 할 수 있다.

가맹점에서 원하는 수익이 발생하지 못하면 슈퍼바이저가 매장을 방문할 때 불평과 볼멘소리를 듣게 되어 방문목적에 따른 임무 수행이 어려워질 수 있다. 가맹점주는 최우선으로 매장 수익이 얼마 나 나느냐에 모든 포커스가 맞추어져 있다. 가맹점이 기대하는 수익이 발생하지 않는 상황에서 가맹점과 원활한 소통을 기대한다는 것은 모순이라는 점을 가맹본부는 반드시 기억해야 한다. 가맹본부는 가맹점주에게 어떻게 매장을 운영해야 기대수익이 발생하는지 명확히 주지시킬 수 있어야 한다.

또한, 가맹본부는 매장 손익 분석을 통해 효율적이고 생산적인 매장 운영 방안을 제시하고, 이를 지도할 수 있어야 한다. 가맹본부 임직원이 프랜차이즈 시스템에 대한 이해와 브랜드 경쟁력에 대한 해박한 지식을 갖추고, 가맹점을 관리하고 지도하며 교육을 할 수 있는 역량을 지녀야 하는 이유가 여기에 있다고 할 수 있다.

가맹점 수익이 발생하려면 우선 브랜드 경쟁력이 있어야 하며, 매장 로케이션이 아이템 속성과 적합해야 하고, 운영 매뉴얼 준수와 고객 서비스가 좋아야 한다. 매장 운영을 누가, 어떻게 하느냐에 따라 수익의 편차가 생기게 마련이다.

아무리 브랜드가 고객에게 사랑받고 있다고 해도, 가맹점주의 운영 능력이 부족하면 지속적인 수익을 기대하기 어려울 수밖에 없다. 매출이 부진한 매장을 양도·양수한 후 매출이 급격히 상승하는 경우가 많은데, 운영주의 역량이 중요하다는 것을 반증하는 결과라고 할 수 있다. 가맹본부에서 제시한 대로만 하면 기대하는 매장 수익이 발생할 수 있다는 믿음을 가맹점주에게 강하게 심어주고, 매뉴얼 항상 준수하도록 만드는 것이 중요하다.

가맹점 수익 창출은 가맹본부와 가맹점이 하나라는 인식 속에서 각자 주어진 역할을 충실히 수행할 때 가능한 일이다. 어느 한쪽의 일방적인 실행을 통해서는 지속적인 수익 발생이 어렵다. 이는 프랜차이즈가 가진 본질적인 특질 때문이다.

가맹점마다 로케이션과 운영 방식이 다르기에 매출과 수익이 다를 수밖에 없다. 이러한 차이를 최소화하기 위해 대부분의 가맹본부는 창업희망자의 점포 물색과 매장관리에 대한 지도와 교육을 끊임없이 실행하고 있다.

브랜드가 경쟁력을 갖추게 되면 가맹점 수익도 덩달아 오르게 되어 있다. 대표메뉴가 존재하고, 가맹점 지원시스템이 잘 갖춰져 있으며, 강력한 슈퍼바이저 제도를 통해 가맹점과 원활하게 소통할 수 있어야 매장 매출 증대를 통한 수익 창출로 이어지는 것이 프랜차이즈의 기본 원리다.

가맹점 수익이 일정하고 지속적으로 발생하도록 하기 위해서는 가맹사업을 꿈꾸고 프랜차이즈에 발을 디디는 순간부터 단계별로 가맹본부의 역할과 책무를 성실히 이행해야 한다. 또한, 가맹점 수익이 곧 가맹본부 수익이기에 성공적인 가맹사업을 위해 이를 최우선 선결과제로 삼아야 한다. 가맹점에서 바라는 수익이 창출되지 않으면 가맹점확산이 쉽게 이루어지지 않는다는 사실을 경영자는 반드시 유념해야 한다.

02
투자 대비 수익률 극대화

예비 창업자는 투자한 금액을 빠르게 회수할 수 있는 브랜드를 선택하게 되어있다. 즉, 투자한 창업비 전액을 회수하기 전에는 매월 수익이 발생하더라도 실질적으로 돈을 벌고 있다는 생각을 피부로 느끼지 못하는 것이 일반적이다. 점포에 투입된 금액을 제외하고, 순순하게 가맹본부 창업비에 투자한 비용을 자신의 인건비를 제외한 상태에서 1년 이내에 전액 회수할 수 있다면, 브랜드 선택을 잘했다고 보는 것이 통념적인 시각이다.

가맹점주가 투자한 창업비를 얼마나 빨리 회수할 수 있는지가 브랜드 선택의 중요한 판단 기준이 된다. 대부분 예비 창업자는 프랜차이즈 창업 전에 브랜드에 대한 사전 점검을 마친 후 나름대로 투자비 회수 기간을 예상하고, 이를 바탕으로 가맹계약을 체결하는 것이 대다수라고 보아야 한다.

특히, 여유자금으로 창업하는 경우가 드물기에 더욱 투자비 회수에는 민감 하게 반응할 수밖에 없다. 투자 대비 수익률이 좋은 브랜드일수록 신규매장 오픈이 활발히 이루어진다는 점을 가맹본부는 반드시 유념해야 한다.

매출이 좋아야 수익이 많이 나는 것은 당연한 이치라고 볼 수 있지만, 점포 여건과 환경 그리고 운영 방식에 따라 수익성은 크게 달라질 수 있다. 브랜드 경쟁력은 수익 창출의 필수 조건이지만, 점포 로케이션과 운영 방식이 뒷받침되지 않으면 수익은 기대하기 힘들다는 것을 인식하고 가맹본부는 신규창업자의 점포 선정과 매장 운영에 관한 교육과 지도를 철저히 해야 한다.

예비 창업자가 점포를 스스로 물색해 오고, 가맹점에서 알아서 매장을 잘 운영하리라 판단하여 이에 관한 관심을 소홀히 하고, 신규창업자 유치에만 집중하는 가맹본부도 있다. 그러나 투자수익률을 극대화하기 위해서는 이러한 태도를 지양하고 반드시 필요한 부분에 주력해야 한다. 이는 프랜차이즈 사업을 추진하면서 해서는 안 될 금기사항으로, 브랜드 가치와 가맹점 확산 속도를 좌우하는 중요한 요소임을 반드시 인식해야 한다.

대다수 프랜차이즈 브랜드는 홈페이지 메인화면에 일 매출, 월 매출 최고 경신 등 매출 중심의 홍보를 크게 부각시키는 것을 볼 수 있다. 이는 예비 창업자에 대해서 자사 브랜드의 수익 창출 신뢰도를 높이기 위함이다.

여기서 예비 창업자가 간과하지 말아야 할 점은 매출이 높다고 수익이 동반하지 않는다는 사실이다. 원가율, 인건비, 임대료 등 브랜드와 아이템의 특성에 따라 매출 숫자가 나타날 수 있다. 여건과 환경상 매출은 상대적으로 높을 수 있으나 거기에 수반되는 부수적인 일들은 간과하지 못하고 표면상 표기되는 숫자만 보고 브랜드를 평가하기에 나타나는 현상이라 할 수 있다.

프랜차이즈 사업을 추진하면서 가맹점주가 투자 대비 수익률에 대한 만족도가 높아야만 가맹사업을 활발하게 추진하는 데 유리하다고 볼 수 있다. 창업자가 투자한 제반 비용을 최소 기간 내에 회수할 수 있도록 가맹본부는 성공적인 안테나 매장을 구축해야 하며, 이는 가맹사업 활성화와 직결된다. 이처럼 가맹사업의 성패는 가맹점주의 수익 만족도에 달려 있다고 해도 과언이 아니다.

가맹점 수익을 산출하는 개념에 대해서 가맹본부는 정확히 이해하고 있어야 한다. 가맹점과 가맹본부 간 수익 계산 방식의 차이로 인해 간담회에서 의견 차이가 발생하는 경우가 많다. 가맹본부는 매출 대비 고정비, 판매관리비, 원가율 등을 기준으로 수익률을 산정하지만, 가맹점은 본인 인건비, 대출금 상환 등 추가적인 비용을 경비에 포함하는 경향이 있어 오차가 발생한다. 이 차이를 해소하려면 가맹본부와 슈퍼바이저가 가맹점에 수익 산출 원리를 명확히 설명하고 이해시키는 것이 필요하다.

많은 가맹본부는 전산상 매출 수치를 기준으로 가맹점 수익이 좋게 나타나고 있다고 판단하지만, 가맹점 이야기를 들어보면 '남는 게 없다'는 볼멘소리를 하는 경우가 흔하다. 가맹점 수익률에 대한 정확한 지도가 미흡해서 발생하는 경우다. 담당 슈퍼바이저의 점포 손익 분석 및 산출 원리에 대한 이해 부족에서 기인한다.

가맹본부는 손익계산에 대한 직무 지식을 내부 구성원에게 주지시키고, 이를 현장에서 효과적으로 적용할 수 있게 만드는 것이 중요하다. 가맹사업을 성공적으로 이끌기 위해 경영자가 책임져야 할 주요 과제 중 하나다.

창업비용이 적을수록 투자 대비 수익률에 대한 만족도가 높다고 봐야 한다. 물론 대규모 평수를 오픈해 큰 수익을 내는 경우도 있지만, 이러한 방식은 지속 가능성이 낮아 가맹본부와 가맹점 모두 지양할 필요가 있다. 가맹점은 일단 창업비용을 전액 회수했을 시 브랜드에 대한 충성도가 높아진다는 점을 유념해야 한다. 무거운 아이템보다 가벼운 아이템이 메이저급 프랜차이즈로 진입하는 것이 용이하게 되는 이유가 여기에 있다고 볼 수 있다.

1,000호점 이상을 운영하는 프랜차이즈 브랜드를 보면 초기 투자비가 상대적으로 낮은 경우가 많다. 필자의 경험에 따르면, 프랜차이즈는 결국 가맹점 수에 따라 기업가치가 상승하며, 전국적으로 더 많은 고객에게 좋은 맛과 서비스를 제공하는 것이 주된 목적이다. 이를 위해 가

맹본부는 최소 비용의 창업비로 다수의 가맹점을 오픈하는 데 주력해야
한다.

03
신규 개설 수익

가맹사업을 시작하여 가맹점 확산이 순조롭게 이루어지더라도 자금
이 쌓이지 않는다고 말하는 창업주 경영자가 의외로 많다. 이는 책정된
창업비를 받지 못하고 신규 오픈을 추진하는 가맹본부에서 볼 수 있는
현상이다. 이러한 문제는 자신의 브랜드에 대한 확신 부족 때문이라기
보다는, 가맹사업 초기에 브랜드가 안착하지 못한 상황에서 예비 창업
자에게 혜택을 제공해야만 오픈할 수 있다는 생각에서 비롯된다. 빠르
게 가맹점을 확산시키고 싶은 심정도 있을 수 있겠지만, 브랜드 경쟁력
에 대한 믿음이 강하다면 굳이 '3無' 정책을 펼치지 않는 것이 좋다.

동종업종에서 창업비 혜택을 강조하며 경쟁하는 경우, 어쩔 수 없이
개설 수익을 포기하고 신규 오픈을 추진하는 사례가 많은 것이 현실이
다. 이는 일정 부분 합리적인 선택일 수 있으나, 브랜드에 대한 강한 확
신이 있다면 초기부터 창업비 규정을 설정하고 이를 준수하며 신규 개
설을 추진하는 것이 효율적이다.

예비 창업자가 브랜드를 선택하는 기준은 개인 여건과 목표에 따라
다르므로, 창업비를 정한 규정대로 진행한다고 해서 가맹계약이 어려워
질 것이라는 선입견을 갖지 않는 것이 중요하다.

프랜차이즈 시작이 달라야 성공한다

애초에 정립한 창업비 규정을 지키지 않고 지속해서 창업 혜택을 제공한다면 가맹본부는 개설 수익을 기대하기 어렵다. 물론 아이템과 가맹본부의 자금력에 따라 다르겠지만, 일정 가맹점 수를 확보하기 전에는 개설 수익 외의 다른 수익을 기대하기 어려운 경우가 많다. 따라서 가맹본부는 신규 개설 수익을 중시할 필요가 있다. 가맹본부는 의례적으로 신규 오픈 초기에는 가맹비 면제 등 혜택을 일부 제공하는 것이 프랜차이즈 추세라고 믿는 것이 일반적이다. 가맹사업을 추진하려고 결정하고 준비하는 브랜드가 있다면 1호점부터 10호점까지만 혜택을 부여하고 이후부터는 정상적인 창업 규정에 따라 진행하는 것이 바람직하다. 이는 성공적인 모델 매장이 검증된 이후에 적합한 방식이다.

예비 창업자는 브랜드에 대한 확신이 있다면 창업 혜택에 크게 연연하지 않는다. 그래서 브랜드 경쟁력을 높이는 데 최우선으로 집중해야 하며, 예비 창업자가 브랜드를 선택한 후 창업 문의를 하게 만들 수 있어야 한다는 의미다. 이런 선결과제가 해결되지 않아서 가맹본부 스스로 동종 브랜드보다 여러 창업비 혜택을 주며, 예비 창업자 마음을 잡으려고 노력을 기울이는 모습도 보인다. 가맹사업 중반기에도 지속적인 창업 혜택을 주면서 신규 개설을 진행하고 있는 브랜드가 있는데 제고할 필요가 있다.

브랜드가 일정 가맹점을 확보하기 전에는 개설 수익으로 경영을 안정시킬 수 있는 구조를 갖추는 브랜드가 결국 메이저 프랜차이즈로 진입할 확률이 높다. 예비 창업자가 많아야 가맹본부는 원칙과 정도를 기반으로 경영 방침을 설정하고, 가맹사업 초기부터 이를 밀고 나갈 수 있기가 수월하다.

반대로, 수요가 부족하다면 가맹본부는 소극적인 영업 활동에 그칠 수밖에 없다. 한 통의 창업 문의 전화가 그렇게 반갑고 소중할 수 없기에 창업비를 감면해 주고서라도 일단 매장을 오픈시키는 사례로 이어질 수 있다. 이런 한계를 극복하는 브랜드만이 고객의 지속적인 관심과 사랑을 받을 수 있다는 점을 염두에 두고 브랜드 가치를 높이는 데 주력해야 한다. 신규창업을 희망하는 경우 창업비보다는 브랜드 파워와 이미지 및 평판을 중시하는 경향이 크기 때문이다.

가맹본부는 프랜차이즈 창업을 할 사람은 정해져 있다는 것을 인식해야 한다. 이 말의 의미는 창업할 사람은 결국 하게 되고, 안 할 사람은 아무리 잘해줘도 하지 않는다는 이치다. 그래서 창업 규정에 따라 신규 개설을 추진하는 것이 상책이다. 브랜드 경쟁력에 대한 확신만 있다면 굳이 창업비 감면 또는 면제라는 특혜를 주지 않아도 된다는 의미다. 물론 지역 1호점이나 일부 검증되지 않은 상태에서는 예비 창업자가 브랜드를 선택했기에 창업비 혜택을 부여할 수 있으나, 이를 지속적으로 실행하는 것은 바람직하지 않다. 브랜드에 대한 확신과 믿음을 창업주 경영자가 얼마나 지니고 있느냐 따라서 개설 수익이 달라진다는 사실을 유의해야 한다.

창업 혜택을 주려면 창업비와 별개로 지원제도를 수립하여 제공하는 것이 브랜드 가치를 상승시키는 데 유리하다. 신규 오픈을 위해 예비 창업자한테 받는 창업비는 브랜드의 자존심이며, 가맹사업 초기에 신규 개설 수익이 가맹본부 수익의 주요 원천이 된다는 점을 명심해야 한다. 가맹비 면제를 남발하면 가맹점 개설은 수월할 수 있으나, 매장이 오픈된 후 가맹본부 수익은 증가하지 않는 현상을 초래하게 되어 경영이 소극적으로 전개되는 경우가 많다.

따라서 가맹본부는 가맹점이 매출을 증대할 수 있도록 책무를 다해야 한다. 그러기 위해서는 일정한 자금을 확보하여 마케팅, 홍보, 기타 지원제도를 정책으로 입안하여 실행할 수 있도록 해야 한다. 자금력이 우수한 가맹본부는 예외로 볼 수 있지만 극히 소수에 불과하기에 가맹사업 초기 개설 수익의 중요성을 소홀히 해서는 안 된다. 이를 위해 검증된 사업모델 매장을 확보한 후 가맹사업을 전개해야 한다.

04
로열티 수익

프랜차이즈 가맹본부 수익의 원천이 로열티 수익으로 무게감이 옮겨가는 추세다. 가맹사업 초기는 최소의 로열티를 부과하고, 가맹사업이 활발해질 때 점차 적으로 인상하는 방식이 효과적이다. 로열티를 받지 않는 정책은 바람직하지 않다. 가맹본부 수익구조를 물류 수익에 비중을 높이는 것보다 로열티 수익에 비중을 더 둘 수 있는 정책을 수립하여 실행하는 것이 효율적이다.

가맹점을 지원 해야 할 경우가 발생해도 로열티 면제 정책은 펼치지 않는 것이 좋다. 로열티는 프랜차이즈 시스템에서 필수적으로 발생하는 요소이며, 브랜드를 지속적으로 사용하는 대가라는 인식을 가맹점에 심어 줄 필요가 있기 때문이다. 심지어 상황에 따라 별도 시책을 걸어 1년간 로열티 면제해주는 가맹본부도 간혹 있지만, 이는 바람직한 정책이라 할 수 없다. 다만, 매출이 최저 수준에 머무는 가맹점에만 일시적으로 혜택을 부여하는 것은 고려해 볼 수 있다.

브랜드 가치가 높아질수록 가맹본부에서 로열티 금액을 인상 시키는 사례가 적지 않다. 기존 가맹점에는 재계약 시 적용하고, 신규 가맹점에만 우선 적용하는 방식이 적합하다. 이는 매출이 좋아져서 브랜드 파워가 강화되었을 때 가능한 사항이다. 프랜차이즈 아이템의 특성에 따라 로열티제도가 다양하게 운영되고 있다. 치킨 업종 대다수는 로열티 징수하지 않고 물류 수익으로 대신하고 있으나, 대부분의 브랜드는 로열티제도를 적극적으로 실행하고 있다. 가맹점과 차액가맹금 마찰을 최소화하는 방법이 로열티제도라고 보면 된다.

가맹점 불만의 대표적인 원인 중 하나는 높은 원·부재료 공급가로, 가맹본부와의 잦은 마찰을 유발하는 핵심 요소이다. 매출이 좋아 수익이 많이 발생하고, 이에 상응하는 일정 금액을 가맹본부에 지불하는 경우 가맹점은 이를 객관성이고 형평성이 있다고 판단하여 별다른 불만을 초래하지 않는다. 반면, 가맹점에 공급되는 원재료가 높을 때는 늘 원가율에 대해 좋은 감정을 갖지 않아 가맹본부에 대한 가맹점 만족도가 하락하는 원인을 제공하게 된다. 나아가 가맹점 확산에도 지장을 초래하게 되므로 로열티제도를 적극적으로 활용하는 것이 가맹사업을 활성화하는데 효율적이라 할 수 있다.

프랜차이즈 시작이 달라야 성공한다

가맹점이 가맹본부의 브랜드와 지적 재산권, 그리고 제반 운영시스템을 사용하는 대가로 지불하는 로열티는 프랜차이즈 사업의 핵심 요소 중 하나다. 가맹본부가 브랜드를 유지하려면 일정한 자금이 필요하며, 시간이 지남에 따라 변화하는 트렌드와 고객의 니즈에 부응하기 위해 브랜드 리뉴얼이 필수적이다. 가맹본부는 브랜드를 리뉴얼하고 시스템을 보완·개선하기 위해 자금을 마련해야 하며, 이를 통해 지속 가능한 성장을 도모해야 한다.

프랜차이즈 사업은 가맹본부와 가맹점이 상호 협력하여 수익을 창출하는 구조다. 따라서 상생을 중시해야만 브랜드를 오래 유지할 수 있다. 가맹점의 수익이 곧 가맹본부의 수익으로 직결되므로, 가맹점이 기대하는 수익을 실행할 수 있도록 지원을 아끼지 말아야 한다. 로열티는 가맹점 매출이 높을수록 더 많은 자금 확보가 가능하기에 가맹본부의 역할과 책무를 다하게 만드는 촉매제 역할을 한다.

가맹점과의 신뢰는 가맹본부가 합리적인 공급가를 책정해 원·부재료를 제공하는 것에서 시작된다. 공급가는 상호 이해관계가 얽히기 쉬운 부분이며, 주관적인 해석이 강하게 작용하기 마련이다. 공급받는 측에서 비싸다고 느끼면 그 인식이 고정되기 때문이다. 이러한 불합리함을 해소할 수 있는 방식이 로열티 제도다.

가맹사업이 활발해지면 로열티 수익이 점차 증가한다. 가맹점 역시 로열티를 많이 낼수록 수익이 증가하는 선순환 구조가 형성된다. 이는 프랜차이즈의 기본 원리다.

그러나 일부 가맹점은 로열티 증가가 가맹본부만 이득을 준다고 불만을 제기하기도 한다. 이런 상황에서는 로열티가 국가의 세금처럼 수익에 따라 증가하는 논리임을 이해시키고, 이를 긍정적으로 인식하도록 돕는 것이 중요하다.

로열티는 매월 고정된 금액을 받는 방식, 매출 대비 비율로 받는 방식, 매출 구간별로 받는 방식이 있다. 이는 브랜드의 특성과 가맹본부의 상황에 맞게 설정하면 된다. 대부분의 가맹본부는 매출 대비 일정한 비율로 로열티를 받고 있다.

로열티는 가맹 1호점부터 균일하게 적용되어야 한다. 가맹사업 초기라는 명분으로 면제 또는 감면 혜택을 부여하는 것은 지양해야 한다. 로열티 부과는 매출 대비 일정 비율을 정해 실천하는 방식이 대세라고 할 수 있다. 로열티 부과 시 카드 매출에 따른 비율을 산정하거나, 현금과 카드를 합한 금액에 비율을 산정하는 방식이 있다. 가맹사업 초기에는 카드 매출에 몇 %를 정해 적용한 후, 연도가 지나고 가맹점이 증가하면 전체 매출에 따른 비율로 전환하는 방식을 참고하면 좋을 것이다.

매출이 현저히 하락한 가맹점에 로열티를 조건 없이 면제하는 것은 바람직하지 않다. 다만, 일정 매출 미만인 가맹점에 한해 한시적으로 몇 달간 로열티를 감면하는 정책은 필요할 수 있다. 예를 들어 월 매출 2천만 원 이하일 경우, 6개월 동안 로열티를 감면하는 정책을 시행하면 효과적인 결과를 얻을 수 있다. 이는 가맹점의 도전 의욕을 북돋아 사기를 진작하고, 부진의 벗어날 계기를 제공하는 원동력이 될 수 있다.

로열티는 원칙에 입각해 정책을 실행하는 것이 브랜드의 안착에도 도움이 된다는 점을 가맹본부는 유념해야 한다.

05
물류 수익

물류 수익은 아이템 특성에 따라 편차가 심하다. 구체적으로 어느 아이템이 물류 수익이 많이 난다고 단정 짓기는 어렵지만, 가맹점 수가 많을수록 유리하다는 점은 자명하다. 아이템에 따라 다르지만, 일반적으로 가맹점 수가 최소 50개 이상은 되어야 물류 수익이 일정 수준 발생한다고 볼 수 있다.

점차 로열티 수익으로 대체되는 추세여서 물류 수익은 점점 줄어든다고 봐야 한다. 차액 가맹금에 대한 규정도 이 변화에 영향을 미친다. 어찌 보면 프랜차이즈의 최종 목적은 가맹점 확산이며, 이를 위해 다양한 부서가 존재한다고 볼 수 있다.

가맹점 관리하고 지도하며 교육하는 것은 브랜드 이미지를 개선하고 가맹점 만족도를 높여 신규 가맹점을 확산시키는 데 주된 목적이 있다. 이는 프랜차이즈의 스태프 부서와 라인 부서가 연결될 때 가능하다.

한 가맹점의 점포당 물류 수익을 높이기는 프랜차이즈 시장 여건상 어려우므로 가맹점 수를 확대하여 물류 수익을 향상시키는 전략이 필요하다.

점포 평수가 클수록 점포당 생산성이 높아 물류 수익이 높을 수 있으나 가맹점 확산에 제약이 많은 단점이 있다. 반면, 작은 평수를 지향하는 브랜드는 가맹점 확산에 유리하여 가맹본부의 물류 수익 증대에 긍정적인 요인이 많다고 볼 수 있다.

아이템 특성상 대형 점포가 많을수록 물류 수익이 높을 수 있으나, 전체적인 총량으로 보면 가맹점 수가 많을수록 유리하다고 볼 수 있다. 물류 수익은 가맹본부가 어떤 형태로 가맹점에 원·부재료를 공급하느냐에 따라 달라질 수 있다. 자체적으로 물류 시스템을 완비해 공급하는 곳이 있고, 3자 물류를 통해 공급하는 경우도 있다. 가맹본부의 여건에 부합한 방식을 선택하면 된다.

아이템에 따라 로열티를 받지 않는 곳도 있다. 대표적인 예가 치킨 프랜차이즈다. 치킨 프랜차이즈 사업을 운영하는 가맹본부는 대부분 물류 수익에 의존해 가맹사업을 추진하고 있다. 현재 치킨 브랜드가 워낙 많아 신규 개설로 수익을 내기도 어려운 것이 현실이다. 이는 창업자 지원제도를 서로 경쟁하듯 대폭 확대하면서 실질적인 개설 수익을 기대하기 어렵기 때문이다.

가맹사업 초기에는 가맹점 수가 많지 않아 물류 수익을 가지고 가맹본부를 운영하기가 만만치 않다. 신규 개설 수익이 뒷받침되어야 하는 이유이다. 로열티를 징수하지 않는 브랜드는 합리적인 물류 수익 구조를 정립하고 가맹점 확산에 주력해야 한다.

가맹점에 공급하는 원·부재료가 시중의 거래되는 일반적인 가격을 상회할 경우 가맹점의 불만이 표출될 수 있다는 사실을 염두에 두고 가맹본부 수익에만 치중해 공급가를 책정하는 일을 피해야 한다. 소탐대실하게 되어 가맹점과의 상생을 저해하며, 결국 가맹사업 자체가 곤경에 처할 수 있기 때문이다.

프랜차이즈 사업을 초기에는 원·부재료 공급가를 책정하는 데 고민이 많을 수 있다. 가맹점 원가율을 최소화해 가맹점 수익을 증가하면 그 파급효과로 인해 가맹점 확산이 쉬워지고, 가맹본부 물류 수익 증대로 이어진다.

앞서 언급했듯이 물류 수익에만 의존하기보다는 로열티 수익을 활성화해 가맹사업을 전개하는 것이 유리하다. 이는 가맹점과의 갈등을 사전에 방지할 수 있는 장점이 있기 때문이다. 가맹점에 공급되는 물류는 가맹점 수익과 직결되므로, 원·부재료 공급가와 효율적인 물류 시스템을 완비하고 있어야 한다. 이와 관련된 상세한 내용은 별도 챕터에서 설명할 예정이다.

06
경쟁력 있는 협력업체 제휴

프랜차이즈 협력업체는 단수가 아닌 복수로 업무제휴를 맺고 추진하는 것이 효율적이다. 가맹사업 초기에는 분야별로 한 개의 협력업체와 비즈니스 파트너로서 업무를 추진하는 경우가 많지만, 점차적으로 협력업체를 복수로 가지고 가야 한다. 상호 비딩을 할 수 있어 원가절감에 유리하게 작용하고, 가격 경쟁 면에서도 우위를 점할 수 있는 장점이 있기 때문이다.

가맹본부는 가맹점에 공급하는 제반 사항에서 언제 어떻게 예기치 못한 돌발상황이 발생할지 모르므로, 사전에 안전장치를 마련해 두어야 한다.

예를 들어, 가맹사업 초기에 인테리어업체 한곳만으로 전국의 신규 공사를 진행하는 경우가 있는데, 지양해야 할 부분이다. 아무리 공사가 만족스럽더라도, 타 업체와 경쟁력을 비교할 수 없으므로 인테리어 역량과 공사비에서 합리적인 가격을 평가할 수 없어 협력업체 결정에 의존할 수밖에 없게 된다.

여러 협력업체와 진행해야 한다는 필요성을 인지하면서도, 실상은 편하고 잘해주는 1곳에 의존하는 사례가 생각보다 많은 것이 가맹본부의 현실이다. 단수의 협력업체만으로 가맹사업을 추진하는 가맹본부는 주도권을 갖지 못한 상태에서 협상과 결정을 해야 하는 상황에 자주 발생할 수 있다는 점을 염두에 두어야 한다.

가맹사업이 활성화되면 전국적으로 배송 일수를 늘려 원·부재료를 공급할 수 있어야 한다. 전국 물류 공급이 원활한 협력업체와 제휴는 불가피하다. 가맹점이 증대되면 여건상 대형업체와 진행할 수밖에 없다는 것을 미리 주지시킬 필요가 있다. 가맹사업 초기 단계에서 미래에 발생할 수 있는 상황에 대해 사전에 대비할 수 있도록 설명해 두어야 한다. 본의 아니게 자주 발생하는 부분이므로 세심한 주의가 필요한 부분이다.

협력업체와의 시작은 좋았지만, 마무리가 좋지 않아 안 좋은 소문에 휘말리고, 그로 인해 브랜드 이미지가 실추되는 사례가 빈번하다. 특히 로컬 브랜드에서 흔히 겪을 수 있는 일이다. 지역적 한계로 인해 로컬 브랜드는 경영자의 지인이 운영하는 업체나 지인으로부터 소개받은 협력업체가 대부분인 경우가 많다. 아는 사람이 연관되어 있어 박절하게 거절할 수 없는 상황에서 어쩔 수 없이 제휴를 맺는 경우가 있는데, 냉철하게 해당 분야에서 경쟁력을 갖추고 있는지를 판단하는 지혜가 필요하다.

가맹점에 양질의 원·부재료를 가성비 좋게 공급하기 위해서는 협력업체의 역량이 중요하다는 점을 가맹본부는 늘 잊지 말아야 한다.

프랜차이즈 사업을 전개하면 경영자 주변에서 여러 곳의 협력업체 추천이 들어오게 된다. 협력업체의 현실을 정확히 파악하지 않은 상태에서 결정하고 제휴를 맺는 경우가 많다. 또한, 가맹사업 초기에는 신경 쓸 부분이 여러 곳에 산재하고 있어 협력업체의 세밀한 부분까지 주의를 기울이기 어려운 상황이 발생한다.

자체적으로 제반 경쟁력을 갖추지 못한 협력업체와 함께 일을 하게 되면 예기치 못한 가맹점과 고객 불만 사항이 자주 발생하게 되기에 신중을 가해서 협력업체를 선정해야 한다. 이 부분을 경영자가 가볍게 생각하고 간과해서는 안 된다.

가맹사업 초기부터 운영시스템이 완비된 우량 협력업체와 제휴를 맺는 것이 최상이지만, 부득이한 경우에는 가맹점이 어느 정도 확산된 후 복수의 협력업체와 제휴를 맺어 공생할 수 있도록 하는 것이 브랜드를 안정화 시키는 초석을 마련하는 계기가 되므로, 특히 가맹본부는 이를 유념할 필요가 있다.

메이저 프랜차이즈는 가맹점과 상생은 물론, 협력업체와의 공생관계 유지도 중시한다. 이는 가맹본부가 성공적인 프랜차이즈 운영 방식을 알고 실행한 결과라고 볼 수 있다. 가맹본부, 가맹점, 협력업체가 3마리 토끼를 동시에 잡은 것 같이 상호 강한 공동체 의식을 바탕으로 균형을 이루었기에 가능한 일이다.

예기치 못한 외부 환경으로 인해 시시각각으로 변하는 가격변동에 유연하게 대처하지 못할 경우, 가맹점 공급가 인상이 가맹점 수익에 영향을 미쳐 가맹점 불만으로 이어질 수 있다. 신규 개설에도 부정적인 영향을 미칠 수 있으므로, 가맹본부는 이 부분을 유념해야 한다. 가맹본부는 가맹점에 공급하는 원·부재료 공급가를 적정하게 유지할 수 있도록 협력업체와 협력하는 관계를 설정하는 것이 중요하다.

프랜차이즈가 가맹본부와 가맹점 사이의 상생만 중시하는 경향이 있지만, 협력업체의 협력과 지원 없이는 가맹점에서 고객에게 좋은 맛을 제공하는 데 제약이 따를 수밖에 없다는 사실을 가맹본부는 염두에 두어야 한다.

가맹점 수익을 일정하게 보존하기 위해 원·부재료 공급가를 시장변동 상황과 무관하게 연간 평균 공급가를 산정해 놓고 협력업체와 상호 협의하여 가맹점에 공급하는 가맹본부가 있다. 이는 가맹점과의 상생을 중시하는 가맹본부만이 할 수 있는 일이자, 상호 유익한 처사로 참조할 필요가 있다.

가맹본부, 가맹점, 협력업체가 서로 맞물려 움직이는 사업 형태가 바로 프랜차이즈이다. "가맹점이 살아야 가맹본부가 산다"는 말을 프랜차이즈에 조금이라도 관심이 있다면 한 번쯤은 들어본 경험이 있을 것이다. 가맹점이 잘되지 않으면 가맹사업이 번창하기 어렵다는 것을 명확하게 보여주는 대목이다.

협력업체가 신선하고 좋은 재료를 원활하게 공급해야 가맹점이 가맹본부를 대신해 현장에서 고객에게 만족을 제공할 수 있다. 따라서, 가맹본부, 가맹점, 협력업체는 서로 독립적으로 볼 수 없는 운명공동체라 할 수 있다.

가맹점과의 의사소통을 중시하는 것처럼, 협력업체와도 주기적으로 미팅을 갖고 현안 과제와 개선 방향에 대해 논의하는 것이 효과적이다. 분기별로 가맹본부 임직원과 분야별 협력업체가 한자리에 모여 현상 분석과 정책 방향을 논의하고 격려의 자리를 갖는 것이 업무 효율성에 좋다.

프랜차이즈 사업을 추진하다 보면, 본의 아니게 가맹점과의 상생을 매우 중시하면서도 협력업체와의 상생은 크게 마음을 두지 않고 일방적인 주문을 고집하는 경우가 의외로 많은 편이다. 협력업체가 가맹본부에서 요구하는 금액에 맞춰 제공만 하면 된다는 사고방식을 갖기가 일쑤다.

우량 협력업체를 만나는 것은 큰 복이라 할 수 있다. 한편, 가맹점에서 클레임이 발생했을 때, 슈퍼바이저를 거치지 않고 협력업체와 직접 소통하는 경우가 있는데, 삼가야 할 사항이다. 클레임 발생 시 협력업체와의 소통은 가맹본부를 통해 하는 것을 원칙으로 삼아야 한다. 이는 가맹점에서 발생하는 모든 일을 일차적으로 슈퍼바이저가 알고 있어야 하기 때문이다.

안정적 물류와 경쟁력 있는 원재료 공급

01

시장가격 대비 경쟁력 있는 공급가

세상에 품질이 좋으면서 가격도 저렴한 경우는 극히 드물다. 간혹 일시적으로 존재할 수 있으나, 현실적으로 계속 유지하기는 어렵다. 좋은 제품을 시중에 출시하려면 제품을 구성하는 원료가 최상의 것이어야 하며, 이는 공급 가격이 높아질 수밖에 없다. 고객에게 판매되는 가격도 자연히 올라가게 된다.

이런 시장 논리에서 최소한의 가격을 유지하며 고객에게 만족감을 제공하려면, 공급가를 합리적인 가격으로 책정할 수 있어야 한다. 가맹점에 공급되는 원·부재료의 차액 가맹금을 투명하게 명시하도록 한 이유도 가맹본부가 원·부재료를 합리적인 가격으로 공급해야 한다는 것을 명시해주는 대목이다.

가맹본부는 좋은 품질을 착한 가격으로 가맹점에 공급할 수 있도록 구매경쟁력을 높여야 한다. 이는 가맹점 수익과 직접적으로 연관되어 브랜드에 대한 만족도를 상승시키는 역할을 하기 때문이다.

"가맹점이 살아야 가맹본부가 산다"라는 말이 있듯이 상호 상생이 이루어져야 신규 가맹점 확산이 손쉽게 전개될 수 있다. 이는 프랜차이즈가 지닌 고유 특성이다. 가맹본부가 가맹점의 원가율을 최대한 낮출 수 있도록 온갖 노력을 기울여야 하는 이유이기도 하다.

창업을 희망하는 사람들이 프랜차이즈를 선택하는 핵심 요인 중 하나는, 시장에서 공급받을 수 있는 가격보다 저렴하게 원·부재료를 제공받아 매장을 운영할 수 있다는 것이다. 매장 수익에 원·부재료 공급가가 미치는 영향은 지대하다. 특히 원가율이 50%를 초과하는 브랜드는 구조적으로 가맹점의 기대수익을 내기가 힘들다. 따라서 가맹본부는 가맹점의 수익성을 높이기 위해 원·부재료 공급가를 신경 써서 책정해야 하는 이유다.

가맹점에서 수익을 확보할 수 있는 원재료를 공급하려면 구매팀의 역량이 필수적이다. 복수의 협력업체 비딩을 통해 품질 좋은 제품을 가장 저렴하게 공급받을 수 있도록 하려면 구매 담당자의 직무 실력이 뒷받침되어야 한다. 협력업체에 브랜드 비전을 설득해 미래 물량 확대를 기대하게 하고, 대량 공급을 전제로 가격할인을 할 수 있는 대화 기술을 갖추고 있어야 한다.

특히, 협력업체와의 신뢰가 쌓여야 협의와 합의를 이룰 수 있다는 점을 유념할 필요가 있다. 평소에 상호 좋은 관계를 유지하여 서로 믿음이 있을 때 가능한 일이므로, 구매 담당자의 역량은 경쟁력 있는 원·부재료를 공급하기 위해 반드시 요구된다. 브랜드의 수익구조를 변모시킬 정도로 중대한 미션을 수행하는 부서가 구매팀이다.

가맹사업 초기에는 대부분 창업주 경영자가 관련 업체와 직접 소통하며 비즈니스 제휴를 맺는 것이 일반적이다.

그러나 가맹점이 전국적으로 확산되기 시작하면 구매 경력이 있는 전문인력을 확보하여 복수의 협력업체를 선정하고, 좋은 품질의 원·부재료를 안정적으로 공급할 수 있는 장치를 마련해야 한다.

- ■ 협력업체 선정 시 필수적으로 점검해야 할 자료
    1. 품목 제조보고서
    2. 시험성적표
    3. 한글 표시 사항
    4. 생산물 책임보험 가입 여부

프랜차이즈 사업에서는 원·부재료 공급가가 가맹본부, 가맹점, 협력업체 사이에서 이해관계가 핵심 요소로 작용한다. 이는 수익과 직결되기에 어쩔 수 없는 현실이다. 가장 합리적인 가격을 책정하여 상호 신뢰를 할 수 있도록 해야 하는데 순전히 가맹본부 역량과 경쟁력에 의해 좌우된다는 것을 경영자는 인식하고 있어야 한다. 시중에는 대부분 재료 공급 가격이 오픈되어 있어, 단순히 '타 곳보다 저렴하다'라고 일방적으로 전달하는 방식은 상대를 설득하기 쉽지 않고 오히려 불신을 초래할 수 있다.

가맹본부가 일정한 물류 수익이 발생해야 브랜드를 홍보하고 마케팅하며 가맹점을 관리하는 인력을 유지할 수 있음을 가맹점에 명확히 이해시키는 것이 더 설득력이 있다. 세상사는 진실한 소통에서 신뢰가 생기듯, 가맹본부는 가맹점 및 협력업체와 진실한 소통을 통해 최적의 공급안을 도출해야 한다.

고객에게 사랑받는 제품을 완성하려면 핵심 원·부재료의 우량품질이 우선이다. 품질 좋은 원·부재료를 선택하는 것이 결국 좋은 맛을 낼 수 있는 비결이다. 많은 브랜드가 '착한 가격'과 '최고의 품질'이라는 슬로건을 내세워 대대적인 마케팅 활동을 하는데, 가성비의 우수성을 강조하여 고객의 니즈를 충족시키기 위함이다. 원·부재료의 선택에 따라 제품의 완성도 크게 나타나며, 가격 대비 성능이 좋아야 고객의 관심을 오랫동안 받을 수 있다는 점은 명백한 사실이다.

최고의 원·부재료를 사용하여 합리적인 가격으로 좋은 맛을 유지하는 브랜드가 성공적인 프랜차이즈로 자리매김하게 되어있다. 가맹점이 만족할수 있는 수익을 창출하는지가 브랜드의 성공 여부를 결정하는 척도가 된다.

가맹사업 초기에는 인프라와 시스템이 안정화되지 못하여 지인을 통해 협력업체와 거래하는 경우가 흔하다. 원·부재료를 공급받는 협력업체는 사전 검증을 필히 진행하여 이성적이고 객관적인 결정을 할 필요가 있다. 원재료 선정 시 가맹본부 수익 기여도와 매장 수익성을 함께 고려해야 한다.

원·부재료의 구매 방식은 가맹본부에서 직접 구매하거나, 제조사에 위탁생산을 의뢰하여 공급받는 방법, 또는 유통사를 통해 대행 구매하는 방법 등이 있다. 가맹본부는 여건에 부합하는 방식을 선택하여 최소 비용으로 최대 효과를 얻을 수 있어야 한다. 이러한 접근법이 가맹점의 수익성을 보장하고 고객의 니즈를 높이는 핵심이 될 것이다.

생산적인 물류 운영 시스템

가맹점 수익이 기대하는 만큼 발생하기 위해서는 효율적인 물류 시스템의 안정화가 필요하다. 물류는 가맹본부가 필요로 하는 원·부재료를 가맹점에 공급하는 기능 외에 매장 운영의 효율성을 높이고 시간 관리를 최적화하는 데도 기여해야 한다. 프랜차이즈 사업에서 효과적인 물류 시스템은 중요한 역할을 담당하며, 예비 창업자가 프랜차이즈를 선택하는 주요 요인 중 하나로 작용한다.

원·부재료를 일정한 시간에 정확히 공급하는 물류 시스템은 맛을 일정하게 유지하는 데 직접적으로 영향을 미친다. 품질 좋은 신선한 재료를 가맹점에 공급해야 제품의 완성도가 높아져서 제 기능을 발휘할 수 있다. 물류는 브랜드 경쟁력이 강화되는 핵심 요인이므로 경영자는 효율적인 물류 시스템을 안착시킬 수 있어야 한다.

물류회사는 프랜차이즈 사업을 추진할 때 브랜드 경쟁력을 높여주는 역할을 톡톡히 해주기에 어떤 형태로 추진하는 것이 효율적인지 가맹본부는 신중히 결정해 실행해야 한다.

물류 형태에는 가맹본부에서 직접 운영하는 자체 물류, 계열회사가 운영하는 자회사 물류, 타인에게 외주를 주는 아웃소싱 물류가 있다.

자체 물류, 즉 직접 운영하는 물류 체계는 가맹사업이 활성화되어 적정 가맹점 수를 확보한 경우 활용할 수 있다. 이 방식은 가맹본부가 일정한 규모의 시설, 자금, 인적자원을 확보하고 있어야 하므로 소수의 브랜드만 자체 물류를 실행하고 있다. 재고 관리를 직접 할 수 있는 장점도 있으나 적정재고를 유지해야 하는 단점도 지닌다.

자회사 물류는 대기업에서 할 수 있는 물류 형태로, 현실적으로 극소수의 브랜드만 해당한다. 별도의 물류 계열사를 설립해 모회사 브랜드의 물류를 운영하거나, 효율성을 제고하기 위해 타 브랜드의 물류도 함께 대행하는 경우도 있다. 그러나 프랜차이즈 업계에서는 활성화되어 있지 않은 물류 형태이다.

가맹사업을 추진하면서 가장 많이 활용되는 방식은 아웃소싱을 주는 것이다. 이는 전문 물류업체에 물류를 대행해주는 방법으로, 신생 브랜드부터 메이저 브랜드까지 폭넓게 사용되고 있다. 초기비용을 줄일 수 있고, 전문적인 물류 시스템을 통해 가맹점의 매장을 효율적으로 운영할 수 있다. 다만, 가맹점의 물류 서비스에 대한 가맹본부의 관리기능이 미흡할 수 있는 약점이 있을 수 있으나 프랜차이즈에서 가장 많이 활용하고 있는 물류 형태이다.

가맹점에서 가장 빈번하게 발생하는 가맹본부에 대한 불만 사항은 원재료에 대한 클레임이다. 품질이 훼손되어 입고되거나 유통 기한 이 임박한 원·부재료 등 다양한 사유로 불만이 제기되는 경우가 많다. 고객과 직접적으로 연관되는 맛에서 문제가 생기면 걷잡을 수 없는 문제가 야기된다. 이는 어느 브랜드나 공통으로 겪는 문제다.

원·부재료를 공급하는 협력업체의 책임이 우선이지만, 물류회사의 보관이나 배송 과정에서 제품이 변질되어 가맹점 불만으로 이어지는 경우도 무시할 수 없다.

프랜차이즈 시작이 달라야 성공한다

물류 대행업체와 원활한 소통을 통해 평소 원재료 관리에 만전을 기할 수 있도록 제도적인 안전장치를 마련해 놓는 것이 중요하다.

특히 물류 배송 기사의 언행이 불쾌하게 비칠 경우 가맹점에서 불만을 제기하는 사례도 있어, 물류회사의 협조를 구해 직원친절 교육을 요청해 둘 필요가 있다. 가맹사업 초기에 장기적인 관점에서 빠르게 안정화 시킬 수 있는 물류 방식과 비즈니스 파트너를 선정하여 상호 신뢰를 쌓아 가맹점에서 물류로 인한 클레임이 최소화할 수 있도록 만들어야 한다.

가맹점에서 주문한 수량을 정해진 시간 내에 안정적으로 공급하는 것은 가맹본부의 중요한 책무다. 성공적인 프랜차이즈를 이루기 위해서는 효율적이고 안정적인 물류 시스템을 확립해야 한다. 이는 매장 운영 비용을 절감하고 매출 증대로 인한 수익 창출과 가맹점의 브랜드 우호도를 높이는 핵심 요인이 된다.

효과적인 물류 운영은 단순히 가맹점에 제품을 유통하는 역할을 넘어, 고객에게 긍정적인 브랜드 이미지를 형성하는 데 기여한다. 따라서 가맹본부는 효율적인 물류 시스템을 완비하는 것뿐만 아니라, 전사적인 재고 관리시스템을 구축해야 한다.

효과적인 재고관리를 해야만 소요되지 않아도 되는 비용을 줄일 수 있다. 결국은 매장 이익으로 직결되기에 가맹사업에서 전체를 볼 수 있는 재고시스템 완비는 필수 과제라 할 수 있다.

신선하고 좋은 품질의 원재료를 가맹점에 항상 안정적으로 공급할 수 있도록, 가맹본부는 체계적인 시스템을 구축하고 관리해야 한다. 말처럼 쉬운 일은 아니지만, 이를 실행할 수 있어야만 원하는 가맹사업을 이룰 수 있다. 가맹사업을 꿈꾸는 예비 경영자는 이점을 각별히 유념해야 한다.

프랜차이즈 제품은 대부분 냉장 제품과 냉동 제품이 주를 이루며, 가맹점으로 이동하는 과정에서 품질 저하가 발생하는 경우가 흔하다. 특히 아이템의 특성과 계절적인 요인에 따라 더욱 심화 되는 사례도 적지 않다. 가맹본부는 이 부분을 소홀히 여겨서는 안 된다.

사전에 물류 협력업체와의 제휴를 통해 이동 과정에서 품질 손상이 발생하지 않도록 제도적 장치를 마련해 놓아야 한다. 가맹점의 클레임이 빈번히 발생하는 것은 좋지 않은 품질의 원재료를 공급받았을 경우이다. 물류 시스템의 중요성을 한 번 더 일깨워 주는 대목이다.

03
상품 물류 및 자금 흐름도 관리

프랜차이즈에서 원·부재료를 주문하는 방식은 가맹본부의 방침에 따라 다르다. 일부 브랜드는 가맹점이 가맹본부에 직접 원·부재료를 주문하는 반면, 또 다른 브랜드는 가맹본부와 제휴한 물류업체에 가맹점이 직접 주문하는 방식의 브랜드도 있다.

가맹본부에 직접 발주하는 시스템은 가맹본부에서 담당 인력이 필요하며, 물류 클레임 처리를 직접 해결을 해주어야 해서 업무가 많아질 수 있지만, 자금 회전이 빠르다는 장점이 있다.

작금은 가맹점에서 가맹본부와 거래를 하는 물류업체에 직접 원·부재료를 주문하는 브랜드가 많아지고 있는 형국이다.

물류업체에 직접 주문하는 방식은 가맹본부의 인력 부담과 업무량을 줄이고, 가맹점과의 갈등을 줄일 수 있다는 장점이 있어, 점점 활성화되고 있다. 이 방식에서는 가맹점의 자금이 가맹본부에서 물류 협력업체로 이동하는 것이 아니라 반대로 물류업체가 차후 가맹본부에 지급하는 구조이다.

■ 프랜차이즈의 일반적인 상품 물류 흐름도

1. 가맹본부에서 거래처(제조사)에 매입 발주를 한다.
2. 거래처(제조사)가 물류사에 발주 물량을 입고한다.
3. 물류사가 가맹점에 물량을 배송한다.
4. 가맹점이 필요 물량을 가맹본부에 발주한다.
5. 가맹본부가 물류사에 가맹점 발주를 확인한다.

가맹점에서 물류 주문 마감 시간은 브랜드마다 다양하다. 보통 17시 마감하는 경우가 대부분이며, 익일 오전 10시까지 추가발주 시간을 두는 브랜드도 있으나 추가발주가 활발해지면 업무 효율성이 저하되고, 이중적인 시간과 인력 소모를 초래할 수 있어 권장되지 않는다. 다만 매출이 갑자기 증가해 추가발주가 불가피한 경우는 좋은 현상이다.

물류 배송 주기는 주 6회가 가장 이상적이나 아이템과 가맹점 수에 따라 주 3회 배송하는 브랜드도 많다. 아이템 특성에 따라 가맹본부는 가급적 일일 배송이 가능한 물류업체와 제휴하는 것이 효과적이다. 특히, 가맹사업 초기에는 대형 물류업체와 협력하기가 수월치 않다.

배송 시간은 새벽 1시부터 10시까지가 주류를 이루고 있다. 간혹 가맹점에서 너무 이른 시간이나 매장 오픈 직전에 도착하면 볼멘소리를 하는 경우가 있다. 이러한 경우는 가맹본부에서 물류업체와 협의하여 배송 시간을 조정할 필요가 있다. 주기적으로 이른 시간과 늦은 시간을 교체하면 형평성을 확보할 수 있어 가맹점에서도 긍정적인 반응을 보이게 된다.

가맹점에서 가맹본부나 물류업체에 주문할 때, 통장 잔고 범위 내에서 주문이 가능하도록 만들어 놓은 것이 일반적이다. 이는 미수금 발생을 사전에 방지하기 위해 대다수 프랜차이즈 가맹본부에서 사용하고 있는 물류 주문 제도이다. 그러나 매장을 운영 중 예기치 못한 비용이 발생해 원·부재료 주문 시 통장 잔고 부족으로 물류 주문이 막히는 경우가 종종 있다.

프랜차이즈는 가맹본부와 가맹점이 상호 신뢰를 기반으로 수익 발생이 가능한 구조이다. 따라서 문제로 신뢰가 훼손되지 않도록 합리적이고 안정적인 주문 프로세스를 정착시켜 놓을 수 있어야 한다.

결제 방식은 가맹본부 정책에 따라 다르다. 예를 들어, 1일부터 말일까지의 주문량에 대해 월 단위로 결제하는 방식과 15일 간격으로 결제하는 방식이 있다. 그러나 본의 아니게 미수채권이 발생할 소지가 있으므로 지양하는 것이 바람직하다.

04

전용 제품 활성화

가맹본부에서 직접 개발하여 생산하거나 협력업체를 통해 OEM 방식으로 제작한 상품 중, 자사 브랜드 상호명을 표기해 가맹점에 공급하는 품목을 "전용 제품"이라고 한다. 이는 브랜드가 갖고 있는 고유의 특성과 이미지를 부각시키는 중요한 요인으로 작용한다.

전용 제품은 사입 제품 사용을 방지하는 데 큰 효과가 있어 브랜드 통일성을 유지하고, 가맹본부에서 규정한 메뉴얼을 준수하여 맛을 낼 수 있게 만드는 촉매제 역할을 한다. 또한, 브랜드의 본질적인 가치를 고객에게 전달하며 브랜드 가치를 높이는 데 기여한다.

가맹본부는 전용 제품 품목 수를 늘려야 한다. 브랜드 경쟁력을 강화하는 요인으로, 고객이 매장에서 브랜드 마크가 붙은 제품을 볼 때 더 큰 신뢰감을 느끼게 하기 때문이다. 브랜드가 안정화되어 있는 가맹본부일수록 전용 제품의 비율이 매우 높으며, 90% 이상 전용 제품 비율을 유지하거나 점진적으로 높여가는 실정이다. 브랜드 경쟁력이 강할수록 전용 제품의 비율이 상대적으로 높다.

전용 제품은 수익증대에도 기여도가 높다. 반면 전용 제품은 재고에 대한 부담이 발생할 수 있다. 구매 담당자는 적정재고를 유지하며 재고 관리에 대한 전략적 노력이 필요하다.

물류회사가 생산하여 가맹점에 공급하는 제품을 "범용제품"이라 한다. 이는 원재료보다는 부재료에 해당하는 품목으로, 일반 마트에서도 구입가능한 품목이 있다.

실제로 매장을 운영하다 보면 비용 절감을 위해 주변 시장에서 범용 제품을 구입하여 사용하는 경우도 있다. 하지만 이런 방식은 비용보다 시간이 많이 소요되므로, 대부분의 가맹점은 결국 전용 제품과 함께 범용제품을 일괄적으로 주문하는 경우가 대부분이다.

범용제품은 가맹본부 입장에서 재고 부담이 없다는 장점이 있다. 그러나 범용제품을 최소화하는 것이 브랜드 경쟁력을 높이는 데 유리하다. 가맹사업 초기는 전용 제품보다 범용제품의 비율이 많을 수밖에 없지만, 가맹본부는 점차 전용 제품의 비율을 늘릴 수 있는 구매물류 정책을 전개해야 한다.

범용제품이 활성화되면 가맹점 간 맛과 근간이 유지되기 힘든 상황을 초래할 수 있게 된다는 점을 가맹본부는 유념해야 한다.

전용 제품은 물류센터에서 저장 및 운영하고 물류사가 가맹점에 공급한 전용 제품에 대한 수수료를 가맹본부에서 지급한다. 반면, 범용제품은 물류사가 직접 생산하거나 구매한 제품을 가맹점이 구입하여 사용하는 방식이며, 물류사는 가맹본부에 정해진 장려비를 지급한다.

프랜차이즈 사업을 추진 하면서 전용 제품 확대에 대한 전략 수립을 필히 세워 실천해야 한다. 전용 제품의 확대는 브랜드 경쟁력과 통일성을 높이는 데 핵심적인 역할을 하며, 전용 제품 확대 시점이 빠를수록 브랜드의 차별화와 인정적인 운영에 유리하다.

정보공개서에는 전용 제품이라는 표기 대신 '강제 품목' 또는 '권장

품목'이라는 단어를 사용한다.

'강제 품목'은 A 제품을 B 회사에서만 구매해야 하는 물품을 말하고 '권장 품목'은 A 제품을 어디서든 구매해도 되는 물품을 뜻한다. 전용 제품과 범용제품은 주로 물류사에서 사용하는 표현이며, 필수품목, 전용 품목, 강제 품목은 동일한 의미로 혼용되어 사용하고 있다.

가맹본부에서 전용 제품을 증가시킬 때는 가맹점과의 협의를 강화하도록 규정을 정비하는 추세다. 가맹본부의 차액 가맹금을 합리적으로 책정하여 가맹점의 수익을 보호하려는 차원이다. 전용 제품, 즉 필수품목은 가맹본부에서 정한 협력업체로부터 구입해야 하는 원재료다. 이는 제품의 통일성을 유지하고 브랜드 파워를 높이기 위해 가맹본부에서 전용 제품을 증가시키고 있다고 볼 수 있다.

하지만 가맹점은 선택의 폭이 없이 가맹본부가 정한 협력업체로부터만 물품을 공급받아야 하기에, 간혹 불만의 목소리가 나오고 있는 실정이다. 이는 프랜차이즈 사업을 추진하면서 풀어야 할 과제이다.

전용 제품과 관련된 주요 문제는 가맹본부가 공급가를 일방적으로 결정하는 구조다. 이는 가맹점의 불만 요인으로 대두되는 근본적인 원인이기도 하다. 상호 원활한 소통을 통해 원만한 가격을 책정하여 상호 신뢰와 믿음을 유지할 수 있도록 해야 한다.

전용 제품의 수를 증가시키거나 가격 책정 방식을 변경하고자 할 경우, 가맹점과 사전에 협의해야 한다는 의무 규정이 존재한다. 따라서 프랜차이즈 사업을 추진하는 경영자는 물품 공급 가격의 투명성과 공개성을 점차 강화하고 있다는 점을 인지하고 이를 실천할 수 있어야 한다. 또한, 가맹점과의 협의 절차를 가맹계약서에 명기하도록 강화하고 있는 점도 인지해야 한다.

전용 제품의 품목 지정과 가맹점에 공급하는 공급가에 대한 합리적인 책정이 이루어져야 한다. 이를 통해 매장 수익 창출이 증가하면 브랜드에 대한 만족도가 높아져 가맹점 확산이 수월해질 수 있다.

가맹점 수익이 만족할 만큼 발생하고 있는 브랜드는 전용 제품에 대한 민감도가 낮은 편이다. 하지만 기대하는 수익이 발생하지 못하는 브랜드에서는 전용 제품의 품목 수와 공급가에 대해 상대적으로 예민하게 반응하는 경향이 있다. 가맹점이 원하는 수익이 발생하면 제반 갈등과 불만은 사라지게 된다는 점을 경영자가 필히 인식해야 할 핵심 사항이다.

05
물류 수익구조 산정 및 이동 과정

프랜차이즈 물류센터는 제품의 입고, 보관, 그리고 가맹점으로의 출고까지 여러 지원을 해주는 중심지라 할 수 있다. 생산적이고 효과적인 물류센터 운영은 가맹점에 원·부재료를 원활하게 공급함으로써 매장에서 고객에게 좋은 맛의 제품을 제공할 수 있도록 돕는 역할을 한다.

물류센터는 가맹본부와 제휴를 맺은 협력업체나 제조사로부터 원·부재료를 공급받으면, 품질 상태를 점검하고 수량이 맞는지 확인하는 절차를 밟는다. 이동 중 파손되거나 손상된 물품은 없는지도 확인한다. 점검한 물품은 정해진 물류 시스템에 의해 전산 등록을 한다.

이상이 없는 물품은 품목별로 지정된 장소에 보관하며, 편리성을 고려해 품목별로 배치한다. 주문된 상품은 품목별로 선별되어 지정된 위치로 이동하여 포장 단계를 거친다. 포장된 제품에는 라벨을 부착하고 포장 상태를 점검한다. 이러한 프로세스를 거친 후 물류센터는 제품을 가맹점에 공급하는 역할을 진행한다.

가맹본부는 물류센터와 평소 소통을 잘하여 작은 부분도 놓치지 않고 가맹점에서 주문한 원·부재료를 좋은 품질로 유지해 공급할 수 있도록 해야 한다.

물류 수익은 아이템의 특성과 가맹점 수에 따라 영향을 직접적으로 미친다. 물류 수수료는 물류를 대행하는 협력업체의 규모와 물류 시스템에 의해 다소 차이를 보이지만, 큰 차이는 없는 것이 보편적인 현상이다.

아이템의 특성과 가맹본부의 여건 및 환경에 따라 물류 방식을 선택하게 된다. 신선한 원·부재료를 가맹점이 매장을 운영하는 데 불편함 없이 신속하고 자주, 좋은 품질을 공급할 수 있는 역량을 갖춘 협력업체와 제휴를 맺는 것이 무엇보다도 중요하다. 최적의 맛을 고객에게 제공하기 위해서는 물류 시스템이 안정화되지 않으면 구조적으로 이룰 수가 없기 때문이다.

가맹본부는 물류 수수료도 무시할 수 없지만 그보다도 안정적인 물류 공급 역량을 갖춘 협력업체와 비즈니스를 우선시하는 데 중점을 둬야 한다. 전용 제품과 범용제품이 가져다주는 수익구조는 다를 수 있지만, 전용 제품은 브랜드의 자존감을 상징한다는 인식으로 최고의 제품을 만들어 가맹점에 공급하려는 신념을 유지해야 한다.

단순히 수익 증대와 사입 방지에 치중하는 것은 지양하는 것이 좋다. 프랜차이즈 사업을 안정적으로 성장시키기 위해서는 효율적인 물류 시스템 구축이 필수 불가결이다.

가맹본부의 물류 수익은 전용 제품과 범용제품의 수익 산정 방식이 다르다. 제품별 수익구조와 이동 과정은 아래와 같다.

■ 전용 제품과 범용제품의 일반적인 수익구조 형태

1. 전용 제품

   가맹점 판매단가 − (구매단가 + 물류 수수료)

   물류사 판매단가 = 가맹점 판매단가 − 물류 수수료

2. 범용제품

   판매장려금 = 가맹점 판매 금액 × %

3. 가맹본부 수익

   (전용 제품 판매 금액 + 판매장려금) − 거래처별 구매 금액

■ 물류 이동 프로세스

1. 공장 및 물류센터

   주문 정보접수, 납품 협력사 전송, 잡하(混載) 정보 전송

2. 메인(거점) 센터

입출고 접수, 지역별 차량 분류

3. CDP(지역) 센터

차량별 분류, 상차 배송

4. 가맹점 배송

1호점처럼,
표준화된
슈퍼바이저 활동

01

일선 현장의 대표 역할

대다수 브랜드가 가맹점 200호점을 넘기지 못하는 첫 번째 원인은 슈퍼바이저 제도가 제대로 안착하지 못해서다. 성공적인 가맹사업을 위해서는 강력한 슈퍼바이징은 필수 불가결한 요인이다.

프랜차이즈 사업은 대게 오랫동안 장사를 하다가 매출이 좋아져 자의 반 타의 반으로 시작하는 경우가 대다수다. 그러나 창업주 경영자는 슈퍼바이저의 중요성에 대한 인식 없이 가맹사업을 추진하는 사례가 많다. 이는 가맹점 관리의 중요성을 간고하게 만들며, 일정 규모의 가맹점을 확보한 후부터 본부와 가맹점 간 소통이 원활하지 못해 가맹본부에 대한 불만과 매장 운영의 통일성 결여로 이어진다.

브랜드가 퇴보하는 사례가 생각보다 많은 것이 프랜차이즈 업계의 현실이다. 가맹점을 오픈한 후에도 모든 매장이 통일성을 유지하면서 운영되도록 관리하는 데 어려움을 겪는 이유가 여기에 있다. 심지어 슈퍼바이저의 필요성을 부정하는 경영자도 간혹 있다. 이러한 경영 마인드를 가진 브랜드는 100호점을 넘기기도 어렵다. 폐점과 개설이 반복되다가 결국 브랜드 자체가 고객의 기억에서 사라지는 일이 생길 수밖에 없다.

프랜차이즈의 생명은 고객에게 동일한 맛과 서비스를 제공하는 것인데 슈퍼바이저가 부재일 경우, 가맹점마다 다른 맛과 서비스를 제공하게 되어 경쟁력을 약화시키는 주요 원인이 된다.

따라서 가맹본부가 경쟁력을 지니려면 유능한 슈퍼바이저가 강력한 현장 활동을 통해 가맹점과 소통하며 관리하고 지도하는 체계를 구축해야 한다. 이를 통해 가맹본부와 가맹점 간의 신뢰를 강화하고, 프랜차이즈의 핵심 가치인 일관된 품질과 서비스를 유지해야 한다.

슈퍼바이저는 가맹본부를 대신하여 현장에서 사장 역할을 수행하는 직무를 맡는다. 가맹점 확산 속도는 슈퍼바이저의 임무 수행 능력에 따라 달라진다는 사실을 경영자가 명확히 인식하는 것이 중요하다. 슈퍼바이저는 가맹본부의 정책을 일선 가맹점에 전달하고, 현장에서의 애로사항을 청취하여 해결하는 전도사이자 해결사이다.

슈퍼바이저는 가맹점에서 발생하는 모든 상황에 대해 알고 있어야 하며, 이를 위해 평소에 원활한 소통과 친숙한 관계 유지가 전제되어야 한다. 가맹계약서에 따른 가맹점 관리가 원칙이나 이는 경력이 많고 직무역량이 우수한 슈퍼바이저만이 효과적으로 수행할 수 있는 일이다.

실제로 동질의 집단에 속한 사람들 간에 매사 법대로 처리한다는 것은 말처럼 쉬운 일이 아니다. 평소 원만한 관계가 기반이 되어야 가맹본부의 메시지가 가맹점에 공감을 줄 수 있어 상대를 설득하고 실천하게 만들 수 있다는 점을 숙지하고 실천해야 한다.

슈퍼바이저가 가맹점과 소통하는 말과 행동은 브랜드 가치를 증대시키거나 하락시키는 주요 원인이 될 수 있다. 따라서, 사전에 교육을 통해 가맹본부와 가맹점 간의 가교역할을 잘할 수 있도록 사전 교육을 통해 직무역량을 키워 주는 것이 무엇보다도 중요하다.

유능한 슈퍼바이저를 얼마나 확보하고 있는지는 가맹사업 목표 달성의 척도로 볼 수 있다. 가맹점에서 먼저 슈퍼바이저에게 연락해 안부를 묻거나, 가맹본부에서 추진하는 정책과 신메뉴 출시 등에 대해 질문할 정도로 신뢰와 소통이 잘 이루어진다면, 그 슈퍼바이저는 유능한 슈퍼바이저라 할 수 있다.

슈퍼바이저는 단순히 가맹점을 지도하는 데 그치지 않고, 프랜차이즈 원리와 개념, 그리고 가맹본부에서 추진 중인 사항에 대해 완벽히 숙지하고 이해하는 것이 필수적이다. 이 직군의 역할은 프랜차이즈 사업에서 말로 표현할 수 없을 정도로 중대하다는 것을 간과해서는 안 된다.

가맹점 200호점을 넘기지 못하는 주된 원인은 강력한 슈퍼바이저 제도를 안착시키지 못한 것에서 비롯된다. 프랜차이즈 성공 여부의 열쇠는 슈퍼바이저가 갖고 있다고 해도 과언이 아니다.

가맹사업 초기에는 슈퍼바이저를 두지 않고, 경영자가 직접 가맹점과 소통하며 매장에서 발생하는 문제를 처리하는 경우가 많다. 하지만 최대한 빠르게 슈퍼바이저 제도를 안착시켜 슈퍼바이저가 가맹점을 전담하여 소통하고, 지도와 관리를 통해 교육할 수 있도록 체계를 마련해야 한다. 성공적인 가맹사업을 위해 절대적으로 요구되는 사항이다.

경영자는 가맹점과 적당한 거리를 유지해야 한다. 가맹점의 부탁을 쉽게 거절하기 어려운 경우고 많고, 가맹점과 지나치게 가까이 지낼 경우, 가맹본부의 임직원이 설 자리가 없어지게 되어서다. 또한, 가맹점은 심리적으로 매장 내의 모든 문제를 경영자와 해결하려는 경향이 강하다. 이는 의사결정을 빠르게 할 수 있는 사람과 소통하고 싶어 하는 자연스러운 심리에서 비롯된다.

특히 가맹사업 초기에는 경영자와 개인적인 인연이 있는 사람들이 신규 가맹점을 오픈하는 사례가 많아 가맹점은 경영자와의 직접 소통을 희망하게 된다. 이럴수록 처음부터 철저하게 슈퍼바이저를 통해 소통할 수 있도록 제도적 장치를 마련해서 실천하는 것이 급선무다.

슈퍼바이저가 경영자를 대신하는 현장의 작은 사장이라는 사실을 깊이 인식하고, 강력한 슈퍼바이징을 할 수 있어야 한다.

슈퍼바이저는 현장에서 진행되는 제반 사항을 완벽히 인지하고 있어야 본연의 직무를 완수할 수 있다. 이를 위해 매장 운영의 노하우를 터득하고, 운영의 강점과 약점을 파악하여 강점은 지속적으로 실천하도록 독려하고, 약점은 개선하도록 지도하는 능력을 갖추고 있어야 유능한 슈퍼바이저 반열에 오를 수 있다.

이와 더불어, 슈퍼바이저는 가맹점의 마음을 헤아리는 포용력도 자질 중 하나다. 매장 매출이 부진할 경우 함께 공감하며 대책을 강구 하여 현안 과제를 해결해 줄 수 있는 역량이 필요하다.

슈퍼바이저가 이러한 자질과 능력을 갖추고 가맹점을 방문하여 소통하고 관리한다면, 이는 성공적인 가맹사업을 영위할 수 있는 척도나 다름없다. 슈퍼바이저는 가맹본부와 경영자를 대신하여 현장에서 가맹점과의 상생을 실현하는 핵심 역할을 수행한다는 강한 신념을 갖고 직무를 수행해야 한다.

반대로, 슈퍼바이저가 갖추어야 할 자질이 부족한 상태에서 직무를 맡기는 것은 메이저 프랜차이즈의 진입을 포기하는 것과 마찬가지이므로 경영자는 이 부분을 특별히 유념해야 한다.

프랜차이즈는 가맹점 관리를 잘하는 것이 곧 가맹점 확산으로 이어지는 것이다. 신규 개설도 중요하지만, 오픈한 가맹점이 스스로 주어진 책무를 이행하며 매장을 운영할 수 있도록 만드는 것은 더욱 중요하다.

프랜차이즈의 본질은 영업과 운영의 상호작용에 있다. 프랜차이즈 사업을 전개하는 경영자는 이 부분을 항시 머릿속에 입력한 상태에서 가맹사업을 추진할 수 있어야 한다. 가맹점 관리를 어떻게 하느냐에 따라 브랜드의 성공과 실패는 명확히 구분된다.

가맹점 관리의 중요성을 제대로 인식한 경영자는 사업 성패를 좌우하는 가장 큰 요소를 통제할 수 있다. 200호점을 넘길 수 있느냐 없느냐를 결정짓는 핵심 요인이다.

여기서 슈퍼바이저의 역할이 왜 중요한지를 극명하게 일깨워 주는 대목이다. 강력한 슈퍼바이징이 없이는 메이저 프랜차이즈 진입의 꿈은 상상도 할 수 없다.

동일한 맛과 서비스 제공

프랜차이즈의 생명은 전국 어느 매장에서나 동일한 맛과 서비스를 제공하는 것이 생명이나 다름이 없다. 가맹점 1호점부터 운영 매뉴얼을 완벽하게 준수할 수 있도록 슈퍼바이저를 통해 가맹점 관리를 철저히 해야 가맹점 확산이 빠르게 추진될 수 있다.

가맹사업 초기에는 가맹점이 증가하는데 고무되어, 기존 가맹점이 스스로 매뉴얼을 준수할 것이라고 안일하게 생각하고 가맹점 확산에만 전력을 다하는 가맹본부가 생각보다 많다. 그러나 가맹점에서 매뉴얼을 제대로 준수하지 않으면 성공적인 가맹사업은 기대할 수 없으며, 사업 자체가 흔들릴 수 있다는 점을 가맹본부는 항상 염두에 두어야 한다.

프랜차이즈 원리와 시스템에 대한 이해가 부족한 가맹본부는 종종 이 부분을 간과한다. 기존 가맹점은 브랜드의 얼굴이므로, 지속적으로 반복 지도와 교육을 통해 매뉴얼 준수를 강화해야 한다.

또한, 예비 창업자는 운영 중인 가맹점을 방문하여 사전에 여러 가지를 알아보고 브랜드를 최종 선택하려는 경향이 강하기에 브랜드에 대한 충성도를 높일 수 있도록 정성 들여 소통하고 지도해 줄 수 있어야 한다.

프랜차이즈는 통일성이 중요하다는 것을 대다수 가맹본부는 잘 알고 있지만, 실제로는 시간이 지날수록 가맹점마다 맛과 서비스가 다르게 운영되는 경우가 적지 않다. 경영자가 프랜차이즈 시스템에 대한 확고한 신념이 수반되지 않으면 가맹점을 통일성 있게 운영하는 것이 말처럼 쉽지 않다.

다양한 배경과 가치관을 가진 가맹점주들이 한 시스템 안에서 운영되는 것은 만만치 않은 일이다. 초반에 100개 정도의 가맹점을 빠르게 확산했음에도 더 이상 번창하지 못하고 퇴보하는 브랜드 대부분은 가맹점 간 차이 나게 매장 운영을 하는 것이 가장 큰 이유라 할 수 있다.

프랜차이즈 사업에서 통일성은 목표 달성 여부를 결정짓는 척도가 된다. 경영자의 강력한 의지가 절대적으로 필요한 부분이다. 필자가 다년간 경험한 바에 의하면 가맹본부에서 가맹점 통일성 유지를 핵심 정책으로 삼고 가맹사업을 전개하는 브랜드가 메이저 브랜드로 성장하는 사례를 다수 확인할 수 있었다.

프랜차이즈의 본질은 동일한 맛과 서비스를 늘 제공하는 것이다. 고객은 항상 자신이 신뢰하고, 긍정적인 이미지를 주는 브랜드를 방문하게 되어있다. 어디서나 동일한 맛과 서비스를 제공받을 수 있다는 마음을 갖게 만드는 것이 중요하다. 가맹점마다 운영이 달라 통일성이 무너진 브랜드는 고객 만족도를 떨어뜨리고, 부정적인 인식을 형성해 단골 고객을 잃게 된다는 사실을 가맹본부는 염두에 두어야 한다.

고객이 어느 매장을 방문해도 동일한 메뉴와 서비스를 제공받을 수 있어야 프랜차이즈 가맹점이라 할 수 있다. 고객이 프랜차이즈 매장을 찾는 이유는 언제 어느 가맹점을 방문해도 같은 메뉴를 접하고 같은 서비스를 받을 수 있다는 생각이다. 이러한 특성을 가맹점에 확실히 교육하지 못하면 프랜차이즈로서 생명력을 잃게 된다. 이는 곧 가맹사업의 실패를 의미한다. 가맹점주가 프랜차이즈의 원리와 특성을 이해하지 못한 상태에서 매장을 운영할 때 맛의 근간이 다소 흔들릴 수밖에 없는 것이 현실이나 최소화할 수 있도록 가맹본부는 시스템적으로 운영 매뉴얼을 확립하고 현장에서 실천할 수 있도록 철저하게 교육해야 한다.

가맹점마다 고객에게 판매하는 메뉴와 서비스가 상이한 프랜차이즈 가맹본부가 생각보다 많은 것이 현실이다. 가맹점에서 인기 없는 메뉴는 아예 취급하지 않는 경우도 의외로 많다. 이는 고객 클레임이 자주 발생하는 원인이 되며, 브랜드 이미지는 점점 추락하게 될 수밖에 없다.

특히, 우리 매장에서는 인기가 없는 메뉴라고 판매하지 않거나 운영 미숙으로 매뉴얼 준수하지 않아 메뉴의 맛이 흔들리는 가맹점이 생길수록 프랜차이즈의 본질이 퇴색하게 된다. 이러한 상황은 가맹본부와 가맹점 간의 원활한 소통과 설득의 중요성을 다시금 알려주는 대목이다. 현장에서 가맹본부의 정책과 매뉴얼을 반드시 이행해야 하는 이유를 가맹점이 스스로 인지하게 만드는 것이 무엇보다도 중요한 가맹본부의 역할이다.

서울에서든 제주도에서든 동일한 맛과 서비스를 제공받을 수 있다면 프랜차이즈로서의 성공 확률은 매우 높다. 기본에 충실한 운영은 브랜드 가치를 점점 상승시킨다. 그러나 슈퍼바이저 활동이 제대로 이루어지지 않아 가맹점과의 관계가 원만하지 못한 경우, 현장에서 개인플레이를 하여 통일성이 흔들리는 경우가 빈번하다.

가맹본부의 경쟁력이 약화 되면 가맹점은 현장에서 개인적으로 규정을 어겨도 된다고 판단하기 쉽다. 가맹본부가 작은 여지를 허용하면 하나의 가맹점에서 비롯되어 주변 가맹점으로 파급이 **빠르게** 전파되고, 전체적으로 동일한 맛과 서비스가 무너지는 계기가 될 수 있기에 강력한 슈퍼바이저 제도를 운영하여 가맹점과의 소통을 강화하고, 가맹점 지도 및 교육을 철저히 해야 한다. 프랜차이즈에서 왜 통일성이 최우선인지를 가맹점에 이해시키고 각인시키는 것이 급선무다.

03
가맹점 오픈 시간 준수

프랜차이즈는의 고유한 특징은 매장 운영이 동일할 것이라는 점이 고객들의 뇌리에 각인 돼 있다. 예를 들어, 저 브랜드는 매장이 몇 시에 오픈한다는 것이 널리 알려진 경우, 메이저 프랜차이즈 입성이 수월하다. 하지만 대다수 브랜드가 가맹점의 여건에 따라 개점 시간이 상이한 실정을 보이고 있다.

경쟁력 있는 브랜드는 통일성을 강조하며, 보편적으로 오픈 시간이 근소한 차이는 있을지라도 대체로 준수하고 있다. 브랜드의 통일성과 동일성은 매장 오픈 시간에서 비롯된다고 해도 과언이 아니다.

이는 사소한 일로 간과되기 쉽지만, 가맹점 오픈 시간은 브랜드 이미지와 신뢰 형성에 중요한 역할을 한다.

클로징하는 시간은 매장 상권과 로케이션에 따라 다를 수 있지만 오픈 시간만큼은 준수하는 것이 브랜드 가치를 상승시키는 데 유리하다.

전체 가맹점이 동일한 시간에 문을 열도록 하는 것은 브랜드경쟁력이다.

가맹점 오픈 시간을 준수시키기 위해서는 가맹점에서 왜 동일한 시간에 문을 열어야 하는지를 지도와 교육을 통해 이해시키고 설득해야 한다. 프랜차이즈의 원리와 특성을 명확하게 가맹점주가 인지해야만 가맹점이 정해진 시간에 오픈할 수 있기 때문이다.

가맹점마다 다소 시간 차이를 보일 수 있으나 상호 비슷한 시간대에 매장을 열 수 있도록 유도하는 것이 브랜드 파워를 증대시키는 데 도움이 된다. 가맹본부의 경쟁력과 브랜드 가치가 높을수록 가맹점 오픈 시간이 비슷한 것을 알 수 있다.

결국, 매장 오픈 시간이 동일하게 유지되면, 브랜드의 일관성과 신뢰도가 높아져 가맹점 확산이 수월하게 된다고 보면 된다. 작은 디테일이 프랜차이즈로의 전체적인 가치를 증대시킨다는 사실을 필히 가맹본부는 숙지하면서 가맹점을 관리해야 한다.

가맹점마다 각기 다른 시간에 오픈하는 브랜드는 프랜차이즈로서 기본적인 기능을 다하지 못할뿐더러, 성공적인 가맹사업을 추진하는 데 장애요인을 안게 된다. 프랜차이즈의 근간은 통일성에 있음을 누차 강조해도 지나치지 않다. 동일한 시간대에 오픈한다는 것만으로도 고객에게 좋은 이미지의 브랜드로 자리매김한다는 사실을 가맹본부와 가맹점은 반드시 인지하고 현장에서 실행할 수 있어야 한다.

예를 들어, 남대문시장 인근 노상에서 도장을 파는 가게가 항상 같은 시간에 문을 열어, 사람들에게 각인되어 고객이 늘 붐비는 곳으로 안착했다는 사례가 있다. 항상 같은 시간에 고객을 맞이할 준비가 된 브랜드는 시일이 지날수록 더욱 신뢰를 얻고, 매출에서도 큰 차이를 만들어 낼 수 있다. 반면, 그렇지 못한 브랜드는 고객의 신뢰를 잃게 되고 매출 감소로 이어질 가능성이 크다.

결국, 가맹점의 동일한 오픈 시간 준수는 가맹본부의 역량과 경쟁력에 달려있다고 보는 것이 옳다.

브랜드가 한때 300호점, 400호점을 운영하며 잘 나가다가, 어느 순간부터 점차 폐점이 상대적으로 앞서 200호점, 100호점으로 하락하는 사례가 빈번하게 발생하고 있는 것이 오늘날 프랜차이즈 업계의 현실이다. 이러한 현상의 주된 원인은 매장 운영의 통일성 부족에서 비롯된다는 사실을 필자가 경영 자문 경험을 통해 깊이 체감했다.

매장 오픈 시간이 가맹점마다 다를 뿐 아니라, 판매되는 메뉴가 각양각색이고 판매가격도 일치하지 않는 경우가 주류를 이루었다. 프랜차이즈 생명인 통일성이 결여되면 브랜드 가치와 파워는 쇠퇴기에 접어들게 되는 것이 프랜차이즈 특질이라는 점을 경영자와 가맹본부는 반드시 주지해야 한다.

특히, 매장 오픈 시간을 가맹점마다 다르다고 해서 가맹사업의 목적을 달성하는데 별 지장을 주겠느냐는 안일한 생각을 하는 순간부터 동일한 맛과 서비스를 고객에게 제공하기는 어렵다는 것을 유념해야 한다.

매장 오픈 시간을 준수해야 한다는 점을 강하게 인식하고 가맹사업을 추진하는 브랜드가 적다는 것이 프랜차이즈 업계의 현실이다. 여기서 주목해야 할 사항은 고객에게 좋은 이미지로 알려진 브랜드를 보면 매장 오픈 시간이 일정하게 운영되고 있다는 사실이다.

"왜 오픈 시간을 똑같이 할까?"하는 의문을 가져볼 필요가 있다. 일차적으로 고객의 기억에 전국 매장 어디나 같은 시간에 문을 연다는 사실을 인식시켜, 강력한 프랜차이즈 브랜드라는 이미지를 구축하기 위한 의도라고 볼 수 있다.

프랜차이즈는에 대해 고객이 일반적으로 가지는 관념은 "어느 매장을 방문해도 같은 맛과 서비스를 제공받을 수 있다"는 믿음이다. 메이저 브랜드는 이러한 기대에 부응해서 고객이 매장으로 발걸음을 재촉하게 만들고자 마이너 브랜드가 소홀하게 여길 수 있는 매장 오픈 시간을 동일하게 유지하는 데 가맹점을 철저히 교육하고 지도한다는 사실을 경영자는 새겨볼 필요가 있다.

04
유니폼 착용 의무화

프랜차이즈인지 아닌지를 고객이 명확히 알아차리게 되는 것이 바로 매장 근무자의 유니폼을 착용 유무다. 프랜차이즈의 생명력은 통일성에 있다고 백번을 강조해도 지나치지 않다. 프랜차이즈 가맹점임을 가장 직관적으로 고객에게 표현할 수 있는 것이 유니폼을 입고 고객을 응대하는 것이다.

브랜드 경쟁력이 높을수록 가맹점에서 유니폼 착용이 잘 이루어지고 있으며, 전 가맹점에서 모든 직원이 유니폼을 착용하고 근무를 할 수 있게끔 하기 위해서는 가맹본부 지도력이 절대적으로 요구되는 사항이다.

반대로, 브랜드 파워가 약할수록 유니폼 착용을 하지 않고 근무하는 편이다. 프랜차이즈 창업을 하려고 마음을 결정하면 가맹본부에서 펼치는 정책을 준수해야 한다는 인식으로 시작하지만, 매장 운영을 하다 보면 편리성을 추구하려는 마음이 생기게 되어있다. 개인 자영업자처럼 나름대로 매장 운영을 하고 싶은 충동이 한편에 자리 잡고 있다고 봐야 한다. 가맹본부의 지속적인 교육과 지도가 절실하고 중요하다는 것을 일깨워 주는 대목이다.

유니폼 착용은 매장에서 근무하는 인원은 누구나 착용해야 한다. 가맹점주가 착용하지 않거나 색다른 유니폼을 착용하고 근무하는 사례가 발견되는 데 가맹본부는 이러한 사례가 발생하지 않도록 사전에 교육하고 관리하여 반드시 근절시켜야 한다. 이는 브랜드 이미지를 훼손하는 행동으로 절대로 용인되어서는 안 된다.

가맹점주가 사장이라는 인식이 앞서 매장 내에서 유니폼 착용을 소홀히 하는 것은 가맹본부의 교육 및 지도 역량 부족에서 기인한 것이다. 매장에서 근무하는 인원은, 가맹점주를 포함하여 유니폼 착용을 절대적으로 준수해야 한다는 원칙을 주지시켜야 한다.

가맹본부는 이러한 사례가 발생하지 않도록 사전 교육과 철저한 관리를 통해 이를 방지해야 하며, 이를 실행하지 못한다면 브랜드 경쟁력을 약화시키는 원인이 된다.

고객에게 사랑받는 브랜드는 어디를 불문하고 매장 근무자 모두가 유니폼을 착용한 모습을 볼 수 있다. 이는 고객에게 좋은 이미지의 브랜드로 남게 하는 데 중대한 역할을 한다.

프랜차이즈 가맹점을 방문하면서 가장 먼저 브랜드에 대한 이미지를 평가하게 되는 것이 종업원의 용모와 진심 어린 인사에서 비롯된다. 통일한 복장을 갖춘 상태에서 제공되는 서비스는 진정성이 한층 더 전달되며, 전 직원의 깔끔하고 통일된 유니폼에서 풍기는 이미지는 긍정적인 선입관을 가지게 한다. 유니폼 착용 여부는 근무자의 말과 행동에도 영향을 미쳐, 전문적이고 일관된 서비스 제공을 가능하게 한다.

이러한 점에서 가맹본부는 가맹점주도 유니폼 착용이 선택이 아닌 필수라는 것을 주지시켜 실천하게 만들어야 한다. 매장 근무자는 착용하고 정작 가맹점주는 이를 따르지 않는 사례는 브랜드 통일성을 저해하는 행위로 개선되어야 할 부분이다.

또한, 유니폼 착용은 단순히 입는 것에 그쳐서는 안 되며, 항상 청결한 상태를 유지하고 관리하는 것에도 소홀해서는 안 될 사항이다. 청결은 고객이 브랜드를 평가하는 기준 중 하나로, 깨끗한 유니폼은 고객의 신뢰를 높이고, 기억에 남아 오랜 기간 브랜드를 평가하는 기준이 될 수 있기 때문이다.

매장 근무자가 진심 어린 서비스를 고객에게 늘 제공할 수 있는 브랜드는 가맹점 확산은 물론 메이저 프랜차이즈로 진입이 수월해진다는 진리를 경영자와 가맹본부는 항상 염두에 두면서 직무를 수행해야 한다.

고객에게 진정한 서비스를 제공하기 위해서는 우선적으로 유니폼 착용이 선결되어야 한다. 유니폼을 착용하지 않은 상태에서 고객에게 감동을 주는 서비스를 제공한다는 것은 어불성설이다. 기본을 준수한다는 생각 자체가 멀어질 수 있어서다.

이처럼 프랜차이즈 사업에서 매장 근무자 누구라도 불문하고 유니폼을 착용하게 만드는 것은 매우 중차대한 과제다. 이러한 원칙은 1호점에서부터 유니폼 착용의 중요성을 강하게 부각하여 2호점, 3호점으로 이어지게 만들어야 한다.

창업자가 매장을 오픈 전에 가맹점주와 근무자들에게 유니폼 착용의 필요성과 의미를 명확히 주입하여, 이를 지속적으로 실천하도록 만들어야 한다.

유니폼 착용은 단순한 규정 준수가 아닌 성공적인 가맹사업의 초석이다.

무엇이든지 초기에는 규정대로 준수하지만, 시간이 지나면서 마음가짐이 느슨해지고, 나태한 타성이 생겨 누군가의 통제를 받기 싫어하게 되어있다. 프랜차이즈도 예외는 아니다. 어쩌면 더욱 심한 현상을 보일 수도 있다. 특히 매장 내 근무자의 유니폼 착용이 운영 일수가 지날수록 미준수 되는 경우가 많다.

마이너 프랜차이즈일수록 유사한 사례를 보이게 된다. 물론 메이저 프랜차이즈로 안착한 브랜드는 예외다. 가맹점을 방문하다 보면 매출이 좋은 가맹점이나 저조한 가맹점 모두가 유니폼을 착용하지 않은 상태에서 근무하는 사례가 적지 않다. 강력한 슈퍼바이저 제도가 안착하지 못하여 발생하는 경우다. 이는 단순히 경영자의 슈퍼바이저 운영에 대한 인식의 문제에서 비롯되는 사항이다.

가맹사업을 추진하려는 예비 경영자나 현재 가맹사업을 전개하고 있는 경영자는 슈퍼바이저가 가맹사업의 성공 열쇠를 쥐고 있다는 인식을 반드시 지녀야 한다. 통일성을 유지하는 핵심 인력이 슈퍼바이저이기 때문이다.

역량을 갖춘 슈퍼바이저 도입과 육성 및 배양은 완전히 경영자의 몫이다.

05
신속한 클레임 처리 및 피드백

가맹점에서 가맹본부에 대한 불만 사항 중 가장 큰 부분을 차지하는 것이 클레임 사항에 대한 처리 여부다. 가맹점은 언제나 각양각색의 불편한 사항이 생기게 마련이다. 문제가 발생하지 않으면 그것이 더 문제가 될 정도로 매장 내에서는 늘 클레임이 제기될 수밖에 없다. 프랜차이즈는 특성상 가맹점이 가맹본부를 대신하여 고객에게 제품을 판매하고 서비스를 제공하는 시스템이기에 항상 문제 발생 소지가 있다.

가맹점 간담회를 진행해 보면 가맹점에서 가장 많이 불만을 제기하는 부분이, 어떠한 문제가 발생해 해결해 달라고 슈퍼바이저에게 요청했을 때 피드백이 없다는 사실이다. 문자를 보냈는데 상대방으로부터 회답이 오지 않으면 기분이 나빠지고, 다시는 소통하고 싶지 않게 되는 것이 사람의 마음이다. 하물며 매출과 직결되는 클레임 사항에 대해 가맹본부가 묵묵부답으로 일관하거나 진행 상황을 설명하지 않을 경우, 가맹점이 가맹본부에 느끼는 부정적인 시각은 이루 말할 수 없게 된다.

가맹점에서 제기되는 불만 사항에 대한 완벽한 처리 없이는 가맹본부에 대한 만족도와 충성도는 기대할 수 없다. 가맹점 관리의 제1순위 업무로 생각하고 클레임 처리를 완벽하게 처리해야 하는 이유다.

가맹점으로부터 제기되는 클레임 유형은 원·부재료에 관한 내용이 주류를 이루고 있으며 고객 클레임은 종업원의 서비스 불만족이 큰 비중을 차지한다. 유통기한이 임박한 원·부재료가 입고되거나 제품에 하자가 있을 경우, 가맹본부에 해결을 요청하면 슈퍼바이저가 관련 부서와 협력하여 업무를 진행하고, 결과에 대한 사항을 중간에 피드백해 주어야 하나, 본의 아니게 놓치거나 깜박 잊고 넘어가는 일이 의외로 빈번하다.

클레임 처리의 중요성을 간과하거나 슈퍼바이저 개인의 직무역량 부족으로 피드백을 해주지 못하여 발생 되는 경우다. 결과적으로 이는 고스란히 브랜드에 대한 가맹점 만족도 하락으로 이어질 수밖에 없다.

가맹점 클레임 사항은 신중하게 접근해야 하며, 클레임을 제기한 가맹점에 처리 과정과 결과를 피드백하는 습관을 생활화하는 것을 잊지 말아야 한다.

메이저 프랜차이즈 경영자 중에서 출근하자마자 전날 발생한 가맹점과 고객 클레임 사항에 대한 업무 보고를 받거나 온라인으로 직접 사례를 파악하는 경우가 있다. 이는 클레임이 가맹사업에서 차지하는 비중이 얼마나 지대한지를 극단적으로 보여주는 사례다.

같은 클레임이 재발하지 않도록 미연에 방지책을 강구하여 실행에 옮길 수 있도록 하는 것이 경영자의 핵심 과제이다. 현장의 소리를 귀담아듣고 이것을 바탕으로 가맹점의 우호도를 높이면, 이는 곧 가맹점 확산으로 이어진다. 가맹점이 만족할 수 있는 클레임 처리와 신속한 피드백은 가맹사업에서 업무 중요도가 1순위가 아닌 0순위라 해도 틀린 말이 아니다.

슈퍼바이저 역할에서 중요한 포지션으로 자리매김하는 것이 가맹점과 고객 클레임에 대한 처리이다. 이들은 가맹점과 고객의 불만 사항을 해결하며 '문제 해결사'로서 신뢰를 쌓는다. 사람은 어려움을 당했을 때 부탁한 상대방이 바르게 해결책을 제시해 주면 상대에 대한 신뢰가 쌓이게 되어 마음의 문을 열어 서로 친밀도가 높아지고 협력의 길이 더욱 원활해진다.

슈퍼바이저가 가맹점에서 발생한 불만 사항을 신속하고 정확하게 처리하면, 가맹점은 가맹본부의 정책과 매뉴얼을 더 잘 이행하게 된다. 이러한 프로세스는 브랜드 가치를 상승하게 된다는 점을 가맹본부는 언제나 염두에 두어야 한다.

가맹점을 방문하다 보면, 가맹점마다 확연하게 다른 생각과 다양한 가치관과 사업 마인드를 가지고 있음을 알 수 있다. 때로는 보편타당한 문제가 클레임으로 제기되는 일도 발생한다. 대부분의 사람은 자신 위주로 생각하고 판단하며 주장하려는 경향이 강하기에 이런 상황은 피할 수 없다.

가맹본부는 운영시스템 완비와 강력한 슈퍼바이징이 절실하게 요구되는 대목이다. 클레임은 언제나 발생할 수 있고, 문제는 늘 우리 곁에 도사리고 있다는 점을 인지해야 한다.

현장에서 발생하는 클레임을 효과적으로 처리함으로써 가맹본부와 가맹점이 하나라는 인식을 공유하고, 함께 협력해야 상호 수익을 창출할 수 있다는 점을 인식하는 것이 중요하다. 이런 사고방식을 지닐 때 가맹점 클레임을 신속히 해결할 수 있다.

가맹점 클레임 못지않게 간과하고 지나쳐서는 안 되는 부분이 고객의 클레임이다. 고객 클레임은 매장에서 응대를 잘하지 못해서 야기되거나 품질 상태가 불량한 경우가 대다수다. 브랜드에 대한 불만을 표출하는 한 명의 고객은 주변의 250명에게 영향을 미친다는 말처럼, 부정적인 시각이 확산되어 브랜드 가치를 하락시킬 수 있다. 이처럼 브랜드 이미지를 실추시키는 고객 불만 사항은 빠르게 고객의 마음을 긍정적으로 전환 시킬 수 있도록 조치해야 한다. 물론, 사전에 매장에서 응대와 서비스를 잘하여 야기되지 않도록 하는 것이 최선이나 사람이 하는 일이라 언제나 발생할 수 있다.

클레임은 사후 어떻게 처리하고 피드백하느냐에 따라 더욱 돈독한 관계로 발전시킬 수 있다는 점을 인지하고, 총력을 기울여 고객이 만족할 수 있도록 해야 한다. 사람은 상대방이 자신을 대우해 준다고 느낄 때 마음의 문을 연다. 반면, 의견을 피력했을 때 피드백이 없으면 무시당했다고 느낄 수 있다. 경영자와 슈퍼바이저가 중시하고 숙지해야 할 사항이다.

06

LSM 활성화

가맹점 매출 증대 방법 중 최적의 성과를 낼 수 있는 것은 LSM(Local Store Marketingm, 지역 점포 마케팅)이다. 예전 마케팅 방법은 전국적인 프로모션, 즉 내셔널 판촉이 대세였으나 현대에는 가맹점의 위치와 여건에 맞춘 타겟 마케팅인 LSM이 대세를 이루고 있다. 이는 매장을 이용하는 주요 고객층의 연령대, 성별, 점포 환경에 부합한 판촉 행사를 진행해야 기대 이상의 성과를 얻을 수 있기 때문이다.

가맹본부가 전국 가맹점을 대상으로 일방적인 프로모션을 추진했지만, 일부 가맹점이 자신의 매장과 맞지 않다고 판단하여 고의로 참여하지 않는 경우를 초래하여 가맹본부와 마찰이 발생하고, 판촉 행사가 기대 이하의 결과를 낳는 사례도 많았다.

이런 폐단을 없애기 위해 가맹점마다 고유의 특색을 최대한 반영하여 현실에 부합하는 판촉을 추진하는 경향이 확산되고 있다. LSM이 좋은 결과를 거두기 위해서는 슈퍼바이저의 역량이 절대적으로 요구된다.

가맹점 수익을 올리기 위해 매장 여건에 부합한 LSM을 가맹점에 권유하고 함께 실행하여 성과를 창출하면 가맹점의 만족도가 크게 상승하게 된다. 이런 역할을 성공적으로 수행할 수 있는 사람이 바로 유능한 슈퍼바이저다.

가맹점이 스스로 판촉 행사를 실시하는 경우는 극히 이례적이며, 슈퍼바이저의 설득과 실행력 없이는 적극적으로 추진하기 어렵다. 슈퍼바이저가 평소에 가맹점과 원활한 소통을 유지하고, 매장의 운영 상황을 분석하여 경영진단을 해줄 수 있을 때, 적절한 판촉 행사를 제안할 수 있다. 이 과정에서 가맹점이 제안 내용을 이해하고 수긍하여 실행할 확률이 높아진다.

LSM은 일정한 비용이 수반되는데 가맹본부와 가맹점이 공동으로 부담하여 실행하는 것이 이상적이다. 대부분의 프랜차이즈가 이 방법으로 LSM을 실천하고 있다.

LSM을 활성화하려면 가맹점에서 지출한 금액 대비 매출에 기여한 흔적을 가시적으로 확인할 수 있어야 한다. 이를 위해 가맹본부는 여러 가맹점에서 성공적으로 실행한 사례를 모아 활용할 수 있어야 한다. 같은 환경의 가맹점에서 성과를 낸 사례는 피부로 쉽게 다가와 공감대를 형성하고 실행 의지를 높이는 데 효과적이며, 매우 효율적이고 생산적인 성과를 내는 데 큰 도움이 된다.

슈퍼바이저는 LSM을 좋은 성과를 낸 사례를 상세하게 정리하여 타 가맹점에 적용할 수 있어야 한다. 슈퍼바이저가 가맹점을 방문하면서 매출을 상승시키는 일은 말처럼 쉬운 일이 아니다. 이는 핵심적인 무기 자체가 없기 때문이다. 매뉴얼 준수와 통일성을 유지하는 것만으로도 슈퍼바이저 본연의 직무수행을 잘하고 있다고 말할 수 있다. 그러나 매출 증대와 관련한 슈퍼바이저의 직접적인 권한이 적은 게 현실이다.

예를 들어, 획기적인 히트 메뉴 출시, 성공적인 브랜드 마케팅 및 홍보, 효과적인 프로모션 추진 등이 이루어졌을 때 가맹점 매출이 올라가는 것이 일반적인 현상이다. LSM은 점포 매출을 높이는 데 최선의 좋은 방책이다.

LSM은 매출이 부진한 가맹점을 대상으로 실시하는 경우가 일반적이다. 점포 위치가 현저히 불리하여 매출이 지속해서 하락세를 보이거나 인근에 동종 브랜드가 오픈하여 고객 수가 줄어든 경우 실시하는 경우가 많다. 또한, 특별한 날엔 이벤트를 실시하여 매출을 증대시킬 목적으로도 추진한다. 이 모든 상황에서 LSM의 핵심 목표는 고객 유입과 단골 고객 확보라고 할 수 있다.

성공적인 LSM을 달성하려면 담당 슈퍼바이저의 역량이 중요하다. 슈퍼바이저는 적절한 시기를 선택하고, 점포 여건과 환경에 적합한 판촉 행사 및 이벤트 행사를 기획하고 추진해야 한다. 그래야 가맹점에서 만족할 수 있는 결과를 만들어 낼 확률이 높아진다.

유능한 슈퍼바이저의 공통점을 보면 담당 가맹점을 대상으로 활발한 LSM을 실행하고 있다는 사실이다. 실력 있는 슈퍼바이저가 적극적으로 수행할 수 있는 업무이기 때문이다.

슈퍼바이저가 가맹점의 현상을 명확하게 진단하고, 그에 맞는 처방을 내릴 수 있는 지혜와 슬기를 지니고 상대를 설득할 수 있는 역량을 갖추어야 LSM을 실시할 수 있다. 가맹점 역시 매출 증대의 필요성을 인식하고, 일정 부분 비용지출을 감수할 수 있어야 가능한 일이다.

LSM을 활성화하기 위해서는 가맹본부에서 시행 규정을 확립해 놓아야 한다. 가맹본부의 정책으로 수립하여 실행할 수 있다면 금상첨화다. 운영팀에서는 실행안, 실행 대상 가맹점, 비용지원 등 효율적인 실행계획을 수립하여 재가받은 후, 공격적이고 적극적으로 추진할 필요가 있다.

수많은 브랜드가 등장하고 하루가 다르게 변화하는 경쟁 시장에서 살아남기 위해서는 끊임없이 고객을 유입하고 재방문할 수 있도록 지역 판촉 행사를 추진할 필요가 있다. 고객은 늘 새로운 것에 관심을 갖고 발길을 재촉하는 경향이 많다. LSM은 매장에서 경제 원칙에 입각하여 매출 증대 효과를 올릴 수 있는 최선책이라 할 수 있다.

07
손익 분석을 통한 경영진단

슈퍼바이저가 담당 가맹점의 수익이 기대만큼 발생하지 않는 이유를 분석하고, 해결책을 제시할 수 있다면 유능한 슈퍼바이저라 할 수 있다. 프랜차이즈 현장에서 매장 손익 분석을 해주는 슈퍼바이저는 드문 현실이다.

가맹점 손익 분석을 위해서는 매장의 고정비와 판매관리비를 파악하고 운영 방식을 이해하며, 최소한의 비용지출로 매장을 효율적으로 운영할 수 있는지를 확실하게 숙지하고 있어야만 가능한 일이다.

가맹점 입장에서 매장 운영 방식에 대해 객관적이고 논리적인 설명을 듣게 되면 슈퍼바이저에게 신뢰를 주게 된다. 슈퍼바이저가 매출이 부진하거나 기대 이상의 매출이 나오지 않는 가맹점에 대해 손익 분석을 해주면 가맹점과의 신뢰 관계가 한층 더 쌓이게 되는 효과를 보이게 된다. 따라서 가맹본부는 직무역량을 갖춘 슈퍼바이저를 육성하는 데 총력을 기울여야 한다.

프랜차이즈 수익률은 누가 매장을 운영하느냐에 따라 다른 차이를 보이기에 예비 창업자가 한 달에 얼마나 남는지 질의할 경우 명확하게 답하기 곤란한 경우가 많다. 매장 운영 방식, 지출되는 비용, 수입 등이 달라서 원가율이 상이할 수밖에 없기 때문이다.

매장 수익률은 정해진 틀대로 움직여지는 것이 아니라서 영업 담당자는 가맹점에 향후 분쟁을 유발하지 않도록 상담 시 주의를 기울여야 한다.

필자가 자문을 진행하면서, 가맹본부가 원가율과 수익률에 대해 신중하게 접근하지 않고 일반적인 수치를 예비 창업자에게 전달한 뒤, 실제로 매장을 운영해 보니 상이한 결과를 초래하게 되어 갈등을 일으킨 사례를 여러 번 봤다. 따라서 수익률에 대해서는 환경과 상황에 따라 다름을 명확히 예비 창업자에게 설명해야 한다.

가맹본부와의 신뢰도가 하락하는 주요 원인 중 하나는 신규 영업 시 현실과 동떨어진 수익률을 말하거나, 상황에 따라 차이를 보일 수 있는 이유에 대해 충분히 이해시키지 못하는 경우이다. 가맹본부는 이 점을 반드시 주지 해야 한다.

    매장 손익 분석에서 유의할 부분은 재고비용, 판매관리비, 고정비이다. 실질적으로 가맹점주 부부가 각각 한 달씩 독자적으로 매장을 운영하는 경우, 비슷한 매출이어도 수익률에 차이가 나는 경우가 많다. 이는 운영 방식과 수익 계산 방식이 다르기 때문이다.

    가맹점주가 다른 곳에서 근무했을 때 일정한 급여를 받을 수 있다고 계산하여 본인의 인건비는 전체 수익에서 제외하고 손익을 산정하는 가맹점도 있기에 이 부분을 가맹본부는 특별히 유념해서 손익 분석을 낼 수 있어야 한다. 여기서 주의할 점은 가맹점주 인건비도 총수익에 합산하여 산정해야 한다는 점이다. 결국 수입과 마찬가지 개념이기 때문이다.

    자신의 인건비는 어디서 일을 해도 매장 근무자 인건비보다 많이 번다는 개념을 가지고 있는 것이 일반적인 사람들의 현상이기에 이 부분을 가맹점에 설득할 수 있어야 한다.

    매장 손익 분석 시 용어를 잘 이해하고 산정을 할 수 있어야 한다.

    제품을 판매하는 데 직접적으로 연관이 없는 비용을 '고정비'라 한다. 예를 들어, 매장 근무자의 급여, 한 달 임대료, 시일이 지날수록 금전 가치가 하락하는 감가상각비를 지칭한다.

    반면, 제품을 판매할 때 직접적으로 관련 있는 비용을 '변동비'라 말한다. 예를 들어, 하나의 제품을 완성하는 데 필요한 원·부재료, 공통적으로 들어가는 공산품, 그리고 판매에 지출되는 수수료 등을 지칭한다.

슈퍼바이저는 상기 내용을 숙지하고, 매장 운영에 사용되는 기타 세부 항목까지 세밀하게 진단하고 분석하여 매장 손익을 분석할 수 있어야 한다. 또한, 매장 손익을 분석하는 방법은 가맹점마다 손익에 대한 이해도가 다르므로 가맹본부는 손익 분석 기법을 정형화하여 슈퍼바이저가 교육받고 가맹점을 지도할 수 있도록 해야 한다.

슈퍼바이저가 매장을 방문해 운영상의 손익 분석을 해주기 위해서는 사전에 철저한 준비가 필요하다. 손익 분석은 원칙적으로 한 달에 한 번 이루어져야 하지만, 현실적으로는 힘들다. 이는 가맹본부의 정책 이행과 클레임 처리를 비롯하여 체크하고 지도할 항목이 많아서 매월 손익 분석을 실행하기는 말처럼 쉽지 않다.

효과적인 손익 분석을 위해서는 철저한 계획 수립과 실행이 필요하다. 누구나 손쉽게 매장에서 발생하는 비용과 수입을 산정하고 분석할 체계를 마련하여, 점점 수익이 증가할 수 있는 방향을 모색해 제시할 수 있도록 슈퍼바이저 교육과 육성을 실행하여 가맹점의 만족도를 높이고 가맹본부는 신뢰를 강화하는 데 중요한 역할을 한다.

경영자는 이러한 점을 유념해야 한다. 이는 성공적인 가맹사업을 위한 중차대한 일이다. 슈퍼바이저의 중요성을 인지 못 하는 경영자는 메이저 프랜차이즈 시장에 진입하는 꿈도 꾸어서는 안 된다. 단 1%의 가능성도 없기 때문이다.

FRANCHISE

효율적인
지원제도와
시스템 정립

01

가맹점 지원제도 확립

프랜차이즈는 가맹점이 현장에서 고객에게 브랜드 가치를 제공하는데 장애요인이 없도록, 가맹본부가 제반 시스템을 갖추고 운영상의 어려움을 합리적인 선에서 지원할 수 있는 지원제도가 완비해야만 상호 소기의 성과를 거둘 수 있는 사업 형태이다. 이를 위해 가맹점 운영시스템, 신규 개설을 위한 영업시스템, 가맹본부 임직원과 가맹점 구성원을 교육할 수 있는 교육시스템을 필히 구축해야 한다.

또한, 히트 메뉴를 출시할 수 있는 인프라를 갖추고, 최고의 서비스를 제공하기 위해 임직원의 역량 강화훈련을 지속하여 실시하는 것을 소홀해서는 안 된다. 좋은 원·부재료를 가맹점에 꾸준하게 공급하는 것을 생활화하고, 차별화된 디자인을 개발해 매장 분위기를 개선하며, 브랜드 파워를 증대시키기 위한 마케팅 홍보활동을 적극적으로 추진해야 한다.

매출이 부진한 가맹점에 대한 특별 지원제도도 필요하지만, 그보다 일관성 있는 가맹점 지원시스템을 가맹본부에서 수립하여 정책에 기반한 지원이 이루어져야 한다.

메이저 프랜차이즈로 진입한 브랜드는 가맹본부가 해야 할 역할을 충실하게 이행하고 있다는 공통점을 갖고 있다. 더불어 직무가 세분화하고 전문화하여 가맹점주와의 원활한 소통을 이루며 신메뉴를 시장 상황에 부합하도록 기한에 맞추어 출시하고 있다.

반면, 마이너 프랜차이즈는 현장의 목소리에 귀 기울이지 못하고, 기존 가맹점 관리보다는 신규 개설에 비중을 크게 두는 경향이 강하다. 하지만 운영 중인 가맹점의 가맹본부에 대한 만족도와 충성도가 없이는 신규 가맹점 확산은 어려울 수밖에 없는 것이 프랜차이즈 사업의 진리라는 사실을 경영자는 늘 인식하고 가맹사업을 추진해야 한다.

가맹점을 관리하고 지도하는 궁극적인 이유는 가맹점 매출을 증대시켜는 데 있다. 가맹본부가 해야 할 임무를 성실히 이행할 때 가맹점은 기대하는 매출과 수익을 실행할 수 있게 된다.

개인 매장을 운영하다가 장사가 잘되어 프랜차이즈 사업을 전개하는 경우가 많지만, 기본적인 인력구성은 물론, 프랜차이즈 시스템에 대한 이해와 제반 시스템을 구축하지 않은 상태에서 프랜차이즈 사업을 추진하는 사례가 생각보다 많은 것이 현실이다. 가맹점을 위한 각종 체계를 어떻게 확립해야 할지를 모를 수밖에 없다.

프랜차이즈업종에 관계된 지인들의 조언에 의존하는 경우가 많다. 경험자 입장에서 전해주는 사람들조차도 프랜차이즈 시스템을 상세히 이해하고 숙지하지 못한 상태에서 전달하는 경우가 실력을 갖추고 조언해 주는 것보다 훨씬 더 많은 것이 현실이다.

프랜차이즈 사업을 추진하는 순간부터 가맹점이 기대하는 수익을 지속하여 실현할 수 있도록 지원을 아끼지 말아야 한다. 여기서 놓쳐서는 안 될 부분이 명분 없고 원칙 없는 지원을 지양해야 한다는 점이다. 가맹본부의 지원이 큰 비용을 수반해도 브랜드 충성도가 기대에 미치지 못하는 상황을 초래할 수 있기 때문이다.

예비 창업자가 브랜드를 선택할 때, 가맹본부에서 제공하는 정보공개서를 유심히 살피고 창업을 결정하는 경우가 많다. 평소에 가맹점과의 상생을 중시하며, 가맹점의 수익 창출을 위해 소통을 잘하고 어려운 부분을 상호 협의로 해결하며, 신뢰를 쌓아온 브랜드는 정보공개서에서도 우량기업임을 직감할 수 있게 표기되어있다.

신규 가맹점 확산이 활발히 이루어지려면 정보공개서에 수록된 내용을 무시할 수 없기에 평소 가맹본부 역할을 잘 이행할 수 있어야 한다. 가맹점 지원제도가 활성화되어 고충 처리가 신속히 이루어질 때, 가맹본부에 대한 믿음과 신뢰가 쌓이고, 제반 숫자가 양호하게 된다는 것을 프랜차이즈 사업을 준비하고 있거나 현재 추진하고 있는 경영자는 각별히 유의해야 한다. 가맹점의 지원제도가 잘되어 있다는 말은 결국 가맹점과 원활한 소통을 하면서 가맹점 관리를 잘한다는 말과 같은 맥락이라는 것을 반드시 가맹본부는 인지하고 실천에 옮길 수 있어야 한다. 성공적인 가맹사업으로 가는 지름길이기 때문이다.

가맹본부는 가맹점이 현장에서 무엇을 어떻게 해야 한다는 지침만 제공하는 곳이라는 고정관념에서 벗어나야 한다. 물론 프랜차이즈는 가맹점이 가맹본부의 지시를 성실히 따를 때 매출과 수익이 동반되어 따라오게 된다는 것은 당연한 이치다. 하지만 가맹본부에서 본연의 역할과 책무를 완수하고 있을 때 가능한 일이라는 점을 간과해서는 안 된다.

가맹본부에서 해야 할 사항들을 실천하며, 가맹점에서 해야 할 사항을 관리하고 지도하며, 교육해야 한다는 부분을 놓쳐서는 안 된다. 가맹점이 기대한 매출이 안 나오면 서서히 가맹본부 탓을 하기 시작한다. 특히, 가맹본부가 제 역할을 다하지 못한다고 판단될 경우, 브랜드에 대한 신뢰는 급격히 하락하게 되어 가맹점 확산이 활발하게 이루어질 수 없다.

가맹본부 역할은 제대로 하지 못하면서 일방적으로 가맹점을 방문하여 지적만 하는 브랜드가 의외로 많은 편이다. 가맹본부와 가맹점은 구조적으로 같이 발전하고 같이 쇠퇴할 수밖에 없는 동반자 관계이다. 가맹본부는 가맹점과의 상생과 동반 성장을 위해 각자의 역할을 충실히 수행해야 한다는 사실을 항상 주지하고 총력을 기울여야 한다.

02
운영시스템 구축

프랜차이즈는 일반 자영업과 달리, 가맹본부에서 규정한 제품과 서비스를 고객에게 똑같이 제공해야 하므로 매장 운영에 대한 일관성 있는 프로세스가 절대적으로 필요하다. 통일성을 유지하는 것이 프랜차이즈의 핵심적인 가치이며, 이를 전 가맹점에서 준수하도록 가맹본부는 매장 오픈부터 마감까지 일련의 과정에 대한 운영 매뉴얼을 필수적으로 갖추고 있어야 한다.

가맹사업 초기에 브랜드 특성을 살린 운영 매뉴얼을 수립하여, 1호점부터 실시할 수 있도록 해야 한다. 적당히 교육해서 매장을 오픈시키면 된다는 생각은 금물이다. 가맹본부의 교육 능력에 따라 메이저 프랜차이즈로 진입할 수 있는지 판가름 난다는 사실을 반드시 인지해야 한다.

프랜차이즈가 성공하려면, 최초 10호점까지의 가맹점이 제일 중요하다. 초기 가맹점이 어떻게 매장을 운영하느냐에 따라 통일성을 지속해서 유지할 수 있는 기준이 마련되기 때문이다. 매뉴얼을 준수하여 동일한 맛과 서비스를 늘 고객에게 제공할 수 있어야 100호점 달성에 도달할 수 있는 기반을 마련하게 된다.

100호점을 넘긴 브랜드가 어느 순간부터 신규 오픈보다 폐점이 더 발생하면서 다시 100호점 아래로 하락하는 경우를 흔히 보게 된다. 경영자가 초심을 잃고 기본을 지키지 않으며, 가맹점 관리에 소홀하기에 발생하는 원인이 크다는 점을 유념해야 한다. 프랜차이즈 기본원리인 운영 매뉴얼 준수가 이루어지지 않으면, 마이너 프랜차이즈를 벗어나기가 현실적으로 어렵다.

이는 가맹본부의 임직원 역량도 중요하지만, 경영자의 프랜차이즈 이해도와 경영 방침이 더 영향을 미친다. 전문적인 지식을 갖추고 가맹사업을 추진하는 사례는 극히 드물다. 가맹사업을 전개하면서 경영자가 외부교육과 선배 또는 타 경영자로부터 배운 지식을 통해 프랜차이즈 지식을 습득하는 경우가 일반적이다.

갖은 노력 속에 200호점을 넘기고도 발전보다는 퇴보의 길을 걷는 브랜드는 대다수 정통의 프랜차이즈 속성과 특질을 제대로 이해하지 못해서 발생 되는 경우가 많다.

예전에는 시대적 환경을 잘 타고, 브랜드 경쟁력이 크게 없는데도 가맹점 확산이 빠르게 전개되어 300개 이상을 넘긴 브랜드도 많았다. 그러나 이런 브랜드는 가맹본부의 경쟁력이 뒷받침되지 않아 점차 신규 개설보다는 폐점이 늘어나 하락세를 보였다. 제반 시스템이 정립되지 않은 상태에서 경영한 것이 주된 원인으로, 운영시스템의 중요성을 단적으로 보여주는 사례다.

가맹본부는 가맹점이 매장에서 고객에게 최고의 맛과 서비스를 제공할 수 있도록, 현장에서 해야 할 일에 대해 매뉴얼을 만들어 교육할 수 있어야 한다. 매출이 좋은 매장을 보면, 그들만의 성공적인 요소가 확연히 보인다. 예를 들어, 오픈 시간을 항상 지킨다든지, 인사를 진정성 있게 전 근무자가 잘하거나, 조리 레시피를 준수하여 맛을 유지하는 공통된 행동을 볼 수 있다. 이러한 성공적인 매장 운영은 가맹본부에서 제시한 운영 매뉴얼을 바탕으로 운영할 수 있도록 가맹점 교육을 통해 가능한 일이다.

그러나 어떠한 사물이나 대상에 대한 체계를 잡아간다는 것이 쉬운 일은 아니다. 특히 가치관, 인생관, 성장환경이 각기 다른 사람들을 움직여 동일한 행동을 하게 만드는 것은 더욱 어려운 일이다. 그러기에 운영 매뉴얼을 반드시 수립하고, 원칙에 입각한 교육과 지도를 통해 현장에서 이행할 수 있도록 만드는 역량을 가맹본부는 갖추고 있어야 한다.

성공적인 가맹사업을 위해서는 가맹점이 가맹본부에 대한 신뢰도와 만족도를 이유 불문하고 높일 수 있어야 한다. 가맹본부에서 운영 매뉴얼을 확립되지 못한 채 주먹구구식으로 가맹점을 관리하고 지도하면, 브랜드 이미지는 점점 하락할 수밖에 없다. 신규창업자한테도 직간접적으로 부정적인 영향을 초래하게 되어 가맹점 확산이 힘들게 될 수밖에 없다.

신규 영업 상담을 하게 되면 예비 창업자는 운영 중인 매장을 방문하여 분위기를 보게 된다. 이때 운영 매뉴얼을 준수하지 않는 가맹점을 방문했을 경우 브랜드에 대한 신뢰와 믿음이 손상되는 결과를 초래할 수 있기에 운영 매뉴얼 안착은 매우 중요하다. 따라서 운영 매뉴얼이 제대로 자리 잡히고 그에 맞춰 매장이 운영될 수 있도록 하는 것이 매우 중요하다.

필자가 많은 브랜드를 경영·자문하면서 아쉬웠던 점은 가맹사업 초기부터 운영의 통일성을 준수하지 않고 신규매장을 오픈해 나갔다는 사실이다. 매장 운영의 기본이 지켜지지 않고 가맹점을 확산시키는데 오는 원인으로 프랜차이즈의 생명력을 약화하는 원인이 됨을 알 수 있었다. 운영시스템을 정립했더라도 완전체를 이루지 못했고 현장 실행력 또한 미흡한 것을 역력히 느꼈다. 많은 브랜드가 태동의 비전을 달성하지 못하고 중간에 무너지는 이유가 여기에 있다는 것을 간파하였다.

이 책을 읽는 독자는 이 부분을 깊이 인식하고 프랜차이즈 문을 두드렸으면 한다. 메이저 프랜차이즈로 안착한 브랜드는 강력한 운영시스템을 확립하고 1호점부터 이를 실행한다. 가맹사업을 추진하면서 이점을 늦게 알게 된 브랜드도 어느 시점을 기점으로 변혁을 통해 가맹점 운영을 체계적이고 통일성을 있게 확립하여 반전을 통해 메이저 프랜차이즈로 입성한 성공 사례도 적지 않다.

프랜차이즈는 현장에서 운영 매뉴얼이 미준수되면, 미래는 불투명하게 구조적으로 형성되기 마련이다. 이는 왜 중요한지를 한눈에 알게 해주는 대목이다.

03
영업시스템 구축

프랜차이즈 사업을 성공시키기 위해서는 최우선으로 가맹점을 전국적으로 확산시킬 수 있는 브랜드 경쟁력을 갖추어야 한다. 브랜드 경쟁력은 곧 가맹본부의 경쟁력이나 다름없다. 상대방 브랜드와 경쟁하여 승리할 힘을 갖는 것이 바로 경쟁력이라 할 수 있다. 수많은 동종업종의 브랜드보다 제반 부분에서 우위를 갖고 있어야 신규매장을 활발하게 전개할 수 있는 원동력을 지닐 수 있다.

브랜드 파워와 브랜드 가치를 확보해야만 예비 창업자의 관심을 받는데 유리한 고지를 갖게 된다. 가맹점을 많이 확보하고 운영되어야 브랜드 경쟁력이 생기게 되는데 신규 개설을 위한 프로세스가 완비되어 있어야 예비 창업자들의 상담부터 오픈까지의 과정이 프로답게 이루어져야 가맹계약 체결이 수월하게 이루어지게 되어있다.

1호점의 완벽한 검증으로 2호점부터 손쉽게 어느 정도까지는 신규 오픈이 용이하게 진행될 수 있지만 어느 시점부터 영업시스템에 의한 영업 활동이 전개되지 못하면 가맹점 확산 속도가 급격하게 느려지는 것이 프랜차이즈 사업의 생리다.

특정 브랜드를 창업해야겠다고 이미 마음을 결정한 상태에서 창업 문의를 하는 경우는 극히 드물다. 일반적으로 예비 창업자는 브랜드를 결정하지 않은 상태에서 창업 문의를 하는 경우가 많다. 신규 개설 영업에서 중요한 점은, 영업 활동보다는 브랜드 파워를 갖추어 창업자가 브랜드를 결정하고 자연스럽게 창업 문의를 하게 만드는 것이다. 즉, 상담을 통해 계약을 체결할 수 있도록 만드는 것이 최상책이다.

필자가 속해 있던 브랜드가 대표적인 사례이다. 메이저 프랜차이즈로 진입할 수 있는 기반을 마련하려면 우선 기존에 운영 중인 가맹점 수익은 물론 가맹점 만족도가 최고조에 도달하게 할 수 있어야 한다. 메이저 브랜드들의 성공 사례를 보면, 대게 블루오션보다는 레드오션 속에서 많은 동종 브랜드와 경쟁 속에서 안정되게 자리매김한 경우가 대다수임을 알 수 있다. 상대적으로 경쟁브랜드가 많아야 사장 파이를 키워서 고객으로부터 관심을 받기가 유리하기 때문이다.

프랜차이즈를 희망하는 예비 창업자들은 대게 브랜드를 결정하기 전에 희망하는 아이템을 선정하고, 여러 브랜드를 대상으로 문의하는 경우가 많다. 이때 브랜드 강점을 잘 표현한 회사소개서를 비롯해 영업 브로셔 등 예비 창업자가 자사 브랜드를 이해하고, 쉽게 흥미를 느낄 수 있도록 임팩트 있는 창업자료를 만들어 제공할 수 있어야 한다.

또한, 영업 상담기법과 영업담당의 직무 능력 완비에 필요한 자료를 준비하고 숙지함으로써 클로징 확률을 높여야 한다.

예비 창업자의 계약 체결을 위한 영업 관련 전반적인 프로세스를 구축 하고 실행하는 브랜드는 계약 체결률이 상대적으로 높게 나오게 되어있다. 이를 위해 가맹본부는 예비 창업자가 궁금해하는 질의 사항을 미리 정리하여 임직원들과 공유하고, 창업자에게 명확한 해답을 제시해야 한다.

특히, '오픈전 말과 실제 매장 시 차이가 있었다'라는 부정적인 후기가 나오지 않도록 해야 한다. 영업상담자의 말을 듣고 창업했는데 실제와 상이하여 가맹본부에 대한 믿음과 브랜드 이미지가 실추되는 결과를 보이는 경우가 생각보다 많기 때문이다. 브랜드 파워가 강해서 창업시장에서 확고하게 자리 잡은 브랜드가 아닌 이상 영업상담자의 역량에 따라 창업을 결정하게 되는 경우가 많다. 영업 담당이 진정성 있게 브랜드 강점을 설명하고 있는지 상대방은 금방 눈치챌 수 있기에 영업 상담 매뉴얼을 비롯해 영업에 관련된 자료와 진행 체계를 구성해 놓는 것이 필요하다.

가맹점 확산이 빠르게 전개되는 브랜드를 보면 브랜드 파워뿐만 아니라 유능한 영업직원의 역할도 크다. 경영자는 우수한 인력을 확보하는데 총력을 기울여야 한다. 영업은 누구나 할 수 있지만, 아무나 계약을 체결하지 못하기 때문이다.

영업 담당자가 영업시스템을 통해 상대방에게 믿음을 줄 수 있도록 잘 진행했어도, 예비 창업자는 운영 중인 가맹점을 방문하고 최종 결정하는 사례가 많다. 신속하게 가맹점을 늘리려면 기존 가맹점의 브랜드에 대한 만족도가 높아야 한다. 슈퍼바이저에 의한 가맹점 관리가 얼마나 중요한지를 재삼 깨우쳐 주는 대목이다. 또한 예비 창업자가 가맹본부 상담 후 직영점을 방문하여 시식하게 하는 브랜드가 대부분이므로, 직영점 운영체계를 평소에 완벽하게 구축해 놓을 필요가 있다.

영업시스템을 구축해 놓는 궁극적인 목적은 신규가맹점을 빠르게 전개하기 위함이다. 즉, 신규 오픈을 위한 과정 관리를 체계적이고 명확하게 설정해 놓고 실천할 수 있어야 한다. 단계별 과정이 예비 창업자의 신뢰와 믿음을 얻어 브랜드에 대한 확신을 주고, 계약 체결을 이룰 수 있게 만드는 것이 중요하다.

현대는 단순히 상담만 잘해서 클로징까지 이루어지는 창업시장이 아니기에, 과정 관리의 디테일이 신규 영업에서도 중시되고 있다. 주먹구구식의 영업으로는 기대하는 실적을 내기 어렵다는 말과 같은 맥락이다. 창업환경이 그만큼 빠르게 변화하고 있기에 영업기법도 시대에 부합한 역량을 지니는 것이 필요하다. 영업도 시스템으로 정립해 놓아야 하는 이유다.

영업시스템은 구축은 거창해 보일 수 있으나, 단순하고 명료하게 만들어 놓아야 성과를 내기가 수월하다. 예비 창업자가 무엇을 바라고 기대하는지 파악하고, 그에 부응하는 영업 상담과 현장 확인을 해줄 수 있는 환경조성이 필요하다. 영업 담당자의 인성과 자질, 그리고 용모단정한 모습도 영업시스템 구축의 일환이라 할 수 있다. 특히 겸손한 자세로 예비 창업자를 대하면서 브랜드 경쟁력을 간결 명료하게 전달할 수 있는 역량을 갖추고 있어야 한다. 즉, 사람이 시스템이자 경쟁력이라는 점을 명확히 인식해야 한다.

'외모도 경쟁력'이라는 말이 프랜차이즈 창업을 담당하는 임직원에게도 적용된다는 점을 유념해야 한다. 예비 창업자가 브랜드에 대해 믿음을 갖게 하려면, 세심한 부분까지 놓치지 않고 일련의 영업 프로세스를 추진할 수 있는 영업 담당자의 직무역량이 가장 큰 영업시스템 구축이다. 이는 신규 개설의 중차대한 핵심 요소라 할 수 있다.

04

교육시스템 구축

프랜차이즈는 가맹본부와 가맹점이 공동체 의식을 가지고 모든 가맹점이 가맹본부의 정책과 매뉴얼을 준수하며 매장을 운영해야 제 기능을 발휘할 수 있는 사업 형태이다. 따라서 가맹본부는 교육시스템을 확실하게 확립한 후, 이를 바탕으로 가맹점 교육을 철저히 해야 통일성을 유지하고 성공적인 가맹사업을 추진할 수 있다. 교육이 선행되지 않고는 이룰 수 없는 구조다. 그래서 "프랜차이즈는 교육에서 시작하여 교육으로 끝난다"고 말하는 이유가 여기에 있다.

우리가 학창 시절에 엄격히 가르치는 선생님이 오랫동안 기억에 남는 것처럼 가맹점 교육도 가맹본부에서 규정한 교육과정에 의해 엄격하고 체계적으로 시작부터 마무리까지 이루어져야 한다. 가맹점이 매뉴얼을 준수하는 여부는 교육의 강도와 교육을 시키는 교육담당자의 역량이 크게 영향을 미친다. 따라서 효율적인 교육과정을 수립하고 실행하는 것이 무엇보다 중요하다.

가맹점 교육 기간 시 교육생에게 특별히 시간 관리를 잘 지키도록 강조하는 것도 잊지 말아야 한다. 모든 교육은 시간을 준수하는 것에서부터 시작되며, 이는 교육효과를 내는 시발점이기 때문이다. 교육생은 가맹본부에서 시행하는 교육을 작은 부분까지 예의 주시하며 브랜드에 대한 평가를 하게 되므로, 교육 일정과 과정 스케줄에 맞춰 철저하게 교육을 진행해야 한다. 교육이 타이트하다는 소리가 들릴 정도로 진행하는 것이 오히려 효과적이다.

왜 매장에서 매뉴얼을 준수해야 하는지, 유니폼을 착용해야 하는지, 오픈 시간을 지켜야 하는지, 고객이 만족할 수 있는 서비스를 제공하고 꾸준하게 맛을 유지해야 하는 이유를 구체적이고 상세하게 설명하고 이해시켜야 한다. 이를 교육생이 납득하고, 현장에서 교육받은 내용을 실천할 수 있도록 유도해야 한다.

또한, 교육 환경은 교육생이 다른 잡념 없이 교육에 전념할 수 있도록 조성해야 한다. 가맹본부는 교육 기간이 매출 증대와 수익 발생으로 직결되는 중요한 시간임을 강조하여 교육받는 마음가짐을 새롭게 할 수 있도록 만들어야 한다.

가맹본부는 매장 오픈전 실시한 기초교육을 비롯해 연차별로 실시하는 보수교육, 매뉴얼 미준수 가맹점을 대상으로 하는 특별교육, 신메뉴 교육 등을 차별화하여 교육과정을 수립한 후 강력하게 실행에 옮길 수 있어야 한다. 가맹점 특성에 부합한 교육은 가맹사업 발전에 지대한 영향을 미치므로, 주기적으로 이를 이행해야 한다.

가맹점 대상 교육을 얼마만큼 원칙에 의거 체계적으로 실시하느냐가 브랜드 경쟁력 제고에 중요한 요인이 된다. 교육은 반복 교육을 원칙으로 하여, 기본에 충실하고 매뉴얼을 준수하는 중요성을 강조해야 한다. 이는 프랜차이즈 원리상, 매뉴얼을 준수하는 것만으로도 수익이 발생하게 된다는 점을 인식시킬 수 있어야 한다.

가맹본부와 가맹점은 항상 함께 맞물려서 움직이는 특수관계임을 숙지시키는 것도 간과해서는 안 된다. 가맹점이 가맹본부의 매뉴얼을 준수하여 고객에게 현장에서 직접 제공하는 것이 바로 프랜차이즈가 갖는 특성임을 주지시킬 수 있어야 한다.

가맹점 오픈전 교육 기간 동안 가맹점이 가맹본부의 정책을 이행해야 하는 당위성을 인지시키는 것이 중요하다. 교육을 통해 매출 상승의 원리를 강조하고, 고객에게 제품과 서비스를 제공하는 과정에서 그 원리가 어떻게 매출로 연결되는지를 체계적으로 설명해야 한다. 프랜차이즈의 원리를 정확하게 숙지하고 이해하는 것은 가맹점 운영에 큰 영향을 미치며, 어느 브랜드가 많이 확보하고 있느냐가 사업의 성패에 결정적인 영향을 미친다고 해도 지나친 말이 아니다.

가맹본부에 대한 충성도가 높은 가맹점을 확보하려면 가맹본부 임직원의 직무역량이 수반 되어야 한다. 브랜드 가치를 올리는 데 절대적으로 요구되는 부분이라 할 수 있다. 가맹본부 구성원이 프랜차이즈에 대한 이해도가 미흡하고, 소통 능력이 부족하며, 기본적인 품성을 결여한

프랜차이즈 시작이 달라야 성공한다

상태에서 가맹점을 관리하고 지도하게 되면 브랜드 이미지를 실추시키는 주요 원인이 될 수 있다.

역량을 갖춘 임직원을 보유하고 있는 경영자는 가맹사업을 성공시킬 수 있는 확률이 매우 높다.

3천 번을 반복해서 교육해야 사람이 변한다고 할 정도로, 타고난 성향을 바꾸는 것은 말처럼 쉽지 않다. 특수한 사업 형태를 지닌 프랜차이즈에서는 가맹본부의 교육역량이 매장의 통일성을 유지하는 데 큰 비중을 차지한다. 가맹본부는 가맹점이 브랜드의 특질과 운영 매뉴얼, 서비스를 어떻게 제공해야 하는지 교육을 통해 확실하고 명확하게 인식시킬 필요가 있다. 이는 가맹사업 성공 여부를 판가름하는 기준이 되기 때문이다.

교육시스템이 잘 갖추어져 있어 체계적으로 임직원 교육을 실시하는 기업이 일류기업으로 안착하게 되는 것을 볼 수 있다. 이는 교육의 효과가 미치는 영향이다. 입사 시에는 신입사원의 직무역량이 큰 차이를 보이지 않지만, 일정 기간이 지나면 기업에 따라 상당한 차이를 보이게 되는 경우가 많다. 기업의 교육시스템에 따라 자신도 모르게 일 처리를 효율적이고 생산적으로 할 수 있는 능력이 배가되어 초래되는 결과라 할 수 있다.

교육의 중요성과 효과를 그대로 반영한 대목이다. 프랜차이즈 가맹본부는 이를 학습하고 벤치마킹하여 현업에 적용할 필요가 있다.

브랜드 파워가 강한 브랜드일수록 가맹본부 임직원 교육의 열기가 높다. 경영자가 프랜차이즈의 일차고객이 내부 구성원이라는 사실을 인지하고, 직무역량 강화를 중시하기 때문이다. 특히 주기적이고 반복적으로 임직원 교육을 실시한다는 사실이다.

프랜차이즈의 주된 목표는 가맹점이 일선 현장에서 고객이 만족할 수 있는 맛과 서비스를 제공하여 매출을 증대시키고, 가맹본부와 가맹점이 함께 기대한 수익을 창출하는 것이다. 가맹점을 통해서만 성공적으로 비전을 달성할 수 있는 사업시스템이 프랜차이즈이다.

따라서 가맹점을 현장의 가맹본부로 여기고, 매장을 효율적으로 운영할 수 있도록 만드는 것이 비전을 달성하기가 용이하다.

이러한 이유로 교육시스템을 중시하고 강조하는 이유다. 교육을 담당하고 관리하는 가맹본부 임직원의 교육 능력 배양이 우선 선행 되어야 이룰 수 있는 일이다.

가맹점을 교육할 수 있는 시스템을 구축하는 것만큼이나 임직원을 교육할 수 있는 교육시스템을 정립해야 한다. 임원은 대표가, 직원은 대표와 임원이 직무역량 향상 교육을 실시할 수 있어야 한다. 외부 강사를 초빙해 프랜차이즈 실무지식을 함양한다는 것은 쉬운 일이 아니다. 강사들이 현장에서 직접 진두지휘하여 가맹사업을 성공적으로 이끌어 본 경력자가 적고, 이론에 치중된 강사가 많아 현실적인 도움을 받기가 어렵다.

임직원 교육은 직급별, 직무별로 세분화하여 집중적으로 직무 교육을 실시하는 것이 효과적이다. 특히 일선 현장과 가맹본부의 소통 창구인 슈퍼바이저 교육은 슈퍼바이저 모두가 개별 가맹본부 경영자와 같은 책임감으로 수행할 수 있도록, 역량 배양강화 교육을 수시로 해야 한다.

영업 담당은 브랜드에 대한 이해를 바탕으로 진정성을 가지고 예비 창업자 상담을 할 수 있도록 역량을 배양하는 교육이 필수적이다. 프랜차이즈 조직에서 현장 업무를 직접 관장하는 라인 부서의 역할은 가맹 사업 성공 여부의 척도이다.

직원회의 시간이나 개별적으로 업무 보고를 받을 때, 프랜차이즈 시스템과 원리에 대한 교육을 주입하면, 시일이 지날수록 직원들의 직무 역량이 향상됨을 체감할 수 있다. 직급이 높은 구성원이 실력을 갖추고 있을 때 합당한 말이기에 부서장과 임원의 역량이 더욱 절실하게 요구된다고 할 수 있다.

프랜차이즈 경력이 전무하거나 미천하더라도 직장 상사가 교육을 잘 시키면 어느 순간부터 직무 실력이 올라오게 되어 주어진 직무를 잘 추진하는 것을 필자는 신생 브랜드를 메이저로 진입시키는 과정을 통해 체감한 경험이기도 하다. 임직원의 역량이 높아서 가맹점과의 원활한 소통이 가능해질 때, 일선 현장의 통일성이 유지되며, 이는 곧 브랜드 가치 상승으로 이어지게 된다.

반복적이고 지속적인 임직원 교육이 필요한 근본적인 이유가 여기에 있다고 볼 수 있다.

05
부진 가맹점 관리 시스템 확립

어떤 브랜드이든 상위매출 가맹점과 하위 매출 가맹점은 극명하게 구분된다. 전체 매장에서 평균 매출 이하를 보이는 매장이 부진한 매장이라 말할 수 있다. 가맹본부에서 정책을 전개할 시는 평균 매출을 보이는 가맹점을 대상으로 정책을 수립하여 전개하는 것이 효율적이고 이상적이라 할 수 있다.

하위 매출 가맹점의 매출을 끌어올리기 위해 가맹본부는 부단한 지원과 지도를 해야 한다. 상위매출을 보이는 가맹점은 자생력이 있어서 가맹본부의 영향에 크게 좌우되지 않는다. 일부 브랜드에서는 상위매출 가맹점을 거점 매장으로 지정해 더 큰 지원을 해주는 경우도 있지만, 부진 가맹점에 지원을 더 쏟는 것이 성공적인 가맹사업을 위해 바람직한 처사라 할 수 있다.

매장의 불리한 위치와 인근에 경쟁업종이 오픈하여 부진 매장으로 전락하는 경우가 많다. 이러한 가맹점을 대상으로 가맹본부와 가맹점이 공동으로 투자하여, 담당 슈퍼바이저가 지원사격을 해주어 매출을 상승시키는 지역 점포 마케팅(LSM)을 활성화시키는 것이 부진한 가맹점 탈출의 최고 방책이다.

LSM을 실시하여 일정한 선까지 매출을 증대시킬 수 있는 가맹본부가 경쟁력을 지닌 브랜드다. 가장 현실적이고 효율적인 프로모션과 이벤트를 실시하여 성과를 낼 수 있는 전략을 수립해야 LSM을 성공적으

프랜차이즈 시작이 달라야 성공한다

로 수행할 수 있다. 프랜차이즈를 시스템사업이자 지원사업이라고 지칭하는 이유도 내포되어있다.

가맹점 지원이라는 용어가 전체 매장을 뜻한다고 해석할 수 있지만, 부진 가맹점이 탈출구를 찾을 수 있도록 돕는 데 중점을 두고 있다. 슈퍼바이저 제도를 강력하게 운영해야 하는 목적도 여기에 있다. 매출 부진 요인을 사전에 방지하기 위해 가맹점을 지도하고 교육하며, 관리하는 것이 중요하기 때문이다.

매출 부진 매장은 언제든 발생할 수 있지만, 최소화하는 것이 상책이고 가맹본부 역량이다.

매출이 저조한 가맹점의 공통적인 원인 중 부적합한 점포 로케이션을 들 수 있다. 매장 오픈 시 유동 인구와 상주인구가 부족한 지역에 점포를 구하면, 매출 부진으로 이어질 수 있다. 이러한 경우 점포를 이전하는 것 외에는 매출 상승을 위한 별다른 방안을 모색하기가 쉽지 않다. 가맹본부가 점포를 아무 곳이나 승인하지 않는 것은 이 때문이다.

아이템 속성에 맞는 점포 위치를 선정하기 위해 가맹본부와 가맹점이 합심해서 점포를 물색하는 것이 최적의 방법이다. 한편, 기대 이하의 매출을 나타내는 이유 중의 하나로 점포 운영의 미숙도 무시 못 한다. 같은 매장을 양도·양수했을 시 매출이 이전보다 월등하게 올라가는 일이 비일비재하게 나타나는 사례는 프랜차이즈에서 흔히 발생하는 일이다. 누가 매장을 운영하느냐에 따라 매출의 증감이 확연하게 달라지는 것을 반증하는 결과다.

결국, 가맹본부가 가맹점 교육을 얼마나 잘 진행했고 슈퍼바이저를 통해 매장 운영을 얼마나 철저히 지도하고 관리했는지가 매출 증대와 수익 창출의 원동력이다. 가맹점의 책무가 중요한 이유는 매출과 직결되기 때문이다. 이러한 책무를 이행시키는 것은 오로지 가맹본부의 몫이다.

매출이 부진한 가맹점은 대체로 가맹본부의 지침을 현장에서 실천하지 않고 있다는 것이다. 즉, 운영 매뉴얼을 준수하지 않고 프랜차이즈 시스템을 이해하지 않고 개인 자영업처럼 매장을 운영하려는 경향이 있다. 이는 프랜차이즈의 특장점을 최대한 살리지 못하고 매장을 운영하고 있다고 봐야 한다. 이러한 잘못된 사고와 인식을 일깨워 주는 역할을 가맹본부가 교육을 통해 이행해야 하며, 경쟁력 있는 가맹본부가 할 수 있는 일이다.

또한, 브랜드가 갖고 있는 고유의 맛을 유지하지 못해 고객이 이탈하는 현상이 있는데 이는 잦은 직원 교체로 인해 나타나는 문제이다. 프랜차이즈는 가맹본부와 가맹점이 상호 동반 사업가라는 개념을 인지해야 한다. 장사와 사업의 차이는 직원의 역량에서 비롯된다. 장사는 사장의 역량만으로 해결되지만, 사업은 사장보다 실력 있는 직원을 육성하여 정착시켜 문제를 사전에 발생하지 않도록 해야 한다. "사장보다 직원의 역량이 좋아야 매출이 상승한다"라는 말과도 같다.

지속적으로 안정된 매출을 보이는 가맹점은 종업원의 근무 역량이 우수하다. 반면, 부진한 가맹점은 반대 현상을 보인다. 매장을 어떻게 운영하느냐가 매출 상승에 직접적인 영향을 준다는 것을 일깨워 주는 대목이다.

예기치 못한 동종업종 브랜드가 출현하면 매출이 하락하는 현상을 보이는 일이 생각보다 흔하다. 일시적인 하락으로 이어지는 경우도 있지만, 지속적으로 매출에 영향을 끼치는 경우도 많다.

이러한 외부 요인은 물리적으로 해결하기 어려운 환경이지만 평소에 매장 운영을 잘하는 가맹점은 비교적 단기간에 영향을 극복하지만, 운영이 미숙한 가맹점은 부진의 늪으로 향하는 경우가 있다. 매장 운영의 중요성이 그만큼 크다는 것을 재삼 알려주는 부분이다.

여기서 간과해서는 안 될 사항이 고객에 대한 진정성 있는 서비스 제공이다. 음식이 맛이 없다면 우선 발길이 가지 않는 것은 인지상정이다. 그런데 아무리 맛이 있어도 종업원이 불친절하거나 인사를 잘하지 않는다면 고객은 다시 그 매장을 찾지 않을 가능성이 크다.

고객을 만족시키는 서비스는 매장에서 근무하는 종업원이 늘 염두에 두고 진심 어린 친절과 신속한 서비스 제공, 진정성 있는 인사를 생활화할 수 있어야 한다.

부진한 가맹점은 별도의 관리가 필요하다. 슈퍼바이저는 해당 매장의 손익 분석을 통해 매출 하락 요인을 명확하게 설명해 줄 수 있어야 한다. 원인을 찾은 후에 해법을 제시하고, 함께 실행해서 매출을 올리는 돌파구를 마련해야 한다. 지속적인 매출 부진은 폐점으로 이어지기에 가맹본부는 지원책을 강구하여 가맹점 사기를 진작시키고 초심을 되찾을 수 있도록 동기부여를 해야 한다.

매장의 특성에 맞는 판촉 행사를 할 수 있도록 슈퍼바이저의 협력과 원·부재료 지원을 아끼지 말아야 한다. 전체 가맹점 중에서 부진 매장이 많을수록 브랜드의 부정적인 이미지가 급속도로 파급될 수 있음을 가맹본부는 각별히 인식해야 한다. 해당 가맹점과 자주 소통하며 문제의 원인을 찾아 가맹점과 협업을 통해 새로운 전기를 마련할 수 있는 여건과 환경을 조성해야 한다.

앞서 언급했듯이 점포 위치가 매출 하락의 주요 원인인 경우를 제외하면, 대부분의 매출 부진은 얼마든지 극복할 수 있다. 그러나 점포 위치가 문제라면, 리로케이션이 답이다.

같은 상권 내에서 점포를 이전하는 방안을 모색하고, 이 과정에서 가맹본부가 약간의 자금지원책을 제시하면 가맹점도 이전을 검토하는 경우가 있다. 부진 매장 탈피는 상호 긴밀한 소통을 통해 합리적인 대안을 강구하여 공동으로 실행하는 것이 최선의 방책이다.

06
전사 지원관리 시스템 완비

프랜차이즈 사업은 점점 체계적인 프로세스를 요구하며, 가맹점을 관리하는 프로그램이 중시되고 있다. 그래야 가맹점과의 소통이 원활하게 이루어져 소기의 성과를 내는 데 효율적이다. 주먹구구식의 경영으로는 빠르게 변화하는 트렌드에 적응하고 좇아가기 어렵다.

신규창업자가 문의 했을 시 고객정보를 입력하여 언제든지 한눈에 볼 수 있는 시스템이 필요하다. 슈퍼바이저가 매장을 방문할 때 발생하는 제반 사항을 기록하고, 재방문 시 미리 해당 매장의 현황을 파악할 수 있는 프로그램이 요구되는 시대다. 매장 클레임 사항 및 처리 결과 등 운영상 발생하는 여러 사항을 기록하고 정리하여 누구나 열람할 수 있도록 하면, 업무의 신속성과 효율성이 크게 향상될 것이다.

현재 다양한 매장 관리프로그램이 개발되어 많은 가맹본부에서 사용 중이다. 가맹본부 여건에 맞는 프로그램을 선정하여 가맹사업 초기부터 활용할 것을 적극 권유한다.

가맹점이 오픈전 교육 시킨 대로 매장을 운영할 것이라고 기대하는 것은 대단한 착각이다. 스스로 가맹점의 역할과 책무를 잘하는 가맹점 도 있지만 그렇지 못한 가맹점도 생각보다 많다는 사실을 가맹본부는 알아야 한다. 가맹점 관리프로그램을 확립하고 보다 체계적인 매장관리 를 해야 한다.

매장 관리프로그램을 도입하여 활용하면, 매장관리가 과학적이고 효 율적으로 이루어지게 되어 슈퍼바이저가 담당 매장을 보다 깊이 이해하 고, 적절한 대처 능력이 가능해져 브랜드 신뢰도를 높이게 된다.

가맹계약일을 작성해서 기록해 놓으면 재계약일을 한눈에 알 수 있 어서 기일을 놓치지 않고 대처할 수 있는 것처럼 가맹점 관리프로그램 은 브랜드의 특성과 여건에 맞게 추가로 개발할 수 있기 때문에, 협력업 체와 협의를 통해 최적의 프로그램을 만들어 활용하면 효과적이다.

가맹점 관리가 원칙과 프로세스에 따라 제대로 이루어지지 않으면, 프랜차이즈의 생명이나 다름없는 통일성이 무너질 수 있다. 이는 성공 적인 가맹사업은 물 건너가게 되었다는 사실을 경영자는 명심해야 한다. 사업 초기라는 이유로 가맹점 관리를 소홀히 하거나, '좋은 게 좋다' 는 식으로 지나가서는 결코 프랜차이즈 사업의 성공을 보장할 수 없다.

특히, 지인이라고 혜택을 주거나 적당히 넘어가서는 더욱 안 된다. 경영자는 엄격한 잣대로 가맹점 관리에 원칙을 적용하여 관리해야 하며, 이로 인해 가맹사업의 성패가 정해지는 것이 프랜차이즈 속성이기 때문이다.

가맹점 관리프로그램에는 가맹점 방문 횟수, 재계약 도래일, 점포 월세, 점포 면적, 특이 사항 등 매장에서 발생하는 전반적인 사항을 기록 정리해서 언제나 손쉽게 해당 매장을 파악할 수 있는 이점이 있다. 또한, 담당 직원의 인사 발령 시에도 업무의 연속성을 가져오는 강점도 있다. 강력하게 슈퍼바이저를 운영하는 가맹본부는 가맹점 관리프로그램을 적극적으로 활용하고 있다.

대다수 기업은 경영 효율성을 기하기 위해 회사 전반에 대한 관리를 전사 자원 관리(ERP) 프로그램을 사용하고 있다. 많은 프랜차이즈 가맹본부도 가맹사업에 최적화된 프로그램을 사용하여 현장 활동을 지원하고 있다. 주먹구구식의 매장관리로는 가맹점과의 진정성 있는 소통이 구조적으로 힘들 수밖에 없다. 창업을 희망하는 예비 창업자를 맞춤형으로 진척 관리하며 매장을 오픈하기까지의 일련의 과정을 관리할 필요가 있다.

프랜차이즈 업무는 일반 기업과 약간의 다름을 보여줄 수 있으나, 성과 창출까지의 진행 과정은 같다고 보아야 한다. 슈퍼바이저가 담당하는 매장에 대해 한 달 동안 가맹점을 몇 번 방문했는지, 가맹점의 평균

월매출이 얼마인지, 매뉴얼 준수 여부, 가맹점 불만 사항과 처리 결과, 사입 제품 사용 여부, 재계약 도래일, 가맹점 만족도, 기타 특이 사항 등을 누구나 한눈에 볼 수 있도록 정리해야 한다.

이러한 업무는 관리프로그램으로 정형화되어야 가맹점 관리를 효율적으로 할 수 있다. 프랜차이즈 사업은 각 부서가 정해진 시스템과 프로세스에 의해 실행될 때 기대하는 목적을 이루기가 타 업종보다도 수월한 사업 형태이다. 가맹사업을 추진하는 경영자는 각별히 유념할 필요성이 있다.

1㎞ 상권보장으로

시작하는

지역 확산

01
가맹본부 인근지역부터 우선 오픈

    로컬 프랜차이즈의 많은 브랜드가 가맹본부가 있는 지역에서 가맹사업을 시작하다가 인근지역에 한두 개 가맹점을 개설하고, 곧바로 서울의 A급 상권에 직영점을 오픈하는 사례가 빈번하다. 이는 지양해야 할 일이다. 가맹본부의 인력과 시스템 등 제반 인프라가 완비되지 않은 상태에서 서울진출은 시기상조다.

    번화가에서 비싼 권리금과 월세를 감당하며 직영점을 운영해 손해를 피할 수 있으나 기대하는 수익 창출은 힘들다. 인력이 부족해서 가맹본부 임직원이 매장 근무를 대신하는 경우가 많아서 인원의 적재적소 배치가 어렵게 되는 사항도 초래되는 일이 많다. 지역브랜드가 가맹사업 초기 반드시 유념해야 할 사항이다.

    사업모델 매장이 위치한 인근지역부터 신규창업을 추진하며 매장을 오픈하고, 내부 시스템과 인력을 안착시키는 것이 성공적인 프랜차이즈로 가는 지름길이다. 산발적으로 전국을 넘나들며 신규 개설을 하는 것은 장기적으로 바람직하지 않은 가맹점 확산 전략이다. 지역별로 영업전략을 수립해 응집력과 집중도를 높이면서 점차 전국 브랜드로 도약하는 것이, 늦는 것처럼 보일 수 있으나 실제는 빠른 방법이다.

필자가 근무했던 브랜드는 전략적으로 한시적 신규 영업을 중단한 사례가 있다. 전국 브랜드로 입성하기 위해 내부적으로 제반 시스템을 정비하고, 인적·물적 인프라를 구축하기 위해서다. 신규 영업을 재개하자 더욱 활발히 추진될 수 있었던 경험이 있다.

홈페이지에 신규 개설 일시 중단 사유를 명시하고 양해를 구하며, 창업 의지가 있는 경우 희망 지역을 접수 받아 추후 추진했더니 기대 이상의 효과를 보았다. 오히려 예비 창업자가 브랜드를 더 신뢰하는 계기가 되었다는 점에서 프랜차이즈 업계에서 특별한 경우다.

가맹본부 시스템이 완비되지 않은 상태에서 신규 개설이 빠른 것이 오히려 진행 속도를 더디게 만드는 요인이 될 수 있다. 이는 프랜차이즈 사업의 구조적 문제라 할 수 있다. 슈퍼바이저가 안착되지 않은 상황에서 전국적으로 가맹점을 확산시키는 것은 바람직하지 않다.

가맹점 관리가 안 되면 기존 가맹점의 만족도가 하락하고, 브랜드 경쟁력을 잃게 되어 통일성이 무너질 수 있다. 가맹본부는 현재 처한 여건에 맞게 매장 확산을 추진하는 것이 좋다.

가맹본부가 전국적으로 동시에 확산할 준비가 안 된 상태에서 산발적으로 지역에 입점시키는 것은 목전의 이익을 볼 수 있으나, 멀리 보면 마이너스 결과를 초래하는 경우가 많아 유의해야 한다.

예를 들어, 충청남도에 가맹본부가 있다고 가정했을 때 충남, 대전 지역을 필두로 전라도, 경상도를 집중적으로 오픈시킨 다음 서울과 경기 지역으로 진입하는 것이 안정적으로 가맹점 관리를 하면서 브랜드 파워를 높이는 데 유리하다.

프랜차이즈에 대한 이해가 부족한 상황에서는 무조건 가맹점을 내주는 데만 급급하게 되어 매장관리가 미흡해질 수 있다. 시일이 지남에 따라 매장이 늘어날수록 프랜차이즈의 생명력을 잃게 되고, 개인 자영업으로 전락하는 사례가 빈번히 발생할 수 있다. 프랜차이즈에 관심을 갖거나 현재 추진하고 있다면 분명하고 확실하게 인지할 것을 권유하고 싶다.

신규 오픈과 가맹점 관리를 병행하며 추진할 수 있는 지역부터 영업을 시작하는 것이 가맹점을 확산하는 방법이다. 이는 필자가 다년간 경험을 통해 터득한 진리다.

가맹본부와 직영점은 가까운 위치에 두는 것이 여러모로 가맹사업을 추진하는 데 유리하다. 직영 1호점을 운영하다가 프랜차이즈 사업을 추진하는 경우가 대다수이기에 가급적 가맹본부를 직영점과 인접한 위치에 두는 것이 좋다. 예비 창업자가 상담을 받고 매장을 방문하여 현장경험을 하기 수월하다면, 가맹본부에서 펼치는 정책을 실시간 테스트하는 데도 효율적이다.

직영점과 근거리에 있는 지역부터 신규매장을 오픈시킨다는 영업전략을 수립해서 실시 하는 것이 생산적인 가맹점 확산 방식이다. 산발적인 신규 오픈은 특별한 상황을 제외하고는 지양할 것을 권장한다. 가맹사업 초기에는 제반 사항이 갖추어지지 않았는데 가맹점이 멀리 있으면 운영에 제약이 많아지기 때문이다. 이는 통일성 유지에 불리한 국면에 접어드는 경우가 많아진다.

무슨 일이든 초기에 틀을 완전하게 잡아두지 않으면 향후 안정화를 이루기 위해 몇 배의 시간과 비용이 필요하게 된다. 기초가 튼튼해야 대업을 이룰 수 있다는 것은 누구도 부인할 수 없는 자명한 논리다.

가맹사업 초기에 경영자가 우선적으로 염두에 두어야 할 부분은 전국적으로 동시에 신규 오픈을 시도하지 말아야 한다는 것이다. 제반 인프라와 시스템이 갖추어지지 않은 상태에서 욕심이 앞서 선택과 집중이 아닌 산발적으로 오픈하게 되면, 가맹점 관리 부재로 이어져 통일성이 결여되는 원인을 제공하기 쉽다. 누차 강조하지만, 프랜차이즈는 1호점을 100호점처럼 관리를 할 수 있어야만 성공적인 브랜드로 안착할 확률이 높다. 이 부분을 간과하는 경영자는 결코 성공적인 가맹사업을 이룰 수 없다는 점을 반드시 인지해야 한다. 이점은 프랜차이즈 사업에서 필수 불가결한 핵심 요소로, 인적 구성을 비롯해 여러 부분에서 미흡할 수밖에 없는 가맹사업 초기는 시간과 인적자원을 효율적으로 활용할 수 있는 지리적인 위치부터 신규매장을 오픈시키는 것이 효과적이다. 먼저 가려다 낭패를 보는 브랜드가 의외로 많은 것이 프랜차이즈 현실이다.

02
가맹점 1㎞ 상권보장

가맹사업 초기에 어느 한 지역에 가맹점을 오픈했다고 가정할 때, 가맹계약서에 명기된 상권 이격 거리를 고려하여 인근지역에서 새로운 창업을 희망하는 예비 창업자가 있더라도 오픈시켜 주지 않는 것이 길게

프랜차이즈 시작이 달라야 성공한다

보면 올바른 판단이라 할 수 있다. 기존 가맹점의 안착이 더 중시되기 때문이다. 근거리에 같은 브랜드 매장이 오픈되면 심리적으로나 현실적으로 매출 증대에 직간접적인 영향을 줄 수밖에 없다.

하지만 현실은 이를 무시하고 신규 개설을 추진하는 가맹본부가 많은 편이다. 이는 실천해서는 안 되는 사항이다. 기존 가맹점이 브랜드에 만족하지 않으면 가맹점 확산이 정상적으로 이루어지기가 어렵다는 사실을 경영자는 명심해야 한다. 이는 프랜차이즈 사업의 진리나 다름없다. 가맹사업을 꿈꾸거나 시작한 지 얼마 안 되는 경영자는 마음속 깊이 되새겨보기를 권한다. 소탐대실하지 않아야 가맹사업의 밝은 앞날을 기대할 수 있다.

프랜차이즈에서 가맹점 간 이격 거리는 아이템 특성에 따라 다를 수 있지만, 보편적으로 최소한 1㎞의 상권을 보장해줄 때 가맹점의 불만도 줄이고 매장 간 매출 시너지가 창출되는 것을 알 수 있었다. 배달 위주 아이템이든 그렇지 않든 가맹점 간 최적의 이격 거리는 1㎞라고 주장해도 과언이 아니다. 물론, 주관적인 견해일 수 있으나 필자가 다년간 경험한 결과이다.

가맹계약서에 표기되는 상권보장 거리는 다를 수 있지만, 실제는 가맹점 간 1㎞ 정도의 거리를 유지하고 입점시키는 것이 효율적이며, 매출 증대 효과도 높다. 대부분의 브랜드는 반경 500m를 가맹계약서 상권보장 거리로 명시하는 것이 일반적이다. 상권보장은 가맹점 입장에서 매우 민감한 부분으로, 매장의 생존과도 직결되기 때문이다.

상권을 두고 가맹본부와 잦은 이견과 마찰이 발생한다면, 브랜드 이미지가 좋아질 수 없다는 사실을 경영자는 물론이고 가맹본부 임직원 모두가 인식하고 있어야 한다.

프랜차이즈 사업을 추진하면서 가맹점의 불만 사유 중 하나는 가맹본부가 자신의 근거리에 매장을 오픈하는 경우다. 가맹본부는 가맹계약서에 위반하지 않는 지역에 오픈했다고 주장할 수 있으나 가맹점은 피부로 느끼기에 가까운 거리에 매장이 생기면 본인 고객이 뺏길 수 있다는 생각을 갖게 된다. 이로 인해 수익에 직접적인 영향을 미친다고 판단하고, 예민한 반응을 보일 수밖에 없다.

이런 상황에 닥친 가맹점주인 부부가 가맹본부를 방문하여 경영자에게 항의를 제기하는 경우를 자주 본 기억이 있다. 그들의 불만도 충분히 이해가 가는 경우다.

특히, 매출이 좋지 않은 매장의 인근에 오픈했을 시는 더욱 심각한 사태가 벌어질 수 있다. 가맹본부는 가뜩이나 매출이 기대하는 만큼 안 나와 속이 상한 상황에서 예기치 않게 같은 브랜드 매장이 오픈했으니 그 불만과 갈등을 헤아리고 대응할 수 있어야 한다. 그렇지 않으면 더 큰 갈등과 분쟁으로 이어지게 된다.

이 문제는 영업 담당이 실적을 올리기 위해 성과 위주의 결정을 내리면서 자주 발생하는 경우이다. 이점을 가맹본부는 기존 가맹점의 심기를 건드리지 않는 선에서 신규 오픈을 추진해야 한다.

전국 상권을 볼 때 브랜드 특성에 따라 다소 상이 하나 대체적으로

프랜차이즈 시작이 달라야 성공한다

대단지 아파트 진입 동선에 부합한 아이템이라면 점포 이격 거리를 1㎞로 유지해도 1,000호점까지 가맹점을 오픈시켜도 무방하다고 할 수 있다. 물론 아이템 속성, 점포 면적, 점포 로케이션에 따라 예외일 수는 있다.

가맹사업 초기부터 기존 매장과의 상권 보호를 확실하게 해주어, 오픈된 매장에 고객의 발길이 끊이지 않도록 하는 것이 성공적인 가맹사업을 위한 핵심 요소이다. 이는 가맹사업 초기에 전략적으로 정책을 수립하여 실천할 수 있어야 한다.

가맹점 확산은 철저한 계획에 근거하여 오픈시킬 수 있어야 전국 브랜드로 거듭나는데 한결 수월하다. 프랜차이즈의 구조적인 특성상, 전략 없이 아무 데나 창업자가 원하는 곳에 오픈시키려면 일정 수 이상 확산되기 전에 한계에 봉착할 수 있다.

가맹본부의 인프라와 경쟁력이 뒷받침되지 않은 상태에서 전략 없는 가맹점 확산은 오히려 불만을 초래하고, 브랜드 이미지를 실추시키는 경우가 발생할 수 있기에 유의해야 할 사항이다.

1,000호점을 넘긴 브랜드는 전략적 사고를 갖고 신규 가맹점을 오픈했다고 봐야 한다. 예외 브랜드가 있을 수는 있으나 대부분은 철저하게 상권을 보장하고 운영 중인 가맹점의 심기를 건드리지 않으며 가맹점을 확산해 갔다고 봐야 한다. 프랜차이즈 사업을 성공시키기 위해서는 가장 우선해야 할 부분이 브랜드에 대한 가맹점 만족도를 높이는 일이다. 200호점까지 어렵게 달성하고 그 이상 확산하지 못하거나 퇴보하는 브랜드는 100% 가맹점과 가맹본부 간의 협력이 부족하거나 없기 때

문이다. 가맹점 불만 요인 중 상권보장을 안 해주었을 경우가 상대적으로 많다.

이처럼 가맹점 간 이격 거리는 애초부터 명확하게 설정해 놓고 가맹 사업을 추진할 수 있어야 하며, 이점은 가맹사업을 추진하면서 매우 중요한 사항이다. 기존 가맹점에서 기대하는 수익이 발생할 수 있도록 가맹본부의 미흡한 정책으로 불필요한 부분이 발생할 소지를 미연에 방지해야 한다. 이는 경영자가 반드시 숙지하고 실행해야 할 부분이다.

03
아이템 특성에 적합한 상권 및 입지 선정

상권과 입지는 근본적으로 개념이 다르다. 상권은 매장이 위치한 지역 인근의 유동 인구와 상주인구를 포함하여 고객이 내방할 수 있는 범위를 의미한다. 반면, 입지는 점포가 있는 위치를 뜻한다.

프랜차이즈 매장에서는 상권과 입지가 동시에 좋다면 금상첨화이지만, 이러한 지역은 점포 비용이 상대적으로 많이 들고, 고객의 발길이 끊이지 않는 지역이라 점포 자체가 매물로 나와 있는 것이 별로 없는 실정이다.

상권이 조금 미흡해도 그 지역에서 인적이 가장 많으며 눈에 잘 띄는 입지가 좋은 점포를 물색하는 것이 경제적으로 효율적이다. 즉, 입지가 좋은 점포를 구해 매출을 상승시키는 것이 창업자 입장에서 투자수익률을 높이는 데 매우 유리한 고지를 점령할 수 있다.

프랜차이즈 시작이 달라야 성공한다

창업자는 자신의 창업비를 최소화하면서 좋은 상권에서 점포를 구하는 것을 100이면 100 다 희망한다. 현실적으로 점포 상황은 녹록지 않기에, 가맹본부는 아이템을 고려하여 명확하게 어느 지역과 위치에 점포를 구해야 기대하는 매출을 올릴 수 있다는 것을 주지시켜 줄 수 있어야 한다.

치킨, 피자, 한식 포차, 생맥주, 육류, 분식, 버거, 카페 등 무수히 많은 아이템이 있는데 저마다 가장 이상적인 상권과 입지가 존재한다. 가맹본부는 사업모델인 안테나 매장이 입점한 지역에서 매출이 어느 정도 나오고 투자 대비 이익률을 산정하여 표본 지수를 설정해 놓아야 한다.

어느 브랜드는 최고의 상권에 오픈시키는 경우가 있으나 또 다른 브랜드 일부로 B급 상권에 오픈시키기도 한다. 후자가 기대 이상의 수익률을 보인다면, 가맹점 확산의 빠른 속도를 촉진할 수 있는 척도가 된다고 본다.

아이템에 따른 상권과 입지 선정은 프랜차이즈의 기본 목적인, 많은 고객에게 동일한 맛과 서비스를 제공할 수 있는지에 달려있다. 따라서 가맹본부는 창업자가 이상적인 점포를 경제적으로 구할 수 있도록 사전에 모델 매장을 통해 몇 가지 사례를 현실적으로 들어서 인식을 시켜주어야 한다.

가맹사업을 추진하면서 아이템에 따라 전국적으로 몇 개의 가맹점을 운영하는 것이 현실적으로 가맹점과 상생할 수 있는 방안이라는 점을 인식하는 것이 매우 중요하다. 그래야 브랜드에 대한 이상적인 상권

보장을 해주고, 매출 증대를 가져올 수 있게 만들어 줄 수 있어서다.

가맹사업이 활성화된 브랜드를 보면, 가맹본부가 예비 창업자에게 잘나가는 브랜드 인근에 점포를 물색하면 된다고 확신을 갖고 말하는 경우가 많다. 어찌 보면 가장 손쉬운 점포 물색 방법이라 할 수 있다. 하지만 이런 점포 물색 방법은 브랜드가 경쟁력을 갖고 있을 때 가능하며, 실제로 매장을 오픈하고 운영해 봐야 상권과 입지가 좋은지를 확인할 수 있다.

누가 매장을 운영하느냐에 따라서 매출의 폭이 상하로 구분되기에 좋은 상권이라고 반드시 좋은 매출을 보인다고 단정 짓기는 어렵다. 하지만 평균적인 매출액을 파악할 수 있게 만드는 것은 상권과 입지의 영향이 크다는 것을 누구도 부인할 수 없는 현실이다. 가맹본부에서 가맹점에 투자수익률을 최대한 올릴 수 있도록 상권과 입지 선정에 대한 명확한 개념을 확립해 놓아야 한다.

브랜드 특성과 아이템이 갖는 성질에 따라 좋은 입지는 어느 정도 정해지기 마련이다. 가맹본부는 안테나 매장의 외부 환경을 고려해 예비 창업자에게 투자수익률을 극대화할 수 있는 위치를 명확히 제시할 필요가 있다. 창업을 희망하는 사람들에게 브랜드가 지닌 강점과 타깃층을 정하여 점포를 확정 짓는 데 보탬이 되어야 한다. 이를 통해 신속하게 점포 확정이 가능하고 신규매장이 오픈 수월해진다.

상권과 입지는 매출 증대에 직접적으로 직결되어 영향을 주는 핵심적인 요인이다. 부진한 매장에서 탈피하지 못하는 원초적인 원인이 아이템 특성에 부적합한 곳에 자리하고 있어서다. 점포 운영자의 역량도 중요하지만, 점포 위치가 안 좋으면 아무리 운영을 잘한다고 해도 기대하는 매출과 수익을 발생시키기 어려운 것이 현실이다. 점포 입지의 중요성을 여실히 일깨워 주는 대목이다.

가맹본부는 근거에 입각해 최적의 점포 위치를 정립해 놓을 수 있어야 부실 매장을 최소화할 수 있다.

사실 상권과 입지는 개인의 주관적인 성향이 강하다. 반드시 어느 위치가 최적의 입지라고 단언하기 어려운 실정이다. 이는 동종업종의 출현으로 단골 고객이 유출되거나, 예상치 못한 주변 환경이 변화로 매출이 하락세를 보이는 경우처럼 물리적으로 어쩔 수 없는 상황이 생길 수 있기 때문에 이런 상황은 극히 한정된다고 볼 수 있다.

대부분의 예비 창업자는 좋은 상권과 좋은 입지를 선정해 입점하려고 한다. 자금의 어려움이 있더라도 이런 생각이 드는 것은 자연스러운 일이다. 가맹본부는 최소의 비용으로 원하는 상권과 입지에 점포를 구할 수 있도록 도움을 줄 수 있어야 한다. 최적의 상권과 입지를 분석하고 예비 창업자가 효율적인 점포를 선정할 수 있도록 돕는 것은 가맹본부의 책무다. 이는 가맹점에서 기대 매출을 달성하지 못한다면 브랜드 발전은 꿈도 꾸지 말아야 하기 때문이다.

가맹사업을 전개하는 경영자는 예비 창업자의 점포 확정에 심혈을 기울이고, 신규 오픈을 해야 한다. 특히, 100호점이 되기까지는 더욱 그렇다. 300호점을 넘기면 브랜드 파워로 점포 면적에 따라 상권과 입지를 조금은 완화할 수 있지만, 초기에는 점포 입지 선정에 매우 신경을 써야 할 대목이다.

여기서 간과해서는 안 될 사항이 신규매장 오픈과 가맹점 관리는 항상 병행되어야 한다는 부분이다. 신규 오픈에만 집중하고 슈퍼바이저 제도를 제대로 운영하지 않으면 가맹점 확산이 활발히 이루어질 수 없으며, 점점 가맹점 수가 줄어들게 된다는 점을 경영자는 유념해야 한다.

04
효율적이고 합리적인 점포개발

가맹본부에서 점포를 직접 물색해 주는 것이 점포 확정에 도움이 될 수 있지만, 가맹점을 신속히 확산시키기 위한 방식은 아니다. 특별한 경우는 예외일 수 있으나 모든 점포를 영업 담당자가 독자적으로 물색해 주는 점포개발 방법은 지양할 필요가 있다. 이는 매장 오픈 후 매출이 기대에 미치지 못할 경우, 가맹본부 탓으로 돌리는 문제가 발생할 수도 있으며, 무엇보다도 가맹점 확산 속도가 더디게 될 수 있기 때문이다.

혹자는 창업자가 직접 점포 물색하는 것보다 가맹본부가 이를 담당하는 것이 더 빠르지 않겠냐고 반문할 수 있다. 그러나 현실적으로 가맹본부가 창업자의 정확한 자금보유액을 알지 못하는 경우가 많아 적절한 점포를 추천하기 어렵다. 특정 점포를 딱 찍어서 보여줄 수도 없어 여러 점포를 물색해 보여줘야 하고, 이 과정에서 시일이 오래 걸리게 되는 단점도 있다. 창업자의 선택지가 넓어지는 장점은 있지만, 오히려 점포 확정이 늦어지는 결과를 보일 때가 많다.

빠를 것 같았던 과정이 실제로는 더딜 수 있는 이유다.

현재 시장 상황에서는 타 브랜드와의 경쟁이 치열해 예비 창업자가 이것저것 재보고 브랜드를 선택하는 경향이 있다. 이러한 이유로 점포를 물색해 창업자한테 권해야 한다고 주장하는 경영자가 의외로 많다. 하지만 이는 신중하게 고려해 보아야 할 문제이다. 그렇게 한다고 신규 개설이 잘 된다는 보장이 없다.

가맹본부는 브랜드와 아이템 특성을 고려해 현명한 방식을 확립해야 한다.

효율적인 점포개발 방법은 가맹본부에서 이상적인 상권과 입지를 제공하고, 창업자 직접 발품을 팔아 보유한 자금에 맞게 점포를 물색한 후 점포 계약 이전 단계에서 영업 담당자에게 점포 주소를 의뢰하여 가맹본부로부터 승인을 받는 프로세스다. 이 방법을 활용하려면 브랜드 경쟁력이 우선으로 수반 되어야 하며, 가맹본부가 브랜드에 대한 확신을 갖고 있을 때 활용할 수 있는 방법이다.

차선책으로는 예비 창업자와 영업 담당자가 함께 점포개발을 진행하는 것이다. 이 경우, 영업 담당자가 전국 상권에 대한 해박한 지식을 지니고 있어야 효율성을 추구할 수 있다. 사전 시장조사를 하지 않아도 상권의 구석구석을 잘 알고 있어 창업자에게 신뢰를 주게 되어 점포 확정을 빠르게 진행할 수 있는 장점이 있다. 다만, 해당 지역 상권에 대해 잘 모를 경우는 미리 상권 파악을 해놓는 것이 효과적이다.

부득이하게 가맹본부에서 점포개발을 진행해야 할 경우, 가급적 2개 이내의 점포를 추천하는 것이 좋다. 3개 이상의 점포를 보여주면 창업자가 결정하는 데 어려움을 겪을 수 있기 때문이다. 점포마다 장단점이 있어 쉽게 확정 짓기 어렵기에 되도록 최적의 점포 1개를 개발해 권고하는 것이 이상적이다.

점포개발을 진행하는 상황이 오더라도 가맹비를 예치 받은 후에 움직여야 한다. 실적이 급한 가맹본부는 예비 창업자의 요청으로 점포개발을 해주는 사례가 있는데 실제 매장 오픈까지 이어질 확률이 낮기에 가맹비 예치 후에만 진행이 가능하다는 가맹본부 방침을 명확히 전달하고, 창업자로부터 이해를 구하는 것이 필요하다.

프랜차이즈 사업은 개인 자영업으로 시작해 장사가 잘되어 프랜차이즈로 전환하는 사례가 많다. 하지만 점포개발에 대한 이해와 지식이 미흡한 상태에서 가맹사업을 추진하는 경우가 대다수다. 가맹점을 신속히 확산하는 데 가맹본부의 점포 물색과 확정 과정은 많은 영향을 미친다.

특히, 역세권이나 유흥상권, 젊은 층이 많은 번화가에 적합한 아이템은 점포개발은 타업종에 비해 더 많은 비용이 들어 점포 확정이 상대적으로 더디다. 가맹사업 초기에는 산발적으로 활발히 매장을 오픈하다가도, 어느 순간에 신규창업이 정체기를 맞으며 브랜드가 침체기로 돌아서는 경우를 주변에서 보아왔을 것이다. 그만큼 프랜차이즈에서 아이템이 가맹점 수에 미치는 영향이 크다고 할 수 있다.

점포개발 속도는 아이템의 특징과도 직결되므로, 가맹본부는 아이템의 특성을 잘 간파하고 최적의 점포개발 방안을 마련해야 한다. 브랜드 경쟁력을 키워 예비 창업자가 브랜드를 확고히 선택하게 한 후, 스스로 점포를 물색하고 가맹본부의 승인을 받아 점포를 확정 짓는 것이 가장 이상적인 점포개발 방법이다.

가맹본부에 따라 점포를 직접 물색해 주는 곳이 있고, 창업자가 직접 점포를 구해오면 입점 여부를 확인하여 통보해 주는 곳도 있다. 어느 방법이 좋다고 단정하기는 어려우나 아이템과 브랜드 특성에 맞게 가맹본부에서 결정하면 되나 가급적 창업자가 점포를 물색하게 하는 것이 가맹점을 신속하게 확장 시키는 데 유리하다고 볼 수 있다.

가맹본부는 예비 창업자의 자금력을 정확하게 알 수 없기에 아무리 좋은 점포가 있어도 계약 성사 확률이 낮을 수밖에 없다. 실질적으로 점포는 창업자 당사자가 발품을 팔아 자신의 여건에 부합한 점포를 확정 짓는 것이 효율적이고 생산적이다.

다만, 동종업종 간 경쟁이 치열하지 않은 블루오션 아이템은 가맹본부에서 시간차를 줄이기 위해 직접 점포 물색을 해주는 것이 유리하다. 점포 로케이션은 점포 가성비를 높이기 위해 상권보다 입지가 중요하다고 볼 수 있다. 다소 미흡한 상권이라도 그 상권 중에서 최고의 입지를 선택하면 고정비를 최소화하고 투자수익률을 높이는 데 유리하다.

따라서 원하는 점포를 구하기 위해서는 수시로 희망 지역을 곳곳이 둘러보아 적합한 점포를 구하는 것이 바람직하다. 실제로 여러 프랜차이즈 매장을 운영하는 가맹점주를 보면 대부분 점포 물색하는 데 시간과 열정을 남보다 몇 배 쏟아붓고 있다. 가맹본부는 이런 점을 인지하고, 점포를 구하려는 창업자에게 활용하면 효과적이다.

매장 매출이 부진한 것은 부적합한 상권과 입지 영향도 큰 몫을 차지한다. 열악한 상권과 입지에서는 기대하는 매출과 수익을 창출하기가 브랜드 경쟁력이 아무리 높은 프랜차이즈 가맹점이라 해도 쉽지 않은 것이 현실이다. 반면, 상권은 좋지 못해도 입지가 좋다면 상황이 달라질 수 있다.

물론, 좋은 상권이면서 좋은 입지에 점포를 구할 수 있다면 금상첨화이지만 예비 창업자의 여유롭지 못한 자금 사정상 둘 다 충족하는 점포를 구하기는 쉽지 않다. 따라서 가맹본부는 자사 브랜드 특성을 예비 창업자에게 이해시키고 적합한 상권과 입지를 설정하여 점포개발 하는 데 돕는 역할을 해야 한다. 그래야 점포 물색이 수월해지고 매장 오픈 후 기대 매출을 올리기가 수월해진다.

가맹점 확산을 빠르게 전개하려면 점포 물색과 확정이 원활히 이루어져야 한다. 이런 브랜드가 메이저 프랜차이즈로 입성이 수월하다. 하지만 아이템 특성상 창업을 희망하는 예비 창업자가 많아도 자신의 자금에 맞추어 원하는 점포를 구하지 못해 창업을 포기하는 사례가 생각보다 많다. 이로 인해 가맹본부도 가맹점 확산이 어려워 사업이 침체기로 접어드는 경우가 빈번하다.

프랜차이즈 사업을 꿈꾸는 예비 사업가가 아이템 선정을 매우 중시해야 하는 이유다. 가맹본부는 아이템 성격에 적합한 상권과 입지를 명확하게 설정하고, 예비 창업자가 이를 기반으로 점포를 물색할 수 있도록 체계를 만들어 놓아야 한다. 이를 위해 유흥상권, 아파트 상권, 오피스텔이나 원룸 상권, 역세권 등 여러 지역의 로케이션에 최적의 위치를 설정하여 예비 창업자가 점포를 물색하는 데 시간과 자금을 최소화할 수 있도록 영업시스템을 구축해야 한다.

프랜차이즈 시작이 달라야 성공한다

05
신규 개설 상담기법

프랜차이즈 영업은 일반 업종의 영업과는 판이하다. 단순히 적은 금액이 지출되는 것이 아니라, 때로는 전 재산을 투자하여 창업하게 되는 경우가 많다. 이러한 결정을 내리는 과정은 심사숙고를 요구하며, 쉽게 결정해서 진행하기 어려운 일이다. 따라서 예비 창업자의 마음을 사로잡아 자사 브랜드를 선택하게 만든다는 것은 결코 쉬운 일이 아니다.

프랜차이즈 영업담당자의 능력은 신규 계약을 체결하는데 지대한 비중을 차지한다. 영업은 사람을 만나서 소통하는 활동이다. 그 속에서 어떤 방식으로 접근할지, 어떤 자료를 지참할지, 어디서 미팅을 주선할지, 그리고 자사 제품의 특장점을 어떻게 일목요연하게 설명하고 설득력 있게 전달하여 계약을 체결할지가 핵심과제이다.

같은 예비 창업자한테 영업 상담을 누가 하느냐에 따라 계약 성사 여부가 달라지는 것이 프랜차이즈 영업이다. 이는 영업 상담에 따른 일련의 과정 하나하나가 상대방에게 미치는 영향이 크다는 것을 방증해 주는 결과다. 영업 상담기법의 중요성을 재삼 일깨워 주는 대목이다.

영업 담당자는 우선 상담 시 예비 창업자를 일차적으로 내방 할 수 있도록 유도하는 것이 중요하다. 유선상으로 상대방이 묻는 것을 구체적이고 상세하게 답을 하기보다는 대면 상담을 통해 전달하는 것이 효율성이 높기 때문이다. 유능한 영업 담당자는 무엇보다도 예비 창업자를 대면 하는 데 중점을 둔다. 이는 자신에 대한 상담 직무 능력에 대한 확신이 있기에 대면 상담을 통해 설득하려는 마음 자세가 강하기 때문이다. 상대방을 이해시켜 긍정적으로 유도할 수 있는 자신감의 발로라 할 수 있다. 이러한 접근 방식은 계약 클로징 확률이 높아지는 이유다.

"영업에 왕도는 없으나 정도는 있다"라는 말처럼, 영업에서 성실성과 진정성이 계약 체결에 큰 비중을 차지하며, 관리 영업에서도 마찬가지로 적용된다.

프랜차이즈를 희망하는 예비 창업자는 브랜드에 대한 관심과 선호도를 기반으로 창업을 결정하는 경우가 대부분이지만, 동종업종의 브랜드 중 선택의 기로에 놓일 때는 영업 담당자가 주는 신뢰로 인해 계약 체결로 이어진다. 영업 상담기법의 중요성을 새삼 느끼게 한다.

영업 담당자가 예비 창업자와 일차 상담을 거친 후, 언제 후속 상담을 진행하는 것이 효과적 인지 고민하는 경우가 많다. 남녀가 관계를 이어가기 위해 적절한 거리를 유지하고 타이밍을 조절하는 것처럼, 프랜차이즈 영업도 급하게 서두르거나 소홀히 하면 예비 창업자는 타 브랜드로 넘어가게 되어 적절한 시일을 두고 2차 소통을 할 수 있어야 한다.

성과를 잘 내는 영업 담당자는 예비 창업자의 상황과 관심도를 면밀히 파악하고 적당한 시점을 잘 잡아서 상대방을 다가오게 만드는 기술이 뛰어나다. 영업을 잘하는 비결이다.

프랜차이즈 영업에서 중요한 것은 누가 영업을 하느냐에 따라 계약 체결 확률이 극명하게 달라진다. 하지만 그보다 중요한 요소는 브랜드 경쟁력이 브랜드 선택에 미치는 영향력은 더 크다고 할 수 있다. 영업 상담기법도 물론 중요한 역할을 하지만, 브랜드가 고객들에게 얼마나 사랑받고 있는지가 더욱 결정적인 영향을 미친다.

수많은 프랜차이즈 브랜드 중에서 성공하는 최고의 비법은 가맹점에서 기대하는 이상의 수익이 창출되어야 가맹점 확산이 순탄하게 이루어지게 된다. 이것은 누구도 부인할 수 없는 살아있는 진리다.

신규 매장을 오픈하는 과정에서 영업 프로세스를 확립하고 추진 해야 불필요한 시간과 비용을 절감하기가 수월하다. 예를 들어, 정보공개서 제공 시점과 가맹비 예치 시기, 점포 실측과 점포 물색 등의 일련의 진행 절차를 가맹본부에서 정해놓고 예비 창업자와 상담하는 것이 계약 체결에 효과적이라고 할 수 있다.

영업 담당자가 체계 없이 영업을 진행한다면 일정한 신규매장까지는 추진할 수 있을지 몰라도 가맹사업이 궤도에 오를수록 계약 진척 사항이 늦어질 수 있으므로 지양할 필요성이 있다.

프랜차이즈 영업은 일반 영업과는 상당한 차이를 보인다. 브랜드 특성과 경쟁력에서 비롯되는 것들이 영업 담당자의 영업력과 매칭되었을 때 예비 창업자의 공감을 얻어 계약 체결까지 이어지기가 수월하기 때문이다. 프랜차이즈 사업이 외견상 단순해 보이지만, 의외로 복잡미묘한 부분이 많다.

이런 과제를 풀어서 신규매장을 활발하게 개설하는 것은 순전히 가맹본부의 몫이다. 가맹사업 초기에는 경영자의 영업력이 신규매장 오픈에 지대한 영향을 준다.

예비 창업자는 창업비가 얼마 드는지, 원가율은 얼마인지, 수익률은 어떤지, 운영시간은 언제인지, 몇 평이 매장 면적으로 효율적인지, 점포 개발은 가맹본부에서 해주는지, 교육 기간은 며칠이 소요되는지, 상권은 어디까지 보장해주는지, 로열티는 얼마인지, 주방과 홀은 몇 명 정도 필요한지 등을 주로 궁금해한다.

창업자가 공통으로 질의하는 사항에 대해 가맹본부 임직원 누구나 같은 내용으로 답변할 수 있도록 내부적으로 예상 질의와 해답을 정리해 상호 업무 공유하는 것이 좋다.

예비 창업자가 자주 묻는 질문과 해답을 정리해 가맹본부 구성원이 이를 이해하고 일관성 있는 상담을 하게 되면 브랜드에 대한 믿음을 얻는 데 유리하다.

아이템마다 상담요령과 기법이 다를 수 있지만, 기본적인 영업 프로세스는 같기에 예비 창업자 모색부터 계약 클로징까지 영업시스템을 확립하고 실행하는 것이 효과적이다.

"브랜드가 좋으니 수익이 발생할 것이다"라는 식의 말 만 앞세워 창업을 권유하는 시대는 지나갔다. 현재 프랜차이즈 시장환경에서는 신규 가맹점 확산이 수월하지 않기에 영업팀에 국한하지 말고 경영자를 비롯해 전 임직원의 영업화가 이루어져야 성공적인 가맹사업을 전개할 수 있다.

예비 창업자가 가장 궁금해하는 30가지 창업 문의 사항을 예비 창업자의 입장에서 현실적으로 정리했으니, 도움이 되기를 바란다.

1. 창업 비용은 얼마인가요?

2. 면적이 커지면 추가 비용이 얼마나 드나요?

3. 창업비에 점포 비용도 포함되나요?

4. 인테리어 비용은 어떻게 산정되나요?

5. 간판은 인테리어 비용에 포함되나요?

6. 공사를 개인적으로 진행해도 되나요?

7. 주방기기를 별도로 구매해도 되나요?

8. 점포 공사 기간은 얼마나 걸리나요?

9. 교육은 몇 명이며 며칠 동안 진행되나요?

10. 주방일은 힘든가요?

11. 점포는 본사에서 구해 주나요?

12. 주류는 다른 곳에서 구매해도 되나요?

13. 기존 ○○매장을 운영 중인데, 인테리어를 새로 해야 하나요?

14. 상권 보장은 어떻게 이루어지나요?

15. 한 달 수익이 대략 얼마인가요?

16. 원가율은 어떻게 되나요?

17. 로열티가 있나요?

18. 매장 근무 인원은 몇 명 정도 필요하나요?

19. 영업시간은 몇 시부터 몇 시까지인가요?

20. 점포는 어떤 위치에 구하는 것이 좋나요?

21. 나중에 본사가 매장을 매각해 주나요?

22. 매장 운영 시 본사 지원은 어떤 내용이 있나요?

23. 매장 운영 인원이 부족할 경우 본사에서 지원 가능한가요?

24. 가맹비 면제가 가능한가요?

25. 일요일에 쉬어도 되나요?

26. 희망 상권을 미리 확보할 수 있나요?

27. 나중에 인테리어를 새로 해야 하나요?

28. 본사에서 매장을 방문하여 지도해 주나요?

29. 매장 오픈 시 본사가 지원하는 홍보는 무엇인가요?

30. 본사에서 신메뉴를 지속해서 개발해 주나요?

06

예비 창업자 발굴 요령

최고의 예비 창업자 발굴은 운영 중인 가맹점이 고객의 발길이 끊이 질 않아 그 광경을 보고 '이 브랜드로 창업해볼까?'라는 생각을 들게 하여 창업 문의로 이어지게 만드는 방법이다. 이는 최고의 신규 개설 방법이지만, 현실적으로 이러한 브랜드는 극소수이기에 불과하여 대다수 프랜차이즈는 예비 창업자 발굴을 위해 많은 자금을 투자하고 있다.

광고를 보고 창업 문의하는 예비 창업자는 여러 곳의 강점을 분석한 후 창업 문의를 하고 결정하기까지 시간이 걸리며, 실제로 계약으로 이어지는 것이 쉽지 않다. 이에 따라 가맹본부에서는 다양한 채널을 통해 예비 창업자 발굴에 적극적으로 나서고 있다. 예비 창업자 발굴을 '모객 발굴' 또는 'DB 발굴'이라 부르기도 하는데, 다 같은 맥락이다.

최근 예비 창업자 발굴 방법이 오프라인에서 온라인으로 완전히 변모했다고 해도 과언이 아니다. 다양한 채널과 방식을 활용해 모객 발굴을 하고 있으나 앞에서 언급 한 바와 같이 가장 효율적인 방안은 기존 가맹점을 보고 창업을 결심하게 만드는 것이다.

경영자는 이 점을 명심하고 가맹점 관리, 교육, 지도에 철저히 임함으로써 브랜드의 긍정적 이미지를 구축하고 유지해야 한다.

예비 창업자 발굴 중 홈페이지 활용은 대표적인 방법이다. 홈페이지는 고객 매출 증대보다 예비 창업자의 창업 동기를 유발하는 데 큰 효과를 발휘한다. 창업 희망자가 브랜드를 선택할 수 있도록 특장점과 경쟁력을 부각하여 홈페이지를 제작해야 한다.

홈페이지는 예비 창업자에게 간접적으로 브랜드에 대한 신뢰를 심어줄 좋은 기회이다. 특히, 홈페이지 제작 시 유의할 사항은 예비 창업자의 창업 희망 조건을 좀 더 구체적으로 기재할 수 있도록 만드는 것이다. 비록 홈페이지 창업 문의는 계약 체결 확률이 상대적으로 낮지만, 이를 진성 고객 확보의 수단이라고 보면 된다.

홈페이지의 팝업창을 통해 창업설명회 광고를 노출하고 실행하는 방법인데 생각처럼 실효성이 크지는 않다. 오히려 일대일 영업 상담이 맞춤형으로 진행되어 효율성이 높기 때문이다. 물론 창업설명회 후 개인 상담을 통해 보완할 수 있지만, 집중도가 떨어지는 경우가 많기에 사전 준비를 철저히 해야 한다.

창업설명회는 영업 담당자가 여유 있을 때 실시할 방법이다. 참석자가 적은 경우 영업 담당자가 단독으로 진행할 수도 있으나, 설명회의 취지와 부합하지 않아 장려할 사항은 아니다.

프랜차이즈는 여러 관련 업체 주관으로 실시하는 창업박람회가 정기적으로 자주 열린다. 주로 신생 브랜드가 참가하는 추세며, 메이저 브랜드의 참여는 드문 편이다. 참가업체 대다수는 3無, 5無 정책 등 공격적인 창업비 할인 전략을 펼치지만, 기대치보다 적은 신규 계약 체결을 하는 것이 보편적인 현상이다.

박람회 방문자는 대개 시장 트렌드와 많은 업종을 파악하려는 목적이 강하므로 가맹본부는 심사숙고하여 창업박람회에 참가할 필요가 있다. 자칫하다 준비기간을 포함해 3일 이상의 시간을 소요하고도 1건의 계약도 체결 못 하는 경우가 있기 때문이다.

창업 리플렛을 기존 가맹점에 비치해 놓고 창업자가 발굴되기를 기대하는 가맹본부가 있는데 이는 효과를 보기가 쉽지 않다. 매장을 방문한 고객이 직접 창업을 결정하는 경우는 드물며, 충분히 검증되지 않은 상황에서 창업을 권유한다는 것은 말처럼 쉬운 일이 아니다.

프랜차이즈 영업은 창업대상자와 직접 대면하여 당당하고 자신감 있게 상담하는 것이 효과적이다.

개척을 통한 예비 창업자 발굴도 자주 활용하는 방법이다. 영업 담당자가 일부러 개척의 날을 정하고 활동하거나, 모객이 없을 때 업종전환을 유도하는 방식이다. 개척은 협력자를 통한 소개는 성과를 이루는 데 좋으며 생면부지의 사람을 대상으로 한 개척 활동은 계약 체결이 아주 희박하다. 평소 믿음 없이 낯모르는 사람의 말만 듣고 큰돈을 투자하기 어렵기 때문이다. 다만, 가맹본부가 파격적인 지원책을 제시할 때는 기대하는 성과를 내기도 한다.

효율성이 높은 예비 창업자 발굴 방법으로 가맹점 추천제도가 있다. 이는 가장 믿을 만한 예비 창업자 발굴 방법으로 가맹점주 자신의 경험과 확신으로 주변에 브랜드를 추천하게 되는 구조이다. 그러나 가맹점 추천은 가맹본부에서 아무리 시책을 크게 걸어도 매출이 좋아서 수익이 기대 이상 나오는 가맹점만 해당하는 이야기다. 전략적으로 브랜드 만족도가 높은 가맹점을 대상으로 운영팀 협조를 구해 적극적으로 추진해 보길 권한다.

이 밖에도 온라인 창업 광고를 시행하면 광고를 안 할 때와 극명하게 창업 문의량 차이가 있다는 것을 알 수 있다. 브랜드 특색에 맞는 가장 효과적인 방법을 선택하여 실시할 필요가 있다.

예비 창업자를 많이 확보하기 위해서는 다양한 채널을 활용하는 것이 효과적이다. 온라인 시대에 맞춰 여러 채널을 사용하여 창업자 발굴을 할 필요가 있다. 어느 채널을 활용하는 것이 좋다고 단정 지을 수 없기에 마케팅팀과 영업부가 협력하여 효율적인 방식을 채택하여 예비 창업자 발굴을 위한 창업 광고를 할 필요가 있다.

주목할 점은 창업 문의가 많이 오는 채널에 가성 고객이 많을 수 있다는 사실이다. 약간은 아이러니한 경우인데 현실이 그렇다. 반면, 문의량이 적은 채널에서도 진성 고객이 상대적으로 많이 오는 경우도 있다. 창업자 발굴을 위해 여러 채널을 활용한 후 자사 브랜드에 부합한 채널을 파악하고 이를 적극적으로 활용하는 것이 바람직하다.

홈페이지와 유선으로 문의하는 고객도 데이터를 잘 분석해 생산적인 방안을 모색해야 한다. 필자가 경험한 바에 의하면 창업을 적극 희망하는 예비 창업자는 유선으로 문의하려는 성향이 강한 편이다. 하지만 점점 온라인 문의를 선호하는 추세다.

홈페이지를 통한 창업 문의 고객을 좀 더 진성 고객으로 유도하기 위해선 온라인 창업 광고 문의란을 진정성을 갖고 문의할 수 있도록 구성하는 것이 좋다. 모객 발굴은 영업 담당자가 전략을 갖고 지속적으로 실행하는 것이 중요하다.

FRANCHISE

매출을 여는

오픈 전

교육

우수 인적자원 교육팀 배치

어느 조직이나 우수한 역량을 갖춘 인력을 교육팀에 발령하는 것이 일반적인 관행이다. 이는 교육생 중 성적이 우수한 자가 교육팀으로 자충 되는 것과 마찬가지다.

프랜차이즈에서는 가맹점의 마음을 움직여 고객에게 전국적으로 동일한 맛과 서비스를 제공해야 하기에 교육하는 인력의 교수법이나 지도 능력이 매우 중요하고 가맹점에 지대한 영향을 미친다.

교육팀 구성원은 매장 운영의 전반적인 사항, 브랜드 강점과 특색, 가맹본부의 정책 등을 숙지하고 언제든 교육생의 질의에 명쾌하게 답할 수 있어야 한다. 그것이 곧 브랜드 경쟁력이 되고 매뉴얼을 준수하는 데 직간접적으로 영향을 주기 때문이다.

교육담당자가 머뭇거리고 알쏭달쏭하게 대답을 하면 교육생은 브랜드에 대한 신뢰를 잃을 수 있다. 따라서 교육의 중요성을 사소하게 생각하지 말고 큰 영향을 미친다는 것을 인식해야 한다.

가맹본부는 이론교육부터 조리 실습 교육까지, 오픈전 교육 기간 동안 교육담당자가 늘 곁에서 진두지휘하는 밀착 교육을 원칙으로 삼아야 한다. 여기서 소홀하게 넘겨서는 안 될 사항이 교육자의 태도와 언행이다. 만약 교육자가 시간을 지키지 못하거나 규정을 어긴다면, 교육효과는 약화 되고 학습효과가 하락하기 때문이다.

브랜드가 안정화된 가맹본부와 그렇지 않은 브랜드의 가맹본부 간의 교육 차이는 명확하다.

특히 조리 실습 교육을 직영점에서 실시하는 브랜드는 직영점장이나 주방에서 근무하는 직원한테 맡기고 교육팀은 멀리서 지켜보는 경향이 있는데 지양해야 할 사항이다.

조리 실습 교육은 반드시 교육팀에서 담당자가 밀착 관리하며 직접 교육을 진행해야 한다. 그러면서 평가를 통한 교육 수료, 교육 연기, 재교육 여부를 결정할 수 있어야 한다. 교육생에게 적절한 긴장감을 주면서 완전하게 학습시키는 것이 중요하다.

프랜차이즈 가맹본부는 교육팀의 일사불란한 교수법과 지도력이 교육생의 학습에 지대한 영향을 미친다는 점을 명심해야 한다. 교육생은 입소 후 1시간이 지나면 브랜드를 평가하려는 생각을 갖게 되며, 겉으로 드러내지 않더라도 내심 판단한다는 점을 염두에 두고 교육 시작부터 마칠 때까지 체계적이고 절도있게 진행하여 교육생이 핵심을 쉽게 이해할 수 있도록 설명하여 학습의 효과를 최대한 상승시킬 수 있어야 한다.

이러한 직무를 수행하기 위해서는 교육팀 구성원의 직무역량이 절대적으로 요구된다. 프랜차이즈를 '교육사업'이라고 하는 이유도 여기에 있다. 반복 교육을 통해서 프랜차이즈 원리, 개념, 그리고 브랜드의 특성을 깊이 이해시킴으로써 매장을 성공적으로 운영할 수 있도록 돕는 것이 가맹사업 본연의 목적을 달성하는 데 도움이 되며 가맹점 매출도 상승하게 되어있다.

같은 교육과정이라도 누가 진행하느냐에 따라 교육효과는 크게 달라진다. 가맹본부 교육팀의 교육역량은 가맹점 매뉴얼 준수와 운영의 통일성을 유지하는 밑거름이 된다는 점을 경영자는 깊이 인식하고 우수인력 확보에 총력을 쏟아야 한다.

남을 가르치고 실행하게 하는 능력은 선천적인 역량도 무시할 수 없다. 성장 과정에서 자연스럽게 형성된 표현력과 의사 전달 능력은 교육자로서의 자질에 큰 영향을 미친다. 내부에서 교육 능력을 겸비한 자원을 물색해 교육팀에 배치해야 한다. 이런 인재를 발견하고 현업에 종사할 수 있도록 하는 것은 경영자의 역량이며, 훌륭한 리더는 사람을 보는 안목을 갖추고 있어야 한다.

프랜차이즈 업계는 유독 타업종에 비해 이직률이 높은 편이다. 많은 브랜드가 빠르게 등장하고 사라지는 이유도 있다. 프랜차이즈 업종에 종사하는 인력이 많지만, 기업에 적응 못 하거나 역량 부족으로 떠나는 일이 잦다. 현실적으로 우수한 인력은 한 기업에서 오랫동안 자리 잡고 근무하는 편이다.

직무역량이 출중한 인재를 찾기가 어렵고, 특히 교육 능력을 갖춘 인재를 확보하는 일은 더더욱 힘들다고 봐야 한다. 그러나 가맹본부가 성공은 최고의 직무 실력을 지닌 임직원을 많이 확보하고 있는지에 달려 있다고 해도 과언이 아니다.

속칭 잘나가는 브랜드의 공통점은 가맹본부의 교육시스템이 확실히 안착해 있으며 교육을 진행하는 인력이 매우 우수하다. "프랜차이즈는 교육사업이자 사람 사업"이라는 것을 누구도 부인할 수 없을 정도로 가맹사업의 핵심 근간이다. 가맹점 오픈전 교육이 얼마나 잘 이루어졌는 지는 브랜드의 생명력을 오랜 기간 유지할 수 있는 중요한 관건이다.

오픈전 교육을 성공적으로 진행하기 위해서는 교육팀장의 역량이 탁월해야 한다. 가맹사업을 진행하는 경영자라면 이 말이 무슨 뜻인지 금방 이해하리라 믿는다. 교육역량이 출중한 인재를 확보하여 전진 배치하는 것은 현장 통일성을 유지하고 프랜차이즈의 안착을 돕는 전략이다. 이는 가맹사업을 추진하는 경영자가 우선 해야 할 대목이다.

가맹 오픈전 교육의 중요성은 천백번을 강조해도 지나치지 않다. 프랜차이즈 사업의 근간이며, 최고의 교육 인력을 통해 효율적이고 생산적인 교육과정을 수립하고 실행하는 가맹본부는 브랜드 가치를 증대하고 가맹점 확산을 신속히 전개하는데 유리한 고지를 점령할 수 있다.

02
적정 교육 기간 및 교육 인원 책정

프랜차이즈 창업을 시작하는 가맹점에 프랜차이즈 시스템과 브랜드를 이해시키는 가맹점 오픈전 교육은 매출 증대와 브랜드 가치 상승을 위해 매우 중요한 시기라 할 수 있다. 아이템에 따라서 교육 기간이 상이할 수 있지만 분명한 사실은 교육생이 프랜차이즈 원리와 조리 레시피를 완벽히 습득할 수 있는 기간을 실전처럼 진행해 보고 정립해야 한다.

프랜차이즈 시작이 달라야 성공한다

창업자 교육 기간은 외식 경험이 없는 초보자 입장에서 조리 과정을 숙달할 수 있는 기간을 심사숙고하여 정해야 한다. 가맹 오픈전 교육은 향후 매장 운영에서 매출 증대와 수익 창출, 브랜드 조기 안착을 가능하게 하는 촉매제 역할을 하기 때문이다.

가맹본부 여건상 브랜드마다 교육 기간은 상이하지만, 교육 기간은 오래 하면 할수록 좋다. 아이템의 조리 성질이 강한지, 요리 과정이 복잡한지 아닌지 교육 기간을 정하는 기준이 되는 것이 현실이다. 주방일은 개인차가 커 미숙한 조리 실력을 보이는 교육생에게는 별도로 교육을 연장하여 실시하는 지혜가 필요하다.

가맹본부는 교육생에 따라서 도움을 줄 수 있어야 한다. 교육을 반복적으로 오랫동안 받은 가맹점은 매장 운영을 상대적으로 잘할 수밖에 없다는 사실은 여러 가맹점을 통해 검증된 팩트다. 특히 메이저 브랜드일수록 교육 기간을 길게 시키는 이유다.

가맹점 오픈전 교육에 입소하는 인원은 대부분 브랜드에서 가맹점주를 포함해 2명이 일반적이다. 간혹 1명이 교육에 참가하는 경우가 있는데, 이는 금물이다. 혼자 교육받아서는 현장에서 가맹본부 매뉴얼을 지속적으로 준수하며 제대로 된 맛을 유지하면서 매장을 운영하기 어렵기 때문이다. 가맹본부는 반드시 실질적으로 매장에서 근무할 2명이 교육받을 수 있도록 사전에 조치해야 한다. 이 부분에 절대적으로 융통성을 주어서는 안 된다.

프랜차이즈는 가맹본부 교육시스템과 지도력에 따라서 브랜드 경쟁력과 통일성이 좌우된다는 것을 명심해야 한다. 홀과 주방을 동시에 숙런시키려면 2명의 교육생 참가는 필수적이다. 다만, 평수가 10평 미만의 배달 전문 매장은 예외로 둘 수 있다. 가맹점 요청에 따라 추가 인원의 교육 참가를 탄력적으로 허용해 주는 것이 좋다. 단, 숙식을 제공하는 경우 추가 인원에 대해 별도의 비용을 산정해도 무방하다.

가맹본부에서 책정한 교육 인원이 입소하지 못하면 오픈 일정을 늦추더라도 교육을 연기할 수 있어야 한다. 교육 일정이 임박해서 통보하면 혼란을 야기할 수 있으므로 사전에 교육 대상 가맹점주에게 강도 있게 알려 반드시 2명이 교육에 참가할 수 있도록 해야 한다. 여기서 무너지면 현장의 맛이 흔들릴 수 있어서다.

프랜차이즈는 매장 오픈전 교육을 누가, 어떻게, 얼마 동안 진행되며 이후 현장에서 근무하게 될지에 따라 매출 증대와 브랜드 가치를 높이는 데 큰 영향을 미친다. 이는 교육자와 교육생의 중요성을 강조해 주는 사항이다.

가맹본부의 임직원과 교육담당자의 모든 행동과 태도를 보며, 가맹점주는 브랜드의 경쟁력을 스스로 판단한다. 직원들의 인사성과 교육진행 과정을 통해 가맹본부를 평가하게 된다. 이 과정이 매뉴얼 준수와 정책 이행으로 직결된다는 점을 가맹본부는 특히 유념하고 정성을 다해 교육하고 지도해야 한다.

강력한 교육을 할 수 있는 브랜드가 향후 메이저 프랜차이즈로 진입하는 초석을 마련할 수 있다. 따라서 교육 준비부터 참가인원, 교육프로그램을 철저하게 실행해야 하며, 이 부분은 여러 번 강조해도 지나치지 않다.

프랜차이즈의 근본적인 목적을 달성하는 시발점이 가맹점 오픈전 교육이기 때문이다.

예비 창업자가 브랜드를 선택하고 점포를 확정한 후 공사 기간 동안 가맹본부의 교육에 입소하는 것이 일반적이다. 교육 기간이 짧은 브랜드는 별 상관이 없으나 일주일 이상 진행하는 브랜드는 영업 담당자가 계약 클로징 후 교육의 중요성을 강조하고, 교육 기간과 교육 참석인원에 대해 명확히 전달하여 이해시켜야 한다. 이를 통해 가맹본부에서 수립한 교육 프로세스에 따라 참가할 수 있도록 해야 한다.

이러한 원칙이 제대로 실행되는지는 성공적인 가맹사업과 그렇지 못한 경우를 극명하게 구분된다. 프랜차이즈 사업에서 엄청나게 큰 비중을 차지하고 있는 것이 교육실행력이다. 교육팀뿐만 아니라 영업팀 구성원도 교육의 중요성을 인지해야 한다. 매장을 운영함에 있어 누가, 어떻게, 얼마 동안 교육을 받았는지가 매출과 수익을 결정한다는 점을 강조할 필요가 있다.

특히, 기존 외식사업에 종사한 경험이 있는 교육생은 자신의 경력을 과시하며 교육 기간과 교육 인원의 중요성을 간과하거나, 가맹본부의 교육 매뉴얼을 무시하며 자신의 입장을 관철하려는 경향이 있다. 가맹본부는 이를 용인해 주어서는 안 된다. 교육은 한 치의 양보나 융통성이 허용되지 않는 분야이기 때문이다.

필자는 오랜 경험을 통해 프랜차이즈 사업에서 교육이 목표 달성에 미치는 영향은 말로 표현할 수 없음을 깨달았다. 가맹점 오픈전 교육이 가맹본부와 가맹점의 성공 여부를 가름하는 잣대라는 사실을 몸소 체험하였다.

우선, 내부 구성원 교육을 크게 중시하고 프랜차이즈의 원리와 시스템을 비롯해 직무역량 강화에 전략을 다했다. 이를 바탕으로 신생 브랜드가 메이저 브랜드로 안착하는 발판을 마련할 수 있었다고 본다.

이처럼 창업자가 매장을 오픈전에 실시하는 교육은 가맹점 수익의 전부라고 해도 틀린 말이 아니다. 그렇기에 적정한 교육 기간을 수립과 규정된 교육 인원이 전원 입소하는 것은 매우 중요하다. 교육 인원을 전부 참석시키는 것은 가맹본부의 경쟁력이다.

이 부분이 지켜지지 않는 브랜드는 다음의 정책 실행력도 보나 마나라고 단정할 수 있을 정도로 중요한 사항이다. 프랜차이즈 사업을 목전에 두고 있거나 현재 추진하고 있는 경영자는 꼭 염두에 두고 실천해야할 사항이다.

03
프랜차이즈 시스템 이해

가맹점 오픈전 교육 기간 동안 프랜차이즈의 원리와 시스템을 가맹점주에게 확실히 이해시켜 개인 자영업이 아닌 사업가로서 의식을 고취시키는 것이 중요하다. 처음으로 프랜차이즈를 접하는 창업자는 프랜차이즈에 대한 이해도가 부족하기에 긴장도를 심어주면서 알기 쉽고 체계적으로 교육하는 것이 무엇보다도 중요하다.

교육생 입장에서 조금은 고되고 힘들다는 느낌을 받을 정도로 교육해야 한다. 이는 가맹점과 가맹본부의 기준과 가치를 교육생이 깊이 체감하게 함으로써 이후의 운영 과정에서 가맹점주의 책임감을 높이는 데기여한다.

가맹점과 가맹본부 간 갈등과 분쟁 요인은 가맹점주가 프랜차이즈개념에 대한 이해도가 부족할 때 발생하게 되는 경우가 많다. 따라서, 프랜차이즈는 동일한 맛과 서비스를 항상 똑같이 제공하는 기본 원리임을 강조해야 한다. 가맹본부와 가맹점은 가족처럼 함께 상생해 나가는사업구조임을 인식시키는 것이 중요하다.

교육 기간, 가맹점이 제 역할을 이행했을 때 수익이 발생하게 됨을강조하고, "나"가 아닌 "우리"라는 공동체 의식을 심어줘야 한다. 성공적인 가맹사업의 첫 단추가 바로 가맹점 오픈전 교육에서 시작되기 때문이다.

가맹점 오픈전 교육 기간에 가맹본부와 가맹점이 동반 사업가라는인식을 강하게 심어주는 것이 무엇보다도 중요하다. "함께 살고 함께 성장한다"는 의식을 갖고 한배를 타고 항해하는 운명공동체임을 주지시켜야 한다.

프랜차이즈 사업 구조를 이해하지 못한 상태에서 매장을 운영하게되면, 예상치 못한 어려움 속에서 본인도 모르게 이탈하고 싶은 마음이유발될 수 있기 때문이다. 프랜차이즈 사업은 가맹본부와 가맹점이 일체감을 유지하지 않고서는 원하는 바를 이룰 수 없는 사업구조이다.

아무리 브랜드 경쟁력이 우수하고 가맹본부의 정책과 마케팅 능력이 탁월해도 일선에서 가맹점이 실행하지 않으면 원하는 목적을 달성하기가 어렵다. 따라서 프랜차이즈가 성공하기 위해서는 가맹본부와 가맹점이 하나가 되어야 한다는 사실을 교육을 통해 명확히 인식시켜야 한다는 점을 가맹본부는 확실히 실천해야 한다.

천차만별의 개성을 지니고 있고, 가치관이 다른 가맹점주를 교육 시켜 통일성을 유지한다는 것은 결코 쉬운 일이 아니다. 그렇기에 가맹본부 교육팀의 교육 능력이 브랜드의 경쟁력에 절대적으로 요구된다고 할 수 있다.

누차 강조하지만, 가맹점 오픈 교육을 어떻게 가맹본부에서 시켰나에 따라 브랜드 근간인 동일한 맛과 서비스를 제공하는 척도가 된다는 사실을 가맹본부는 유념해야 한다. 프랜차이즈는 고유의 특질을 가지고 있어 내가 아닌 남을 나처럼 만들어 나 대신 고객을 상대하여 원하는 목적을 달성하는 매우 독특한 사업시스템이다. 가맹본부와 가맹점이 함께하지 않으면 기대하는 바를 상호 이룰 수 없는 조직구조다.

이러한 사업원리를 가맹점 오픈전 교육 기간 동안 확실히 인지시키는 것이 매우 중요하다. 그러나 현실적으로 프랜차이즈 경험이 부족한 상태에서 가맹사업을 시작하는 경우가 비일비재하며, 가맹점 오픈 교육의 중요성을 인식하는 경영자가 적다.

대부분 가맹사업을 시작하고 나면 가맹점 확산에만 모든 걸 쏟아붓는데, 가맹본부는 오히려 교육 입소한 가맹점이 신규 가맹점 확산에 큰 기여를 할 수 있다는 인식을 갖고 정성을 다해 교육을 진행해야 한다.

결국, 가맹점 오픈전 교육은 신규매장 확산과 브랜드 성장에 있어서 말로 표현할 수 없을 정도로 중요한 과정이다.

프랜차이즈 시스템을 경영자와 가맹본부 임직원이 명확히 이해하고 있을 때 가맹점을 설득하고 매뉴얼 준수를 이끌며, 통일성을 유지하면서 정책을 실행시키는 것이 가능하다. 가맹본부가 프랜차이즈 원리와 시스템을 어중간하게 알고 있는 상태에서 가맹사업의 성공을 기대할 수 없다. 이것은 불변이고 자명한 진리다.

대다수 브랜드가 100호점 언저리에서 성장이 정체되는 가장 큰 이유는 프랜차이즈의 본질을 이해하지 못한 상태에서 가맹사업을 추진하고 있기 때문이다. 프랜차이즈는 어느 한쪽의 일방통행으로는 아무것도 이룰 수 없는 특수한 구조이다.

이러한 특수성을 가맹점 오픈전 교육 시간에 정확하게 설명하고 납득할 수 있도록 하는 가맹본부가 되는 것이 무엇보다 중요하다. 프랜차이즈 사업을 "사람 사업"이자 "교육사업"이라고 강조하는 이유가 바로 여기에 있다.

누가, 어떤 방식으로, 어떻게 교육하느냐가 가맹사업의 성패를 좌우하게 된다는 맥락과 같은 이치다. 결국, 프랜차이즈 시스템을 얼마나 이해하고 가맹점주들이 매장 운영에 반영하느냐가 성공적인 가맹사업으로 가는 지름길이다.

브랜드에 불만을 지닌 가맹점을 보면 프랜차이즈 시스템을 잘 이해하지 못한 채 매장을 운영하는 경우가 많다. 이는 사업가가 아닌 개인 장사의 개념을 갖고 현상을 보고 발생하는 경우가 대부분이다.

이런 상황에서 슈퍼바이저의 직무역량이 절대적으로 요구된다. 가맹점의 불만 사항과 요구 사항이 비현실적이거나, 가맹점주의 운영 방식에 문제임을 일깨워 줄 수 있는 슈퍼바이저가 다수 존재할 때 브랜드에 대한 가맹점의 만족도가 높아진다.

반대로 슈퍼바이저의 역량 부족으로 가맹점의 불만이 해결되지 않으면 걷잡을 수 없을 정도로 브랜드 이미지가 훼손되고, 가맹사업의 쇠퇴로 접어들게 된다. 또한, 신규 가맹점 확산도 어려운 환경에 봉착하게 된다.

이처럼, 경영자와 가맹본부 임직원이 프랜차이즈에 대한 이해와 역량 배양은 필수적이라 할 수 있다. 이런 지식을 쌓는 데 그치지 않고, 이를 현장에서 적용하여 가맹본부와 가맹점이 동반 사업가라는 인식을 갖도록 오픈전 교육을 철저하게 실행해야 한다.

04
운영 매뉴얼 숙지

가맹점을 오픈하기 전에 가맹점주 대상으로 실시 하는 오픈전 교육을 가맹본부에서 어떻게 실시하느냐에 따라 브랜드가 조기 안착과 정책 이행, 운영 매뉴얼 준수 이행 여부가 결정된다고 볼 수 있다. 가맹본부 경쟁력이 강한 브랜드일수록 오픈전 교육 강도가 높으며 체계적으로 절도 있게 교육을 실시한다. 특히, 교육담당자의 역량이 우수하다.

가맹본부는 오픈전 교육 기간에 가맹점주가 브랜드를 이해하고, 가맹본부의 제반 경쟁력을 인지하게 된다는 점을 명심해야 한다. 가맹점에서 원하는 수익을 내기 위해서는 운영 매뉴얼을 준수해야 한다는 것을 교육을 통해 확실히 인식시켜야 한다.

프랜차이즈는 시스템에 의해 매출이 발생한다는 점과 가맹본부에서 규정한 매뉴얼을 이행했을 때 기대하는 수익이 창출된다는 것을 교육 기간 동안 정확히 인지시켜야 한다. 매장 운영의 모든 과정을 가맹본부가 정립한 매뉴얼에 따라 실천할 수 있도록 교육을 통해 준비시켜야 한다.

프랜차이즈는 모든 가맹점이 동일하게 운영되어야 가맹사업 본연의 목적을 달성할 수 있는 사업구조이다. 가맹점주들은 각기 다른 개성과 환경을 가지고 있어 전체 가맹점이 통일되게 운영하도록 만든다는 것이 쉬운 일은 아니다.

예비 창업자가 브랜드를 선택하고 가맹본부에 입소하여 처음 교육받을 때 프랜차이즈 원리와 시스템을 확실하게 주입하여야 한다. 매장 운영자가 누구냐에 따라 매출과 원가율, 그리고 수익이 달라지는 경우가 많다. 이러한 변동성을 최소화하고 매출을 안정적으로 올리기 위해 가맹본부에서 운영 매뉴얼을 수립하여 실행하고 있다.

운영 매뉴얼이 현장에서 그대로 이행되는지는 순전히 가맹본부의 오픈전 교육 능력과 향후 가맹점 관리역량에 달려있다. 시일이 지날수록 대부분 사람은 매너리즘과 나태함에 빠지기 마련이다. 따라서 왜 운영 매뉴얼을 준수하며 매장 운영을 해야 하는지 강하게 인식시키는 시기로서, 가맹점 오픈전 교육 기간 동안 가맹본부는 강력하고 체계적인 교육을 해야 한다.

프랜차이즈는 제품과 서비스를 언제 어디서나 똑같이 고객에게 제공해야 한다는 것이 근본적으로 갖고 있는 원리다. 고객은 프랜차이즈 매장을 방문할 때 항상 같은 맛과 서비스를 기대하며, 이는 브랜드에 대한 신뢰로 이어진다. 만약 고객이 방문한 가맹점에서 기존의 브랜드 이미지와 다른 맛이나 서비스를 경험한다면 재방문은 물론이고 지인에게 부정적인 이미지를 전파하게 만든다.

가맹본부는 가맹점이 브랜드 이미지를 실추시키는 행위를 방지하기 위해 가맹점 오픈전 교육과정을 최고의 교육 과정이란 사실을 명심하고 전력을 다해야 한다. 특히 경영자는 가맹점 오픈전 교육에 특별한 관심을 갖고 직접 지도와 참여를 할 수 있어야 교육의 효과가 극대화될 수 있다는 점을 유념해야 한다.

운영 매뉴얼을 현장에서 잘 실행하기 위해서는 가맹본부 임직원이 우선 완벽히 숙지하고 있어야 한다. 짧은 교육 기간 동안 교육생이 운영 매뉴얼을 정확히 인지하기 쉽지 않으므로 지속적으로 슈퍼바이저가 가맹점을 방문하여 매뉴얼 준수의 필요성을 안내하고 지도해야 한다.

프랜차이즈는 사업 구조상, 강력한 슈퍼바이징을 할 수 있어야 브랜드의 통일성이 유지된다. 가맹본부에서 규정한 제반 매뉴얼을 전 가맹점이 준수할 때 매출의 증대와 기대하는 수익이 발생한다는 것을 가맹점에 명확히 전달하고 인지시키는 것이 중요하다.

특히, 동일한 맛과 서비스가 지켜지지 않으면 본인 매장의 문제로 인해 타 가맹점이 불이익을 받을 수 있다는 점을 반드시 오픈전 교육 기간에 강조해야 한다. 매장 오픈 후에도 슈퍼바이저는 가맹점에서 매뉴얼

프랜차이즈 시작이 달라야 성공한다

준수를 왜 해야 하는지를 이해시켜야 한다.

운영 매뉴얼은 매장 오픈부터 마감까지의 모든 과정을 일컬어 지칭한다. 매장 오픈 시간부터 고객맞이 준비, 응대, 제품 완성, 고객서비스 제공, 마감 후 뒷정리까지의 행동 지침을 의미한다.

매장을 오픈하고 일정 기간이 경과 되면 초심을 잃고 융통성을 부리는 게 어쩔 수 없는 현실이다. 성인군자가 아닌 인간이기에 누구나 처음의 마음을 계속 유지하고 준수한다는 것이 말처럼 쉽지 않다. 여기서 슈퍼바이저의 진가가 발휘되어야 한다. 슈퍼바이저의 현장 지도력과 실행력 싸움이며, 브랜드 파워와 경쟁력이 여기서부터 구분되는 시발점이라는 걸 경영자는 인식해야 한다.

가맹점에서 운영 매뉴얼을 숙지하고 실행하는 것은 앞에서 언급한바와 같이 가맹본부 임직원의 역량에서 비롯되어진다. "유능한 장수 밑에 용맹한 군인이 있다"라는 말처럼, 가맹본부와 가맹점은 항상 함께 움직인다는 것을 다시 한번 입증해 주는 대목이다.

05
조리 레시피 숙련

주방에서 조리하는 기술은 개인마다 큰 차이를 보인다. 교육생마다 눈썰미와 손재주가 다르기에 교육자는 교육생의 수준을 세밀히 관찰하여 교육 강도를 탄력적으로 조절하여 빠르게 습득할 수 있도록 해야 한다. 가맹본부에서 규정한 레시피를 교육생이 정확히 습득하도록 하는 것이 통일성 유지의 관건이다.

가맹점 오픈전 교육을 이수했더라도 이런저런 이유로 매장 근무를 못 하게 되는 일이 다반사고, 같은 레시피라도 손맛에 따라 맛이 달라지기 때문에 이를 최소화하려면 교육생 전원이 홀과 조리 교육을 병행하여 철저히 교육받아야 한다. 또한, 교육을 이수하지 않은 사람이 주방에서 일하지 못하도록 관리해야 하지만, 현실적으로 대체 인원을 투입해야 하는 경우가 많아 이를 지키기 어려운 상황이 빈번하다.

잦은 종업원 이탈은 맛의 근간이 흔들리게 만드는 주요 원인 중 하나다. 오픈전 교육 시 종업원 관리에 대한 교육을 지나쳐 버리는 가맹본부가 많은데 교육 중간중간에 장기 근무를 유도할 수 있는 바람직한 종업원 관리 요령을 전달해야 한다. 가맹점주와 종업원이 추구하는 방향과 목적이 다르기에 종업원 이탈 현상은 빈번히 나타나게 된다.

이를 극복하기 위해 가맹본부에서 상설 주방 교육 과정을 개설하는 것도 고려할 필요성이 있다. 필요시 가맹점과 일정을 조율하여 진행하는 것도 좋은 방법의 하나다.

조리 교육 시 교육생이 반드시 레시피를 준수하고 조리 능력을 완비할 수 있도록 평가 제도를 시행해야 한다. 이는 매장 수익을 올리는 핵심 요인이다. 평가가 없으면 교육효과가 떨어질 가능성이 크므로 교육생을 긴장시키고 완벽한 조리 실력을 갖추기 위한 교육을 마친 후 평가하여 미흡한 교육생은 추가 교육을 통해서 완벽한 맛이 나올 수 있도록 해야 한다.

조리 교육은 한 치의 오차도 용납하지 않고 철저히 실시해야 한다는 점을 교육자는 항상 염두에 두고 가르쳐야 한다. 특히 가맹점주가 "나는 홀에서 일할 것이니 주방일은 주방에서 일하는 직원만 알면 된다"라는 사고를 지니고 교육에 임하지 않도록 사전에 주지시켜야 한다. 종업원은 언제든지 이탈할 수 있기에 가맹점주가 주방일을 완벽하게 쳐낼 수 있어야 한다는 사실을 교육 입소 전에 인식시킬 필요가 있다.

이 부분을 소홀히 하면 오래지 않아 맛이 흔들리기 시작한다. 종업원이 주인의식을 갖고 일한다는 것은 현실적으로 어렵다. 예외적으로 잘하는 경우도 있으나 흔치 않은 경우다. 따라서 가맹점주는 주방 교육을 철저히 학습해야 한다. 일정한 맛이 나지 않으면 고객은 순식간에 이탈하게 된다.

아이템의 성질에 따라 주방 업무의 난이도가 결정된다. 흔히 '브랜드가 가볍다', '무겁다'라는 표현을 들어본 적이 있을 것이다. 이는 메뉴를 만드는 레시피에 의해 좌우된다고 봐야 한다. 누구나 오픈전 교육을 이수하면 주방에서 쉽고 빠르게 제품을 완성할 수 있어야 프랜차이즈로서의 생명력을 장기간 유지할 수 있다. 아이템이 갖는 속성에 따라 주방에서 손이 많이 가는 브랜드가 있는데 이런 브랜드는 주방 교육에 미치는 영향이 더욱 크다. 실제로 매장이 오픈하고 약 6개월 정도가 지나면 서서히 고객의 발길이 끊기는 경우가 속출하는데 맛에 문제가 생겨 발생하는 경우가 대다수다.

경영자는 이 점을 유의하고 자신의 브랜드가 지닌 특성을 파악해 오픈전 교육과정을 수립하여 실천해야 한다. 눈에 보이지 않는 것 같을 수 있으나 가맹사업의 성공 열쇠나 다름없다.

가맹본부 메뉴개발팀은 조리의 간편성을 추구하는 신메뉴 개발에 총력을 기울여야 한다. 복잡한 레시피는 최고의 메뉴라도 가맹점에서 호응을 얻기 어렵다. 가맹사업을 하는 동안 항상 심혈을 기울여야 할 과제가 신메뉴 개발이라 할 수 있다.

현대는 "모방의 시대"라고 한다. 새로운 것을 창안하여 만드는 것 보다 시중에 나와 있는 것들을 보고 차별화하여 업그레이드된 메뉴를 개발하는 것이 프랜차이즈 메뉴 개발의 추세라고 해도 과언이 아니다. 레시피의 간편성은 통일성 유지로 이어지며 가맹점마다 동일한 맛을 내게 만드는 근간이기에 더욱 총력을 기울여 제품을 완성 시킬 수 있어야 한다.

브랜드가 규정한 레시피를 숙련할 수 있게 오픈전 교육 기간 동안 조리에 대한 눈썰미와 소질이 미흡한 교육생에게 맞춤형으로 지도할 수 있는 지혜가 필요하다. 교육생이 완벽하게 조리 레시피를 숙련하지 못하고 매장을 오픈하면 동일한 맛을 내기가 어려워 가맹점은 물론이고 브랜드의 이미지 손상으로 이어질 수 있다.

교육 기간을 연장하더라도 조리 교육은 완벽히 이수시켜서 매장 오픈을 해야 한다.

필자는 아이템 속성에 따라 조리 난이도가 다르지만, 조리 레시피 숙련이 미흡한 상태로 매장을 오픈한 사례에서 운영 초기부터 겪는 어려움과 그로 인한 후유증을 무수히 보아왔다. 이를 방지하기 위해 가맹본부는 교육생이 조리 레시피를 완벽히 숙지할 수 있도록 만전을 기해야 한다.

가맹점 책무 이행

매장 오픈전에 가맹점주가 처음으로 받는 가맹점 오픈전 교육 기간 동안 가맹점이 준수해야 할 책무에 대해 확실히 인식하고 매장을 운영할 수 있도록 주입해야 한다. 가맹점주가 장사에서 사업가로 변신해야만 프랜차이즈 근간인 통일성의 유지를 이룰 수 있다.

사업가 정신을 심어주어야 하는 이유다. 그래야 개인 자영업이 아닌 프랜차이즈 사업을 한다는 인식을 갖고 매장에서 개인행동을 하면 안된다는 마음을 지니게 되기 때문이다. 프랜차이즈는 가맹본부와 함께해야 소기의 목적을 달성할 수 있는 사업구조임을 인지하게 하고 '나'가 아닌 '우리'라는 운명공동체임을 주지시키는 것이 필요하다.

가맹본부는 전체 가맹점을 대상으로 가장 효율적인 정책을 수립해서 추진하려 하지만, 가맹점은 종종 자신의 매장 여건에 적합한 맞춤형 정책을 원한다. 이로 인해 상호 이질감이 발생하는 경우가 다반사로 프랜차이즈 실태라 할 수 있다. 이 부분을 해소하기 위해 교육을 통해 프랜차이즈가 갖고 있는 특징에 대해 이해시키고, 매뉴얼 준수가 왜 중요한지 강하게 심어주어야 한다.

가맹본부에서 정립한 조리 레시피를 완벽히 준수해야 정상적인 맛을 낼 수 있음을 강조하고 이는 가맹점의 중요한 책무임을 각인시켜야 한다. 또한 매장이 오픈하는 시점부터 마감까지의 과정을 구체적으로 수립하여 교육생에게 숙지시켜 현장에서 필히 실천할 수 있도록 해야 한다. 매장 초기에는 운영 매뉴얼을 성실히 지키지만, 어느 순간부터 자신의 편의대로 운영하는 일이 의외로 많다. 운영 매뉴얼 준수는 브랜드 가치를 상승시키고 매출 증대로 이어져 수익과 직결된다는 것을 교육생에게 강하게 주입시켜야 한다.

고객서비스 제공을 누구나 잘하리라 믿고 소홀히 여겨서는 안 된다. 매장을 방문한 고객에게 진정성을 담은 인사와 고객 응대는 단골 고객확보의 지름길임을 명심하게 만들어야 한다. 고객이 감동할 만한 고객서비스는 현장 매출과 직접적으로 연관되기에 한결같이 실천해야 하는 중요한 가맹점 책무다.

가맹점 오픈전 교육 기간 동안 매장에서 근무하는 모두가 예외 없이 유니폼을 착용하고 근무해야 한다는 것을 확실히 인지시켜야 한다. 브랜드 파워가 약한 브랜드일수록 유니폼 착용을 하지 않고 근무하는 가맹점이 많다. 가맹점의 유니폼 착용은 프랜차이즈 사업에서 필수 불가결이다.

유니폼 착용의 중요성을 강조할 때, 단순히 "무조건 입어야 한다"는 명령형 방식이 아니라, 고객의 입장에서 그 이유를 논리적으로 설명하는 접근법이 필요하다. 예를 들어, 유니폼을 착용하면 고객에게 일관되고 전문적인 이미지를 제공할 수 있으며, 이는 서비스의 질과도 직결된다는 점을 납득시켜야 한다.

메이저 프랜차이즈 가맹점과 마이너 프랜차이즈 가맹점의 유니폼 착용 비중을 보면 더 이상 설명이 필요 없을 것이다. 가맹점 책무를 다할 때 브랜드가 좋은 이미지로 널리 고객에게 알려지게 된다는 것을 강하게 인식시켜야 한다.

　가맹본부가 해야 할 책무를 이행하지 않고 가맹점에 책무를 이해하라는 것은 어불성설이다. 가맹본부가 브랜드 홍보와 가맹점을 매출 증대를 위해 무엇을, 어떻게 하고 있는지를 가맹점 대다수가 알고 있다. 누누이 언급한 것처럼 프랜차이즈는 어느 한쪽의 일방통행으로는 아무것도 이룰 수 없는 사업구조다.

　가맹본부가 실천해야 할 제반 사항에 대해 가맹사업 초기부터 이행한다는 신념을 갖느냐가 브랜드를 조기에 안정화시킬 수 있는 원동력이 된다는 사실을 경영자는 인지해야 한다. 이러한 책무를 간과하고 가맹사업을 추진하는 브랜드는 원하는 바를 이루기가 구조적으로 어렵다.

　지속인인 브랜드 홍보와 마케팅, 트렌드에 적합한 신메뉴 개발, 강력한 슈퍼바이징은 필수적으로 실행해야 할 역할이고 책무라 할 수 있다. 브랜드에 대한 만족도와 우호도, 충성도를 지니게 하려면 가맹본부가 먼저 제 역할을 다해야 한다는 전제조건이 수반됨을 경영자와 임직원은 명심해야 한다. 이는 가맹점과 상생할 수 있는 기반을 마련하기 위한 초석이다.

　가맹점과 가맹본부는 공동운명체나 다름없다. 늘 함께 있어야 제구실을 할 수 있는 바늘과 실의 관계처럼 하나만 존재해서는 빛을 볼 수 없다. 가맹본부와 가맹점이 상호 역할과 책무를 이행했을 때 기대하는 수익이 창출될 수 있다는 논리와 같은 맥락이다. 가맹본부의 정책을 실천하고 매뉴얼을 준수하며 사입 제품을 사용하지 않고 브랜드에 해가 되는 언행을 하지 않는 것은 가맹점의 중요한 책무이다.

가맹본부와 동반 사업가라는 인식을 갖고 매장을 운영하며 유니폼 착용과 동일한 맛과 서비스를 늘 고객에게 제공하는 것 또한 가맹점의 중대한 책무라 할 수 있다. 이러한 가맹점 책무 사항을 현장에서 준수하느냐는 전적으로 가맹본부 역량에 달려있다고 해도 지나치지 않다. 어떻게 가맹점을 교육하고 지도하며 관리하느냐에 따라 이행 여부가 판가름 나기 때문이다.

교육의 중요성이 여기서도 강조된다고 할 수 있다. 프랜차이즈 사업을 성공시키기 위해서 가맹점 오픈전 교육은 말로 표현할 수 없을 정도로 중차대하다. 프랜차이즈의 생명인 통일성을 유지하는 근간이자 시발점이라는 인식을 경영자는 마음속 깊이 간직하고 있어야 한다.

실행력이
성공을
만든다

01

살아 숨 쉬는 조직 운영

프랜차이즈 조직은 생동감이 넘쳐야 한다. 잘나가는 가맹본부를 방문해 보면 사무실 문을 열자마자 느껴지는 감이 다르다. 활발하게 항상 움직이고 있다는 분위기를 받는다. 구성원 간에 밝은 표정으로 자신감 있게 소통하는 모습을 엿볼 수 있다. 이러한 기업문화는 성과 창출에 보이지 않는 손처럼 중요하다. 경영자의 경영 스타일도 영향을 주겠지만 그보다 실무와 직원 관리를 총괄하는 2인자의 역할이 더 큰 비중을 차지한다. 성공한 리더 곁에는 늘 제갈공명 같은 책사가 있는 이치와 같다.

프랜차이즈가 성공하려면 여러 가맹점을 하나의 가맹본부처럼 만들 수 있어야 하기에 임직원의 직무역량은 매우 중요한 핵심적인 요인이다. 사람을 설득하고 실행하게 해야 하기 때문이다. 일을 하는 것처럼 보이지만, 실제로 일을 제대로 하지 않고 설득과 실행에는 거리가 먼 가맹본부를 심심치 않게 볼 수 있다. 살아 숨 쉬는 조직은 구성원의 열정이 많아서 주어진 직무를 남의 눈치 보지 않고 쳐 내게 되어있다. 일을 두려워하지 않으면서 직무완수에 몰입한다.

이러한 직원이 많을수록 가맹사업은 활발하게 전개되어 원하는 바를 이룰 확률이 높아진다는 사실을 경영자와 2인자는 유념해야 한다.

프랜차이즈의 1차 고객은 가맹본부 임직원이다. 1차 고객이 활기차고 신명 나게 일할 수 있는 분위기가 조성되어야 가맹점과 원활한 소통이 이루어지며 현장 실행력도 높일 수 있다. 조직의 역동성은 성과를 달성하게 만드는 중요한 요소로 작용한다. 주어진 직무의 목적 달성을 위해 활발히 움직이는 조직은 긍정의 힘을 믿고 적극적으로 당면한 직무를 추진하여 성과를 이룰 확률이 매우 높다. 할 수 있다는 확신과 하게 만든다는 굳은 신념이 성공 열쇠를 가져다주기 때문이다.

특히, 사람이 사람을 움직여 원하는 바를 이루어야 하는 프랜차이즈는 더욱 그렇다. 내부 조직원의 확신에 찬 자신감은, 어떤 일이 무리라고 생각되더라도 효율적인 대책을 마련해 혼연일체가 되어 방안을 강구하고 실천하며 어려운 일도 수월히 풀어가게 만든다.

기업은 조직문화와 분위기가 이처럼 성과 창출에 큰 영향을 미친다는 점을 명심해야 한다. 라인조직과 스탭 부서는 유기적인 관계로, 서로 분리되어서는 목적 달성이 어렵다. 가맹사업을 추진함에서는 더욱 그렇기에 실시간 소통을 통해 업무 효율성과 생산성을 높일 수 있는 환경조성에 경영자는 총력을 다해야 한다.

사람이 중요하다는 것을 알면서도 자리가 차면 알아서 조직이 돌아갈 것이라고 안일한 생각을 갖는 순간, 현장의 소리와는 점점 멀어지게 되어 브랜드의 안착이 힘들어진다는 것을 경영자는 인식해야 한다. 가맹사업이 활발하게 전개되지 못하는 브랜드를 보면 공통적으로 내부 구성원의 사기가 저하되어 있고, 성취욕에 대한 열의가 없어 보인다. 외부 손님이 방문해도 반갑게 인사하는 직원이 드물고 친근감 있게 다가가지 않는 모습이 역력하게 나타난다.

어느 정도 사회생활을 한 사람이라면 기업체를 방문했을 때 처음으로 내방 고객을 맞이하는 직원의 태도만 보아도 기업의 현상을 간파할 수 있다. 이처럼 사소해 보이는 작은 일도 기업문화의 중요한 지표가 된다. 위대한 지도자는 작은 것을 토대로 큰일을 도모하며, 이런 작은 부분도 절대로 소홀히 여기지 않는다.

가맹본부는 현장에서 발생하는 문제를 신속히 해결하여 가맹점의 만족도를 높여주어야 한다. 또한, 조직의 분위기를 밝고 신명 나게 일할 수 있도록 만들어 역동적인 조직으로 안착시켜야 한다. 내부 구성원 사이에 원활한 소통이 이루어질 때 현장 실행력이 증대될 수 있기 때문이다.

프랜차이즈는 사람이 사람을 움직이게 해야 성과를 창출할 수 있는 사업 형태이다. 자신도 하지 않으면서 상대방도 할 수 있게 만들지 못한다면 프랜차이즈 업종에서 오랜 기간 근무하기란 구조적으로 힘들다. 자신도 실행하지 않으면서 상대방도 할 수 있게 만들지 못한다면 프랜차이즈 조직에서 자연적으로 살아나기란 힘들다. 옛말에 "강한 자가 살아남는 게 아니라 살아남는 자가 강한 자"라는 말이 무색해질 정도로 버티기가 어려워진다. 바로 실행력과 설득력이 중요한 이유다.

가맹본부 내부 구성원의 표정이 마지못해 하루를 보내는 것 같은 인상을 주는 곳이 있다. 그 속을 들여다보면 가맹사업이 하향세를 보인다는 것을 알 수 있다. 사업을 추진하다 보면 어려운 상황을 직간접적으로 받게 되는데 이때 경쟁력이 있는 가맹본부는 위기를 기회로 여기고 슬기롭게 대처해 나간다. 이는 평소 살아 숨 쉬는 조직 문화의 영향이 크다고 할 수 있다. 프랜차이즈 조직은 역동적이어야 한다.

살아 숨 쉬는 조직은 에너지가 넘치는 조직이다. 항상 밝고 활기차며 신명 나게 주어진 일에 종사하는 구성원이 많다. 이들은 무언가를 이룰 수 있다는 믿음이 강한 편이다. 브랜드 경쟁력이 강해서 활력이 넘치는 것이 아니라 활력이 넘치기 때문에 브랜드 경쟁력이 있다고 보아야 한다. "즉시 한다, 반드시 한다, 될 때까지 한다"라는 말을 들어본 적이 있을 것이다. 이러한 말들은 실행력의 중요성을 강조하는 말인데, 그중에서도 '한다'에 더 큰 방점을 찍는다고 볼 수 있다. 이는 실행력의 중요성을 부각하는 문구다.

프랜차이즈는 모든 가맹점이 같은 시점을 실행했을 때 시너지가 나와 매출 증대로 이어지게 된다. 고객은 어느 매장을 방문해도 똑같은 만족을 느낄 수 있다는 선입견을 가지게 되는데 매장마다 상이한 운영으로 다른 맛과 서비스를 제공받게 된다면 재방 확률이 떨어질 수밖에 없다. 이는 브랜드 이미지를 실추시키고 성공적인 가맹사업을 추진하는 데 어려움을 초래할 수 있어 발생해서는 안 되는 사항이다.

가맹본부가 강력한 실행력을 가지고 있느냐가 관건이다. 프랜차이즈 조직이 항상 활력 넘치게 살아 움직여야 하는 이유가 여기에 있다.

실행력이 우수한 사람은 주어진 아이디어나 제안을 들었을 때 곧바로 해보겠다는 의지를 갖는다. 획기적인 아이디어라는 마음 자세를 먼저 갖고 빠르게 실천하겠다는 자세가 강하다고 보아야 한다. 머릿속에서만 맴돌기보다 실제로 부딪히며 실행하기를 좋아하는 경우 성취욕이 커서 결과물을 얻으려는 마음이 강하게 표출되게 되어있다. 긍정의 힘을 믿고 일단 해보려는 신념이 강하다고 할 수 있다.

이러한 능력을 지닌 임직원이 많은 가맹본부는 성공적인 가맹사업을 추진한다고 확언해도 두말할 나위가 없을 정도다. 프랜차이즈가 갖고 있는 고유의 본질이며 생리이기 때문이다. 실행력이 좋은 사람의 공통점이 어떤 사안에 대하여 빠르게 결정을 내린다는 것이다. 일을 추진하면서 발생할 수 있는 장애물을 해결하려는 능력이 상대적으로 좋다고 할 수 있다.

이처럼 자신이 스스로 할 수 있는 일에 대해 즉시 실천할 수 있는 습관을 지녀야 상대방도 실행하게 만드는 역량을 함께 갖게 되어있다. 가맹점이 가맹본부의 정책과 매뉴얼을 준수하도록 실행시켜야 하는 프랜차이즈 사업에서 실행력은 절대적으로 요구되는 중요한 요소다.

02
조직 슬림화

프랜차이즈 조직은 슬림화하게 이루어져야 한다. 상위 직책이 많을수록 옥상옥을 만들어 실행력이 약화 되는 결과를 초래하기 십상이다. 예를 들어, 팀장 위에 상무, 전무, 부사장 등의 상위 직책이 있어도 업무 효율성이 높지 않은 편이다. 물론 일반 기업에서는 다른 방식의 조직 구조가 필요하지만, 가맹사업은 임원 1명이 팀장을 총괄하여 직무지시를 하는 것이 실행력 강화에 도움이 된다. 직무 자체가 복잡함을 요구하지 않기 때문이다. 단순화, 표준화, 전문화를 표방하는 프랜차이즈는 조직 체계도 같은 맥락으로 구성되어야 한다.

가맹본부에서 펼치는 정책이 최대한 빠르게 가맹점에 전파되어 이해 시키고 설득하여 실행하게 만들 수 있을 때 브랜드가 경쟁력 있다고 말할 수 있다.

필수 인원을 스탭 부서에 배치하고 슈퍼바이저를 비롯한 라인부서는 오픈을 대비하여 약간의 여유 자원을 확보하고 운영하는 것이 효과적이다. 조직은 본의 아니게 이탈하게 되어 있어서 즉시 충원할 수 있는 가용자원이 현장의 직무를 수행하는 부서에서는 확보하고 있는 것이 좋다. 외식 분야 업종이 타 업종에 비해 이직 현상이 빈번하게 발생하는 편이기 때문이다.

프랜차이즈 조직은 경영자에게 보고하는 채널을 가급적 간소화하고 하의상달 문화를 형성해야 한다. 정책을 이행시킬 경우는 상의하달이 필요하나 현장의 소리를 놓치지 않도록 경영진이 직접 가맹점의 목소리를 듣기 위해서는 슈퍼바이저가 현장의 문제나 상황을 상사에게 보고할 수 있도록 열린 사내 분위기가 조성되어야 한다. 만약 슈퍼바이저가 문제를 보고하기 전에 질책을 받을 것 같은 조직문화가 형성되면 자연스럽게 입을 닫게 된다. 이것이 누적되면 브랜드 우호도는 점점 나락으로 빠져든다는 것을 중시해야 할 사항이다.

직장인은 이유 여하를 불문하고 상사에게 꾸지람을 들을 수 있는 내용은 보고를 꺼려하는 습성이 있다. 개인의 직무역량에 따라 현저하게

프랜차이즈 시작이 달라야 성공한다

상이한 결과를 보이는 것이 슈퍼바이저의 미션이다. 유능한 슈퍼바이저는 현장에서 프랜차이즈 시스템을 이해시키면 왜 실행해야 하고 하지 말아야 하는지를 명확하게 설명해 준다. 내용을 들어보고 상사에게 보고해야 할 사항이라고 판단되면 내부 검토 후 빠른 시일안에 피드백을 해주겠다고 약속하고 실천에 옮긴다.

이는 브랜드 만족도를 높이는 지름길이며, 조직을 슬림화하여 담당 팀장이 지속적인 교육을 실시해 직무역량을 높여주어야 가능한 일이다.

모든 조직이 비슷하겠지만, 특히 프랜차이즈 조직은 완전히 팀장체제로 직무가 움직일 수 있어야 현장에서 원활한 소통과 성과 창출이 수월해진다. 현장을 측면에서 지원해 주는 부서와 일선 현장에서 직접 가맹점과 소통하는 부서는 독립적으로 목적을 이룰 수 없다. 직무 자체가 서로 연관되어 움직이기 때문이다. 각 팀장이 실시간 교류를 통해 업무 효율성을 높일 수 있도록 논의하고 협의하여 합일점을 찾아 실행하는 업무 분위기가 조성될 때, 브랜드의 가맹사업이 성공할 확률이 매우 높다.

하지만 팀 간 협업이 안 되어 팀플레이가 작동하지 못하는 브랜드는 아이템과 시스템이 좋아도 가맹사업이 정체기를 맞게 될 수밖에 없다. 이는 프랜차이즈가 갖고 있는 어쩔 수 없는 속성이다. 가맹점을 설득할 수 있는 명분이 부족하게 되면 실행력이 약화되고, 브랜드를 안착시켜 가치를 상승시키는 데 제약이 따르게 된다.

따라서, 팀장에게 비전과 권한을 부여하고, 동시에 책임을 수반하게 하여 주인의식을 갖고 임무를 충실히 수행하게 만드는 조직체계를 구축하는 경영자는 메이저 프랜차이즈로 진입이 수월하다는 것이 이미 입증되었기에 가맹사업을 추진하거나 초기 단계에 접어든 경영자는 깊이 유념할 필요가 있다.

하나의 팀에 팀원이 많다고 해서 팀 성과와 정비례하지 않는다. 특별히 프랜차이즈 조직은 더욱 그러하다. 업무가 여러 직급체계를 거치면 단계를 지나면서 상사의 지침 내용이 왜곡되어 전달되는 사례가 의외로 많기 때문이다. 기업의 정책 이행은 지침을 내리는 자의 의중을 정확히 파악하여 현장에서 실행하는 조직까지 명확히 전해져야 한다. 그래야 현장에서 실행력 있게 목적을 달성할 수 있다.

슬림화하지 못한 조직체계에서는 강력한 실행력을 구사하기가 환경상 불리하다. 정책을 입안할 때도 실무자로부터 최종 결재자까지 여러 단계를 지나야 하며 시일이 오래 걸리고, 직속 상사의 의견을 무시할 수 없어서 입안 내용이 달라지는 경우가 발생할 수 있다. 의사결정자의 지침을 이행하거나 실무자가 기획한 내용이 최종 결재권자의 재가를 받기까지, 어느 쪽도 조직을 슬림화할수록 실행력 면에서 유리하다.

프랜차이즈는 지휘체계의 단순화가 현장 실행력을 높이는 데 최상이다.

대표 아래에 부사장이 있고 전무, 상무, 이사가 존재하는 가맹본부가 있다. 가맹점이 1,000호점 이상 운영되고 있다면 무방하다고 할 수 있다. 하지만 가맹점 수가 많지 않을 경우 대표, 임원, 팀장으로 이어지는 조직이 실행력을 증대시키는 데 매우 효과적이다. 프랜차이즈 조직은 완전히 팀장체제로 운영되는 것이 좋다. 대부분 기업이 성과 창출을

프랜차이즈 시작이 달라야 성공한다

위해 팀장의 중요성을 강조하고 있다. 프랜차이즈 조직에서 팀장의 역할은 활발한 가맹사업을 위해 절대적이다.

자동차가 4개의 바퀴가 제각기 역할을 수행해야 정상적으로 운행되는 것처럼 직무역량을 갖춘 팀장이 부서별로 완벽히 자리 잡고 있어야 성공적인 프랜차이즈를 만드는 것이 용이하다.

따라서 프랜차이즈 조직은 굳이 여러 단계를 거치는 의사결정 라인을 두기보다는, 지휘체계로 일사불란한 실행력이 요구하는 구조로 운영되어야 한다. 의사결정자와 현장에서 직접 실행하는 자와의 단계가 적을수록 실행력이 좋아지게 되어있다.

가맹사업을 희망하거나 현재 추진하고 있는 경영자는 내부 여건에 부합하게 강력한 실행력을 보일 수 있는 조직체계를 구성할 수 있어야 한다.

03
비전 및 보상 체계 확립

기업이 발전하려면 앞을 내다보는 전략과 내부 구성원의 일치단결되는 실행력이 있어야 한다. 뛰어난 전략가가 경영자를 받쳐줄 수 있는 몇 명 정도만 있어도 충분히 비전 달성에 어려움이 없지만, 구성원의 공동체 의식과 사기진작을 통한 열정이 뒷받침되지 못하면 아무리 훌륭한 전략과 정책도 무의미한 결과를 초래하기 쉽다.

구성원에게 기업의 비전제시를 통해 주어진 직무를 잘 해낼 수 있도록 만드는 것이 급선무인 이유다.

직장인은 본인이 몸담고 있는 회사에 비전이 없다고 판단되면 하루의 직무가 성과 위주보다는 단순반복적으로 해야 하는 일이라고 생각하고 직무를 수행하려는 심리가 작용하게 되어있다. 이는 가시적으로 보이지 않아도 기업 발전에 크나큰 저해 요인으로 작용하게 된다. 그만큼 경영자의 기업 비전제시는 성과 창출에서 차지하는 비중이 매우 크다.

기업에서 인정받는 사람의 공통점은 일머리가 있다는 사실이다. 신입사원이 단순히 주어진 일로만 생각하지 않고, 그 일이 왜 중요한지, 그 일을 통해 더 큰 일을 할 수 있는 기반을 마련된다는 것을 이해하고 열중할 때 임원으로 승진할 확률이 높은 것과 같은 이치다. 결국 자신의 앞날에 대한 비전을 본인 스스로 만들어 간다고 봐야 한다.

기업의 비전은 경영자가 수립하여 제시하는 것이 일반적이나 임직원이 기업 비전을 수립하는 것도 무시하지 못한다. 즉, 구성원이 비전을 달성하는 데 최고의 핵심 인재라는 의미다.

프랜차이즈는 어떤 사람이 근무하느냐에 따라 성공 여부가 달려있다고 해도 과언이 아니다. 사람이 사람의 마음을 움직여야 매뉴얼 준수를 통해 실적이 나오게 되는 구조라서 그렇다.

입사 선호도가 높은 기업을 보면 대다수가 구성원에 대한 보상 체계를 명확하게 수립하고 있다. 직무성과에 대한 적절한 보상은 더 큰 성과를 내게 만든다. 상호 경쟁체제를 도입하면 실적향상에 도움은 될 수 있지만 장기적인 대안이 될 수는 없다. 이는 결과에 대해 책임을 자신보다 주변 환경이나 여건 등 남의 탓으로 돌리는 경향이 생겨 오히려 사기를 하락시킬 수 있다. 완전 경쟁체제보다는 팀 성과에 대한 보상책이 기업의 성과 달성에 효과적이다.

조직은 팀에 의해 움직여 목표를 달성하는 것이 최상책이므로, 보상 체계는 필수이다. 당장에 지출되는 비용이 향후 더 많은 실적을 올려 기업의 이윤추구에 기여할 수 있기 때문이다.

프랜차이즈 업계에서는 신규 개설 직무를 담당하는 직원에 대한 성과급제도가 활성화되어 있는 편이다. 이는 가맹점 확산을 중시하는 경향이 크기 때문이다. 기존 가맹점의 만족도가 높아야 신규 오픈으로 이어질 확률이 높기에 슈퍼바이저도 객관적인 평가를 바탕으로 보상 체계를 수립할 필요가 있다.

슈퍼바이저가 신규 오픈에 중추적인 역할을 담당하고 있어서다. 프랜차이즈 사업을 추진하면서 영업 없이 성공적인 운영은 상상할 수 없다는 진리를 경영자는 항상 뇌리에 인지하고 있어야 한다.

기업 비전제시와 보상 체계 수립에 따른 실행은 기업을 경영하면서 필수적으로 수반되어야 할 미션이다. 이것을 실행하는 브랜드와 그렇지 못한 브랜드의 실적에 대한 갭은 상당한 차이를 보이게 되어있다. 성공적인 가맹사업을 전개하는 브랜드는 임직원에 대한 성과급을 다양한 방식으로 지급하고 있다. 예를 들어 신규 가맹점이 오픈하면 전 직원한테 일괄적으로 적은 금액일지라도 보상을 해준다든지 연말에 근무연수와 직급에 따른 상여금을 차등 지급하는 사례도 있다. 창립기념일이나 특별한 행사 시 구성원한테 혜택을 주는브랜드를 보면 내부 응집력이 강한 것을 엿볼 수 있다. 직장인은 직장생활 동안 보상을 많이 받는 게 최고의 희망이다. 가맹사업을 전개하는 경영자는 이 점을 유의하여야 한다. 타업종에 비해 이직률이 높은 외식 프랜차이즈를 경영하는 경영자는 더욱 그렇다.

기업의 비전은 구성원의 실행력을 증강 시키게 만드는 힘을 가지고 있다. 사기가 진작되고 이루려는 목표가 설정되기에 달성하기까지 과정에서 희열과 성취감을 느끼게 만든다.

기업은 성과에 대한 보상 체계 시스템으로 완비되어 있을 때 더욱 성장하게 한다. 즉 비전제시와 보상은 경영자의 책무라고 볼 수 있다. 프랜차이즈가 타업종보다 이직률이 높은 것이 비전과 보상에서 야기되는 경우도 무시 못 한다. 사실상 샐러리맨이 주인의식을 갖고 평생직장으로 여기고 한곳에 끝까지 근무한다는 것이 정말 쉽지 않다. 본인이 오랜 기간 일하고 싶어도 브랜드가 쇠퇴기에 접어들면 본의 아니게 게 이직할 수밖에 없는 상황을 맞이하게 된다.

브랜드 이미지를 고객에게 좋게 널리 알리면서 안정적으로 가맹사업을 추진하면서 유능한 구성원과 오랫동안 함께 할 수 있도록 환경을 조성시키는 것은 순전히 경영자의 몫이다. 비전은 구성원이 만드는 것이라는 말도 있으나 경영자의 경영철학과 기업문화의 영향이 크게 영향을 미친다고 할 수 있다.

04

설득을 통한 실행

프랜차이즈 성공 열쇠는 실행력에 달렸다고 해도 지나친 말이 아니다. 실행은 자신이 스스로 실행해야 할 일이 있고 상대방을 실행하게 만들어야 하는 일이 있다. 남을 실행하게 만들려면 설득력을 갖추어야 가능하다. 상대를 이해시키고 실천하게 만들기 위해서는 우선 주어진 직무에 대한 충분한 역량이 있어야 한다. 프랜차이즈는 아무리 좋은 정책과 브랜드 홍보 및 마케팅을 전개하여도 현장에서 실천하지 않으면 무용지물이다. 결국 실행력에서 목적을 달성하느냐가 결정된다고 보면 된다.

하지만 현실은 다양한 가맹점주의 개인적인 성향과 사물을 보는 시각이 각자 다르기에 일사불란하게 가맹본부에서 규정한 매뉴얼과 정책을 이행시키기가 만만치 않다. 내부 조직이 생동감과 활력이 넘쳐서 무엇이든지 할 수 있다는 굳은 확신과 믿음을 갖추고 있을 때 본인은 물론 상대방을 움직이게 만들 수 있다. 성공적인 가맹사업을 위해서 가맹본부 임직원이 활기차게 당당히 주어진 직무를 실행할 수 있는 기업문화 형성을 할 수 있도록 경영자의 깊은 배려와 경영철학이 요구된다고 할 수 있다.

필자가 프랜차이즈 입문을 위해 국내 최고의 프랜차이즈 경영자로부터 인터뷰 중 슈퍼바이저가 갖추고 있어야 하는 첫 번째 능력이 무엇이

냐고 질문을 받은 기억이 난다. 슈퍼바이저는 상대를 설득할 수 있는 역량을 갖추고 있어야 한다는 답을 들은 것이 아직도 뇌리에 생생하다. 프랜차이즈 업종에 종사하는 동안 남을 이해시킬 수 있는 설득력이 있어야만 상대를 실행하게 만들 수 있다는 것을 뼈저리게 절감하였다. 인생을 살면서 누군가를 설득한다는 것이 결코 쉬운 일이 아니다. 사람들은 자기 위주로 해석하고 행동하려는 습성이 강하기 때문이다.

프랜차이즈는 타업종에 비해 설득력이 차지하는 비중이 말로 표현할 수 없을 정도로 크다. 다양한 개성을 지닌 가맹점을 가맹본부가 수립한 정책을 모두 이행하게 만들어야 브랜드 경쟁력을 갖출 수 있기에 구성원은 상대를 설득 할 수 있는 역량이 요구된다고 할 수 있다. 특별히 슈퍼바이저의 설득력은 직무완수를 위한 핵심 요인이다.

누군가를 설득해서 실행시키게 할 확률을 높이기 위해서는 평소에 설득 대상자와 좋은 관계를 형성하고 있어야 한다. 그래야 마음의 문을 열고 상대방의 말을 경청하고 싶은 마음이 더 생기기 때문이다. 사람은 자기 프레임에 갇혀서 상대가 말을 할 때 20% 이내로 귀담아듣고 나머지 80%는 그냥 흘려버린다는 말이 있다. 그만큼 자기 위주로 해석하고 누군가에 의해 쉽게 설득되지 않는다는 것을 의미한다.

프랜차이즈는 하나부터 열까지 모든 것을 가맹본부가 가맹점을 통해서 매출을 일으켜서 수익을 내게 하는 사업구조이다. 설득력이 중요한 이유다. 그래야 현장 실행력이 높아지기 때문이다.

가맹사업의 성공 여부는 실행력에 달렸다고 보아도 지나치지 않다.

어떤 사안과 정책에 대해 정해진 시일 안에 전원이 참여할 수 있어야 실행력이 좋다고 말할 수 있다. 같이 시작해서 같이 끝날 수 있게 만들어야 한다. 산발적이거나 부분적으로 실행하는 것은 실행력이 있다고 할수 없다. 실행은 대상자 모두가 동시에 실천하는 것을 뜻한다.

가맹본부에서 정책을 추진할 시 실행력이 강한 브랜드는 일사천리로 최대한 이른 시일 안에 여러 소통 채널을 활용하여 가맹점에 전달하여 실천하게 만드는 반면 실행력이 약한 브랜드는 여러 이유를 들어 현장에 전달하는 시일이 오래 걸리고 전체 가맹점에 이런저런 핑계를 들어 전달하지 못한다. 설령 전달한 가맹점이 정책을 펼치는 이유에 이해 못해서 현장 참여도가 적게 만드는 경우를 볼 수 있다. 설득과 실행은 이처럼 정비례한다.

프랜차이즈 사업에 뗄 수 없는 불가분의 관계다. 임직원의 설득과 실행력에 대한 역량 배양에 경영자가 총력을 기울여야 하는 이유다. 실행력을 배가시키려면 가맹점을 직접 관리하는 운영팀 조직이 생동감이 넘쳐야 한다. 생동감이 넘치는 현장 전사들로 똘똘 뭉쳐져서 어떤 과제가주어 지면 즉시 행동에 옮겨서 관철시키려는 마음 자세를 가질 수 있도록 훈련되어야 한다. 매뉴얼 준수와 통일성을 유지하는 원동력이 실행력이기 때문이다. 평소 교육 훈련을 통해 직무 능력을 배양할 수 있어야한다.

남이 나의 편에 서게 하여 나의 뜻을 따르게 만드는 능력을 설득력이라 하고 내가 생각한 바를 실천하는 것을 실행력이라 지칭한다. 인생을 살면서 무언가를 이루기 위해서는 설득력과 실행력은 언제 어디서나 늘 우리 곁에서 중요한 요인으로 자리 잡고 있다. 두 가지 요소를 충족시킬 수 있는 역량을 갖고 있느냐에 따라서 성공 가도를 달릴 수 있는 척도가 된다고 표현해도 어색하지 않을 정도이다.

상대를 움직이게 만들어야 무언가를 이룰 수 있는 프랜차이즈 사업에서는 설득력과 실행력은 더욱더 없어서는 안 될 핵심적인 요인이다. 각양각색의 특성으로 가맹점을 하나로 뭉치게 만들려면 상대방을 설득시켜 실천하게 만들어야 가능하다. 가맹사업을 하다 보면 사안에 따라서 때로는 강하게 추진해야 할 경우도 있는데 예전과 달리 가맹본부에서 일방적으로 실행하기가 현실적으로 어려운 환경이다. 정책이 변경되거나 무언가를 현장에서 전 가맹점을 대상으로 실행할 때 가맹점마다 동의서를 받고 동의한 매장에만 시행하는 일이 많다.

가맹본부에서 가맹점설득을 잘해서 실행하게 만들 수 있어야 한다. 이는 브랜드 경쟁력으로 직결되기에 설득력과 실행력은 가맹본부 임직원이 지녀야 할 핵심역량이다.

05
협업을 통한 시너지 창출

조직은 팀으로 움직여야 원하는 목적 달성이 수월하게 되어있다. 특정 개인의 능력으로만 무언가를 이루기는 오랜 시일과 여러 장애요인이 앞을 가리고 있다. 물론 조직에서 유능한 인재는 절대적으로 필요하다.

이런 재능이 팀플레이로 이어져서 부서와의 협업을 통해 신속하게 최고의 실적을 낼 수 있도록 합심하여 시너지를 극대화할 수 있어야 한다. 조직이라는 구조는 혼자서는 목표 달성이 용이지 않도록 형성되어있다. 각자의 주어진 직무를 완성하여 하나로 뭉쳐질 때 과업을 완수하기가 수월하다.

기업에 신입사원이 입사해서 팀과 얼마나 잘 융화하여 조직에 활력소를 넣는가에 많은 점수를 주는 이유도 여기에 있다고 할 수 있다. 팀을 개인보다 우리라는 사고로 공동체 정신을 바탕으로 직무를 수행하는 조직이 성과를 올리는 것을 볼 수 있는 것처럼 협업은 업무성과의 핵심적인 중요한 요소다.

가맹본부 대표적인 라인조직은 영업과 교육, 그리고 운영으로 구성된다. 라인조직을 지원해주는 스텝 부서는 일반 기업 조직과 유사하게 형성되어있다. 라인조직에 속한 구성원이 직접적으로 가맹점과 소통하는 부서이다.

영업, 교육, 운영은 함께 하나로 연속해서 이루어지는 형태이다. 영업에서 신규창업자와 계약 체결해서 교육팀에 직무를 이관하면 가맹점 오픈전 교육을 실시하여 매장을 오픈해 운영하는 데 차질 없게 도움을 준다. 이후 운영에서 매출 증대로 인한 수익 창출할 수 있도록 가맹점을 관리하고 지도해 준다. 프랜차이즈는 이처럼 동일한 가맹점을 대상으로 라인조직이 함께 협업을 통해 지속적으로 교육과 지도를 해주어야 완전체가 될 수 있는 사업시스템이다. 팀플레이와 부서 간 협업이 활발하게 이루어져야 시너지를 낼 수 있게 형성된 구조라는 것을 경영자는 인식하고 팀플레이를 할 수 있는 조직문화를 만들 수 있어야 한다.

함께 일한다는 의미의 시너지는 각자 다른 성질의 대상이 함께하여 더 큰 것을 만들어낸다는 뜻으로 사용되고 있다. 성공한 리더 곁에는 대부분 유능한 책사가 존재한다는 맥락과 같다.

프랜차이즈 사업은 가맹본부와 가맹점이 각자의 본분을 다했을 때 서로 상생을 이룰 수가 있다. 특수한 사업구조로 형성되어 있어서 더욱 그렇다고 볼 수 있다. 가맹본부 내부 구성원의 협업도 중요하지만 가맹본부와 가맹점의 협업은 말로 표현할 수 없을 정도로 중차대하다. 어느 하나를 따로 분리해서는 아무것도 이룰 수 없기 때문이다.

역할과 책무를 가맹본부와 가맹점이 다할 때 함께 바라는 바를 얻을 수 있는 사업 형태다. 서로 협업이 잘 이루어지면 기대 이상의 효과를 볼 수 있는 것이 프랜차이즈다.

여기서 주의할 부분은 전 가맹점이 가맹본부와 협업을 할 수 있게 만들어야 한다는 것이다. 이것이 가맹본부가 가진 당면 과제이고 프랜차이즈가 존속하는 한 해결해야 할 숙제이다. 가치관과 인생관이 다른 여러 가맹점과 협업을 이룬다는 것이 말처럼 쉽지 않기 때문이다. 이것을 극복할 수 있는 브랜드가 경쟁력을 갖춘 브랜드다. 가맹본부와 가맹점이 함께하는 공동체 의식을 갖고 주어진 역할을 협업을 통해 실행하느냐에 따라서 메이저 프랜차이즈와 마이너 프랜차이즈로 극명하게 갈라지게 만드는 시발점이 된다는 것을 가맹본부는 인지하고 일차적으로 구성원 간의 협업을 이루고 나아가 전체 가맹점과 상생을 할 수 있도록 협업을 통한 시너지 창출에 심혈을 기울일 수 있어야 한다.

조직에서 자신에게 주어진 역할은 잘 해내는데 남과 함께 하는 일에는 기대만큼 성과를 내는 데 도움을 주지 못하는 구성원이 있다. 오로지 스스로 혼자만 무언가를 이루어 내는 유형이다. 조직에서 때로는 필요한 자원이나 전체를 보고 길게 보면 굳이 존재 이유를 찾기 힘들게 된다.

기업은 함께해야 성과를 낼 수 있도록 형성되어 있는 조직체이기 때문이다. 팀플레이와 부서 간 협업 없이 효율성과 생산성을 추구한다는 생각을 가진다는 자체가 모순이다.

기업은 나 혼자서는 어떤 것도 결론을 내릴 수 없으며 현장에서 실천할 수 없기 때문이다. '함께 해야 멀리 간다'는 격언도 이와 같은 맥락이라고 볼 수 있다.

프랜차이즈는 가맹본부와 가맹점이 함께 팀으로 구성된 조직 형태이다. 어느 한쪽의 힘으로는 제 기량을 발휘하기가 물리적으로 어렵다. 수익을 창출하기 힘들다는 말과 같다. 같이 늘 맞물려서 돌아가야 하는 밀접한 관계를 맺고 있다. 결국 공동의 운명을 지녔다고 보아야 한다.

이러한 특수 형태의 조직이기에 함께 해야 원하는 바를 기대 이상으로 낼 수 있게 된다. 둘이 하나가 되면 상상 이상의 시너지를 창출하게 되는 것이 프랜차이즈가 갖는 특질이라 할 수 있다.

가맹본부의 운영팀 중 유독 팀플레이를 잘해서 담당하고 있는 가맹점 매출도 좋으면서 정책 이행과 통일성 유지를 잘 해내는 팀이 있다. 팀장의 역량이 우수하고 팀원들 간에도 선배와 후배가 소통이 원활하고 사안이 발생 시 같이 공유하고 해결하는 직무 습관의 영향이라고 할 수 있다. 팀플레이를 잘하고 서로 문제의식을 지니면 해결책을 강구하면 시간과 비용을 절약하면서 강력한 실행력을 보이게 된다.

현장은 항시 문제가 발생할 수밖에 없다. 여러 유형의 해결 해야 할 사항이 늘 존재한다. 이것을 빠르게 조치해서 가맹점이 매장을 문제없이 운영할 수 있게 하려고 임직원이 존재하는 것이다. 가맹본부와 가맹점 사이에 발생하는 일들을 혼자 풀어나가기가 쉽지 않다. 타 부서와 협업을 해야 대안을 마련할 수 있기 때문이다.

또한 현장에서 문제가 있을 때 팀 내에서 논의를 거쳐 타 팀과 협업을 통한 최적의 해결책을 강구 하여 실행안을 만들어서 강력하게 실천할 수 있을 때 경쟁력이 있는 브랜드가 될 수 있다는 점을 경영자는 중시해야 한다.

06
보고 문화 정착

직장생활은 보고로 시작해서 보고로 끝난다는 말처럼 보고의 생활화는 직무성과의 초석이 된다. 보고를 잘하는 구성원은 직무 능력이 우수한 자원이다. 주어진 업무처리에 대한 확신이 없으면 상사에게 보고하는 것을 꺼리게 되어있다.

반면에 상사로부터 받은 지시에 대한 일의 처리 과정과 결과에 대한 보고를 수시로 할 수 있는 구성원이 직무성과를 잘 내는 것을 알 수 있다.

프랜차이즈 시작이 달라야 성공한다

경영자는 임직원의 현장 상황에 대한 보고를 액면 그대로 믿는 편이다. 사실적인 보고 체계가 잘 이루어진 조직은 정책을 수립하여 현장에서 실행하여 결과를 만들기까지 시행착오를 최소화할 수 있다.

보고는 결론을 먼저 말하는 습성을 지녀야 한다. 상사는 직책에서 오는 업무 강도로 인해 부하직원의 보고를 끝까지 듣지 않고 중간에 말을 가로채는 성향이 크기 때문이다. 일의 처리 결과를 우선적으로 보고하고 그다음에 진행상의 과정을 설명하는 것이 효율적인 보고 방식이라 할 수 있다.

오늘은 보고할 것이 없는 것이 보고라고 할 정도로 직장생활에서 보고는 생산성 향상에 큰 비중을 차지한다. 상사는 부하직원이 직무상 발생하고 있는 일에 대해 정확하게 보고할 경우 믿음이 앞서게 되어있다. 일의 결과를 떠나서 왠지 직무를 기대에 어긋나지 않게 완수할 거라는 신뢰를 하게 된다. 모든 일은 현장에 문제가 있고 해법도 현장에 있다. 가맹본부와 가맹점을 분리해서는 설명을 할 수 없는 프랜차이즈는 매사 현장 중심으로 이루어지고 있는 사업 형태라 할 수 있다.

현장에서 일어나고 있는 일들을 슈퍼바이저가 보고를 제대로 하지 않고 혼자서 먹어버린다면 성공적인 가맹사업은 기대할 수 없다. 보고가 잘 이루어져야 가맹점 만족도를 높일 수 있는 정책과 소통강화에 힘을 쏟을 수 있어서 가맹본부는 보고 체계 및 보고의 중요성에 대해 교육을 강화해야 한다. 보고가 없으면 상사는 현 상황이 문제없이 잘 돌아가고 있다고 생각한다. 또한 보고자의 안일한 오판이 언젠가 더 큰 문제로 야기되어 문제해결에 어려움을 겪게 되는 것이 일반적인 현상이다. 경쟁력이 강한 조직일수록 직무 보고가 신속하고 정확하게 이루어지고 있다는 사실을 경영자는 인식하고 보고가 생활화할 수 있도록 조직문화를 만들어야 한다.

보고는 중간보고를 소홀해서는 안 된다. 상사가 업무지시를 하였을 때 지시한 내용을 일차적으로 명확하게 이해하고 있는 것이 중요하다. 내용 파악이 잘 안되면 반드시 재차 지시 내용에 대해 반문하여 명확하게 요지를 간파할 수 있어야 한다. 일머리가 있고 없고가 여기서 구분된다. 추진하고자 하는 의도를 알아차리고 이에 접근하는 것과 아닌 것은 결과물에서 극명하게 차이를 보이게 되어있다.

일을 진행하다 보면 예기치 않은 환경과 상황이 발생하는 경우가 많다. 일의 진척 과정에 대한 중간보고를 통해 효율성을 제고할 수 있도록 방향성을 재정립하는 것은 주어진 직무를 완수하는데 필수 불가결한 요소다.

보고는 결론부터 말하고 진행되는 과정을 설명하는 것이 좋다. 특히 당일 활동을 마치고 하는 보고는 어디를 방문하고 왔다는 내용에 그치지 말고 그곳에서 있었던 일과 처리 결과에 대한 것들을 간략히 정리해서 보고하는 습성을 갖는 것이 중요하다. 맡겨진 직무를 잘 완수해내는 구성원은 보고하는 습관을 생활화하고 있다.

프랜차이즈는 가족이나 다름없는 가맹점과의 소통 체계가 시스템적으로 원활하게 실시간 이루어질 수 있어야 현장의 소리를 파악하여 상

프랜차이즈 시작이 달라야 성공한다

생할 수 있는 전략을 수립하여 실행할 때 성과 창출이 용이하다. 가맹본부와 가맹점이 혼연일체가 되어 고객에게 최고의 맛과 서비스를 한결같이 제공할 수 있을 때 서로 원하는 바를 이룰 수 있는 구조다. 현장에서 발생하고 있는 일들이 사장되지 않고 사실적인 보고가 활발하게 이루어지는 브랜드가 신규가맹점 확산은 물론이고 메이저로 진입하는 발판을 마련하게 되어있다.

프랜차이즈는 일반 기업의 조직 구조하고는 다른 양상을 띠고 있다. 가맹본부 단독으로 실천하여서는 가맹점의 반발을 일으키게 하여 소기의 목적 달성이 어렵다. 가맹본부와 가맹점이 늘 함께 소통하고 이해해서 현장에서 강력한 실행력을 발휘할 수 있는 분위기를 조성시켜 놓는 것이 중요하다.

담당자가 상사에게 직무에 대한 보고가 제대로 이루어지지 않으면 경영자가 효율적이고 생산적이며 합리적인 정책 수립이 어렵고 올바른 의사결정을 할 수 없다. 성과 창출에서 놓치지 않는 신속하고 정확한 직무 보고는 중추적인 핵심 요소이다.

조직에서는 보고가 실시간 이루어져야 실행력이 강화될 수 있다. 보고 없이는 무슨 일이 일어나고 있고 향후 어떤 정책을 수립하여 펼쳐야 하는지를 정확하게 진단하기 어렵다.

보고는 습관이다. 직무역량이 우수한 인력은 보고를 생활화하고 있다. 상사는 보고를 잘하는 구성원에게 왠지 직무에 대한 신뢰가 가게 되어있다. 외근 활동 시 어디를 간다는 것도 보고의 중요한 부분이다. 별거 아니라고 소홀하게 여기고 놓치는 직원이 있는데 지양해야 할 사항이다.

보고의 습관은 작은 것부터 생활화할 수 있어야 한다. 이것이 밑거름이 되어 중요한 사항에도 놓치지 않게 되어서다. 가맹사업은 경영자와 임직원의 실행 능력에 따라 성공 여부가 달려 있다고 단언해도 결코 과한 말이 아닐 정도다. 보고가 스피드하게 이루어져야 현장 실행으로 연관이 된다는 점을 프랜차이즈업 종사자는 마음속에 깊이 간직하고 실천할 수 있어야 한다.

FRANCHISE

가맹점,
최고의
마케팅 자산

01

브랜드 안착 핵심 요인

고객에게 좋은 이미지의 브랜드로 자리 잡기 위해서는 제반 부문이 조화를 이루어 하나의 완성체로 확립되어야 한다. 브랜드만이 갖는 고유의 색상이 아이템 특성과 어우러질 수 있도록 상징성을 지닐 수 있어야 한다. 시중에 나와 있는 브랜드를 보면 아이템에 부합한 색상으로 간판을 부착하는 것을 볼 수 있다.

노란색이나 빨강색 등 메뉴의 성질에 따른 고객 식감을 불러오도록 색상에 심혈을 기울인다. 내부 및 외부 인테리어도 어떤 색상이 안락함과 편안함을 주어 매출과 직결될 수 있는지 정성을 다하고 있다.

이처럼 프랜차이즈 사업에서 색상이 가져다주는 영향은 지대하다. 매장 분위기가 확 달라지게 만드는 직접적인 요인은 색상이라고 강조해도 틀린 말이 아닐 정도다.

프랜차이즈는 어느 매장이나 항상 같다는 인식을 고객이 갖고 있다. 이를 극복하지 못하는 브랜드는 프랜차이즈로서 가치가 소멸하게 된다. 프랜차이즈 생리가 그렇기 때문이다. 브랜드 속성을 잘 알릴 수 있는 동일한 색상은 고객에게 강한 임팩트를 주기에 충분하다. 간혹 업종전환을 통한 신규매장 오픈 시 전체 공사한 매장과 달리 비용 문제로 인해 최대한 살릴 수 있는 것을 살린 상태에서 완성한 매장을 보면 왠지 다른 매장 분위기를 느낄 수 있다. 색상의 통일성이 중요함을 일깨워주는 대목이다.

판매가격이 고객이 경험한 것에 비해 저렴하다고 느낄 수 있어야 브랜드가 안착하기 수월하다. 가성비가 좋다는 인식이 고객의 뇌리에 깊게 스며들고 있을 때 고객으로부터 관심을 받기 쉽다. 아무리 맛이 좋아도 가격이 부담 가면 많은 고객층을 확보하기가 쉽지 않게 된다. 재방문이 만만치 않게 된다. 단골고객 확보가 힘들다는 말과 일맥상통한다. 판매가격은 한번 정해지면 내리기가 어렵다. 사람의 심리가 하락한 가격의 제품은 어딘가 모르게 기존제품과 상이할 것이라는 생각을 지니게되고 양이 줄어들었다는 느낌을 가질 확률이 높으므로 심사숙고해서 가격을 정하고 올릴 수 있어야 한다.

가격 경쟁력을 갖게 만드는 것도 중요한 마케팅의 일환이다. 매출을 증대하기 위해 다양한 마케팅을 전개하게 되는데 매출을 유지 시키는 것도 마케팅을 추진하는 이유에 속한다. 원재료 상승으로 인해 부득이하게 가격을 인상 시켜야 할 상황에서 가맹본부의 시장여건에 적합하지못한 가격결정으로 매출이 감소하게 되는 경우가 있다.

공격적인 마케팅을 추진해도 판매가격이 현실성이 없으면 효과를 보기 힘들다고 할 수 있다. 가격전략은 가맹사업을 안정화시키는데 중요한 요인으로 작용하므로 경영자는 현장의 소리를 참고하여 합리적으로 책정할 수 있어야 한다.

고객 욕구를 충족시켜 줄 수 있는 메뉴를 주메뉴로 구성하고 사이드 메뉴를 추가하여 상호 시너지가 나올 수 있도록 메뉴 전략을 수립하여 실행해야 브랜드가 안정적으로 자리 잡는다.

메뉴는 프랜차이즈 사업에서 중차대한 핵심 요소다. 아이템에 따른 메뉴 구성 전략을 효율적으로 수립하여 출시해야 가맹점 수익 창출과 신규매장 확산을 활발하게 추진할 수 있다. 우수한 메뉴개발자를 확보하고 있는 경영자는 가맹사업을 성공적으로 이끌고 가는데 엄청난 플러스 요인을 지니고 있다고 보아야 한다. 메뉴개발자를 특별대우해주면서도 영입하는 이유가 여기에 있는 것이다.

메뉴는 고객의 기호에 맞추기가 수월치 않으나 일반적으로 대중들이 선호하는 맛은 유사한 편이다. 특출난 맛을 내는 메뉴가 의외로 호평을 받지 못하는 경우가 있는데 이런 연유 때문이다. 특정 계층을 구분하지 않으면서 모두를 섭렵할 수 있는 메뉴를 개발하여 현장에서 자리 잡게 만드는 것이 성공적인 가맹사업으로 가는 쉽고 빠른 방법이다.

프랜차이즈는 가맹본부와 가맹점이 서로 도움을 주면서 함께 잘살아 가는 구조다. 상생을 기본 원칙으로 삼고 움직이는 특수한 조직 형태다. 상생 없이는 가맹사업의 성공을 꿈조차 꾸어서는 안 된다. 한쪽의 일방적인 충족은 절대로 오래갈 수가 없다. 일시적으로 어느 정도까지는 잘나가다가 하락세를 보이는 브랜드 대다수가 이 부분을 간과해서 발생하게 된다. 지속해서 같이 가야 상호 원원할 수 있다는 굳은 신념을 갖고 가맹사업을 영위하는 브랜드는 영속성이 있다.

반면 반대의 경우는 잠시 잘된다는 느낌을 받을 수 있으나 머지않아 쇠퇴기로 접어들게 된다는 점을 경영자는 뼛속 깊이 새기고 가맹사업을 추진해야 한다.

가맹사업에서 상생은 사업을 멈추는 날까지 늘 가까이 곁에 두고 다니는 그림자로 여기고 실천해야 한다. 상생한다는 신념을 갖고 실행하면 브랜드 조기 정착과 가맹점과의 갈등과 분쟁 발생 소지를 사전 예방할 수 있다. 상생이란 단어가 얼마나 가맹사업에서 중요한 영향을 미치는지 알 수 있다. 가맹점이 살아야 가맹본부가 산다고 대다수 브랜드가 주장하고 있는 이유다.

기업이 성장하려면 분야마다 전문적인 지식을 가진 인력이 존재하고 있어야 한다. 경영자가 투명하게 정도경영을 할 때 1차 고객인 내부 구성원이 충성심으로 주어진 직무를 완성할 확률이 높다.

또한 구성원이 무언가를 새롭게 진취적으로 도전하여 성취감을 맛볼 수 있어야 기업의 비전 달성이 수월하게 된다. 구성원이 신명 나게 직무를 완수할 수 있도록 내부 분위기를 경영자가 조성시켜 주는 것도 중요하다.

프랜차이즈 사업에서는 이와 같은 요인들이 더욱 직간접적으로 영향을 준다. 프랜차이즈는 가맹점이 실행해주어야 무언가를 이룰 수 있기에 기업을 이끄는 경영자와 임직원의 역량은 몇 배로 요구된다.

프랜차이즈 브랜드가 오랜 기간 고객에게 관심받고 사랑받기 위해서는 무엇을 갖추고 있어야 하며 어떻게 정책을 수립하여 실천하고 어느 시스템을 완비하며 메뉴 구성과 가격전략을 차별화시킬 수 있는 역량이 절대적으로 필요하다.

프랜차이즈 시작이 달라야 성공한다

02
가맹점 만족도와 충성도 제고

프랜차이즈 사업이 활발하게 전개되어 브랜드가 널리 좋게 고객에게 인지되게 만들기 위해서는 일차적으로 가맹점의 가맹본부에 대한 만족도가 높아야 한다. 가맹본부에 대한 만족도는 브랜드에 대한 만족도와 직결된다.

가맹점은 매장이 고객으로 붐비는 시간이 많고 가맹본부와 소통이 원활하며 현장 불만 사항을 신속하게 합리적으로 처리해 줄 때 브랜드에 대한 만족도가 좋아진다.

프랜차이즈가 본연의 기능을 다하기 위해서는 우선 가맹점이 많이 탄생하여 많은 곳에서 운영할 수 있어야 한다. 마케팅과 홍보를 공격적이고 적극적으로 하는 이유도 결국은 가맹점 확산에 있다고 볼 수 있다. 가맹점이 많지 않으면 아무리 적극적인 마케팅과 홍보를 해도 고객이 혜택을 볼 수 없는 것은 물론이고 가맹본부도 효율성과 생산성에서 투자 대비 수익이 나지 않게 될 수밖에 없다.

일부 브랜드는 직영점을 중시하고 직영 위주로 프랜차이즈 사업을 하는 브랜드가 있는데 이러한 부분에서 어느 시점에 한계에 봉착하게 되는 경우가 많다는 점을 인식할 필요성이 있다.

가맹점을 확산하는 최고의 좋은 비책은 기존 가맹점 매출이 좋아 가맹점주가 원하는 수익이 발생하여 브랜드에 대한 충성도가 높아서 입에서 입으로 주변에 전파 시켜 예비 창업자 발굴에 1등 창업공신이 될 수 있도록 분위기를 조성시키는 것이다.

가맹점 만족도와 충성도는 비례한다고 보면 된다. 즉 가맹점 만족도를 높게 만드는데 슈퍼바이저의 역할이 절대적이다. 슈퍼바이저는 담당 가맹점을 맨투맨으로 지도하고 관리하며 소통하는 임무를 수행하고 있어서다. 슈퍼바이저가 곧 브랜드라고 단정해도 과한 표현이 아니다.

가맹사업을 시작하는 대부분 브랜드는 수익모델 매장을 완성하고 가맹점 모집하게 되는데 이 부분에서 완벽하게 사계절 동안 매출과 수익성을 검증하고 가맹사업을 전개한다고 가정할 경우 적용되는 말이라고 할 수 있다. 모델 매장으로서 객관적으로 검증이 안 되었을 시는 성공적인 가맹사업은 기대하면 안 된다. 브랜드 마케팅과 홍보가 무용지물이기 때문이다.

따라서 프랜차이즈 사업을 준비하는 예비 창업자는 앞서 강조한 부분을 숙지하고 준수하면서 역할과 책무를 다할 때 비로써 가맹점 만족도와 충성도를 높일 수 있다는 점을 유념해야 한다.

근래의 프랜차이즈는 적극적인 마케팅이 없이는 매출 증대와 신규매장 확산이 어려운 것이 현실이다. 필자가 경험한 브랜드처럼 아주 특별한 브랜드를 제외하고는 대다수 브랜드가 매출 증대와 신규 창업 확산에 마케팅정책을 공격적으로 활발하게 추진할 수 있어야 기대하는 성과를 낼 수 있는 환경을 조성할 수 있다.

마케팅을 담당하는 인력은 현장을 너무 알아도 안 되고 몰라도 안된다는 말이 있다. 가맹점 여건과 사정을 잘 알고 있으면 가맹점 입장에서 현상을 보려는 시각이 앞서게 되고 모르게 되면 가맹본부 입장에서 마케팅 추진안을 수립하려는 의도가 크게 작용할 우려가 제기될 수 있다는 뜻이다. 프랜차이즈 마케팅정책은 가맹본부와 가맹점의 입장을 동시에 충족시킬 수 있는 최적 안을 수립해서 실행해야 한다.

마케팅팀에서 운영팀의 견해를 듣고 프로모션을 기획할 때 효과적인 측면도 있으나 기대하는 성과를 내는 데 도움을 주지 못하게 되는 경우가 있다. 브랜드 속성과 현장 여건을 참조하여 합리적인 마케팅 전략을 실천할 수 있어야 한다.

필자가 가맹본부 여러 곳을 자문해 주면서 경험한 바에 의하면 경영자의 경영관에 따라 브랜드마다 매출 차이를 보이는 부분이 마케팅정책이었다. 마케팅에 과감히 투자해야 매출과 창업이 증대된다는 확신을 하는 경영자가 있는 반면에 별 효과가 없다고 판단하여 소극적으로 대처하는 경영자로 극명하게 나뉘어 있는 것을 볼 수 있었다. 순전히 경영자의 몫이라 할 수 있으나 적극적인 마케팅은 활발한 가맹사업 전개에 필수적이라는 사실은 분명하다.

가맹사업 초기에 브랜드를 믿고 오픈 한 가맹점의 가맹본부에 대한 만족도가 향후 활발한 가맹점 확산을 위해 매우 중요하다. 초창기에 운영 중인 가맹점이 브랜드를 잘 선택했다고 확신이 들 수 있도록 가맹본부에서 지도와 교육을 늘 아끼지 않는 것이 무엇보다도 중요하다.

'세 살 버릇이 여든까지 간다'라는 말처럼 가맹사업 초기의 가맹점 입김이 브랜드 이미지 제고에 막대한 영향을 미친다는 사실을 경영자는 중시해야 한다. 반대로 가맹점 관리 소홀로 인해 브랜드에 대한 부정적인 생각을 하게 하면 후유증이 타 가맹점까지 전파되어 후유증이 오래가게 되므로 각별하게 유념해야 한다. 프랜차이즈는 사람에 의해서 사람의 마음을 움직이게 하여 실천하게 만드는 특수한 조직 형태라 할 수 있다. 상대방으로부터 공감과 신뢰를 받으려면 상대로부터 도움을 받아서 이득이 발생한다는 것을 피부로 절감할 수 있어야 한다.

즉 가맹본부의 조력으로 인해 가맹점에서 원하는 수익이 발생하고 있다는 사실을 인식하도록 만들어야 브랜드에 대한 만족도가 상승하게 되어 가맹사업이 활발하게 전개될 수 있다. 높은 가맹점 만족도가 브랜드 가치를 상승시키는 핵심 요인인 이유다.

프랜차이즈에서 브랜드에 대한 평가는 보통 가맹본부의 정책, 가맹점을 지도하고 관리하는 방식, 그리고 가맹본부와 가맹점 간의 소통 정도에 따라 이루어진다. 하지만 여기서 놓쳐서는 안 될 중요한 점이 있다.

가맹점 매출이 기대 이상으로 나오고 원하는 수익이 발생하면 가맹본부의 역할이 미흡한 부분이 있어도 브랜드에 대한 만족도가 높아진다. 반대로 매출과 수익이 저조하면 가맹본부가 아무리 성심성의껏 지원하더라도 만족도가 낮아지게 된다. 결국, 가맹점의 만족도는 매출과 직결되며, 가맹본부가 제 역할과 책무를 다해 가맹점의 수익을 극대화할 때 만족도와 충성도가 완전하게 높아질 수 있다는 의미다. 나아가 브랜드가 좋은 이미지로 널리 파급되어 신규매장 확산에도 지대한 영향을 미친다고 볼 수 있다.

전체 가맹점을 브랜드에 대해 만족하도록 만드는 것은 현실적으로 어렵다. 하지만 최대화할 수 있도록 주어진 역할을 다하는 가맹본부가 되는 것이 관건이다. 현실적으로 가맹점 만족도를 의식적으로 높이며 가맹사업을 추진하는 경우는 극히 드물지만, 브랜드와 가맹본부의 경쟁력에 따라 가맹점 만족도가 결정되는 것이 일반적인 현상이다.

그래서 가맹사업 초기부터 경영자가 가맹점이 살아야 가맹본부가 산다는 인식으로 정책을 추진해서 브랜드 경쟁력을 높이는 것이 중요하다. 높은 가맹점 만족도는 결국 1,000호점 달성하는 지름길이기 때문이다.

03
온라인, 오프라인 마케팅 전략

브랜드가 고객으로부터 많은 관심을 받아 매장 매출로 이어지려면 마케팅은 필수다. 흔히 "가맹점이 최고의 마케팅"이라는 말이 있는데, 이건 어디까지나 매장 매출이 뒷받침되어 원하는 수익이 발생했을 때 적용되는 말이다. 결국 매장 매출을 꾸준히 올리고 유지하려면 마케팅은 반드시 필요하다.

넓은 의미에서 프랜차이즈 마케팅은 브랜드의 경쟁력을 강화하고 브랜드 가치를 높이기 위해 실행한다고 볼 수 있다. 가맹점 입장에서는 무엇보다도 자신의 매장을 고객에게 알리는 것이 중요하다. 적지 않은 투자해 매장을 운영하는 만큼, 최대한 빨리 투자금을 회수하고 싶은 게 당연하다.

매장 매출을 올리려면 상권이 양호하고 점포 입지가 좋아야 하는 건 기본적으로 누구나 알고 있다. 여기에 더해 매장을 누가, 어떻게 운영하느냐도 매출에 큰 영향을 준다. 맞는 말이다. 하지만 매장 컨디션에 부합한 마케팅을 전개하지 않고는 제반 조건을 충족하고 있더라도 기대하는 매출을 올리기가 쉽지 않은 것이 현실이다.

매장을 오픈한 지 오래되면 굳이 광고가 필요 없다고 생각하는 가맹점이 의외로 많다. 장기간 같은 자리에서 운영하다 보면 마케팅과 홍보의 중요성을 덜 갖게 되는 경우가 많다.

하지만 현실은 다르다. 해마다 수많은 신규 브랜드 탄생으로 브랜드 가치가 하락해 시장에서 사라지는 매장 또한 많은 것이 근래 프랜차이즈 실태이다. 이런 상황에서 고객에게 꾸준히 '이곳에 좋은 매장이 있다'라는 신호를 보내지 않으면 매장이 스스로 살아남기 힘들다.

고객의 마음을 사로잡기 위해서는 매장에서 진행하는 이벤트를 비롯하여 온라인과 오프라인을 통해 알릴 수 있어야 한다. 또한 가맹본부에서 조력과 지원을 아끼지 말아야 하며, 특히 슈퍼바이저의 역할이 중요하다고 할 수 있다.

(1) 온라인 마케팅

📝 네이버 플레이스 활용

네이버는 검색시장에서 점유율 70% 이상을 차지하는 대표 플랫폼이다. 소비자는 ○○동 맛집, ○○동 예쁜 카페 등을 검색한 후 노출된 매장을 방문하는 경우가 많다. 매장을 알리기 위해 네이버 플레이스를 적극적으로 활용할 수 있어야 한다.

사업자등록이 된 상태면 매장 사진, 전화번호, 예약 시스템, 이벤트 정보 등을 입력하여 매장을 더욱 매력적으로 보이게 할 필요가 있다. 네이버 플레이스 상위순위를 차지하려고 대다수 브랜드가 부단한 노력을 하게 되는데 알고리즘과 광고를 어떻게 진행하느냐가 영향을 미치게 되므로 마케팅 담당은 유념할 필요가 있다.

또한 방문한 고객이 방문 소감을 잘 작성해서 높은 평점을 부여해 주면 상위순위로 가는 데 유리하다. 브랜드를 검색할 수 있는 키워드를 효과적으로 선정하는 것도 중요하다. 일상생활 속에서 대중들이 일반적으로 상식선에서 많이 검색하고 연상되는 키워드를 적용하면 효과적이다. 아울러 매장 위치와 지하철역에서의 거리 등도 한눈에 볼 수 있도록 표기하고 수시로 업데이트도 해주어야 한다.

☑️ 네이버 블로그 리뷰 확보

고객은 브랜드 광고보다도 실제로 매장을 방문한 고객의 후기를 더 신뢰한다고 볼 수 있다. 따라서, 영수증 리뷰 이벤트와 블로그 체험단을 활용해 고객이 매장 방문 후 리뷰를 작성하도록 유도하는 것이 효과적이다.

특히 블로그 리뷰는 매장 방문한 경험이 없는 고객의 관심을 높이기 좋은 수단이다. 많은 사람들이 자신의 글을 읽게 만드는 것이 블로그의 궁극적인 목적이라 할 수 있다.

또한, 네이버에서 브랜드 검색 결과 상위에 노출되면 예비 창업자를 발굴하거나 고객 유치하는 데 더 유리하다. 고객들은 블로그를 통해 메뉴 구성, 매장 인테리어, 단체 식사 가능 여부, 주차 시설 등 다양한 정보를 확인하기 때문에, 이를 적극적으로 활용하는 것이 필요하다.

브랜드의 강점을 널리 알리려는 목적으로 별도의 블로그 마케팅 인력을 구성해 활발히 활동하는 브랜드가 다수 있다.

📝 인스타그램 마케팅

인스타그램은 10대에서 40대까지 활발히 이용하는 플랫폼으로, 네이버가 검색 중심이라면 인스타그램은 이미지와 영상 중심이라는 점에서 차별화된다. 따라서 맛있는 메뉴 사진, 조리 과정 영상, 청결한 매장 모습 등을 활용한 숏폼 콘텐츠를 꾸준히 노출하는 것이 중요하다.

숏폼 영상은 어느새 온라인 마케팅의 대명사로 자리 잡았다고 해도 과언이 아니다. 인스타그램은 짧으면서도 강렬한 임팩트를 통해 고객의 관심을 사로잡고 브랜드 이미지를 뇌리에 강하게 남기는 데 효과적입니다. 이런 이유로, 인스타그램은 브랜드를 긍정적인 이미지로 널리 알리는 데 최적의 온라인 마케팅 수단이라 할 수 있다.

또한, 메타 광고(페이스북, 인스타그램 유료 광고)를 활용하면 저비용으로 원하는 타깃층과 지역에 효과적으로 광고를 노출할 수 있다.

📝 카카오맵 마케팅

고객이 매장을 방문하기 위해 네이버에 검색하는 경우도 있지만, 카카오맵을 활용하기도 한다. 비록 카카오맵이 네이버에 비해 리뷰 활성화가 잘 되어 있는 편은 아니지만 다양한 채널에서 고객이 유입될 수 있도록 사전에 잘 정리 해두면 매장 홍보에 큰 도움을 받을 수 있다.

카카오맵은 매장 지도 서비스와 장소검색 기능을 제공하며, 실시간 교통정보 확인도 함께 지하철 노선과 매장의 위치를 파악하는 데 유용하다. 이런 기능을 활용하면 고객이 매장을 쉽게 찾을 수 있고, 접근성을 높여 방문율을 향상시킬 수 있다.

📝 배달앱 마케팅

프랜차이즈 매장은 아이템 특성에 따라 다르지만, 배달 매출이 홀 매출 못지않게 큰 비중을 차지하고 있다. 배달 수수료로 인해 수익성은 다소 낮아질 수 있으나 배달 매출은 고객 수요가 높기때문에 외면할 수 없는 중요한 매출원이다. 요즘 고객은 배달앱을 통해 주변 매장을 검색하고 주문하는 것이 일상화되어있다.

따라서 프랜차이즈 매장은 배달앱에 입점해 매출을 극대화시킬 필요가 있다. 매출 증대뿐만 아니라 단골 고객을 확보하기 위해 배달 주문 시에도 정성을 다해 고객서비스를 해야 한다. 특히, 배달의 민족, 요기요 같은 배달앱은 대표적인 필수 마케팅채널이다.

비싼 수수료 때문에 자체 배달앱을 만들어 사용하는 브랜드도 있지만, 대중적 측면에서 활용도가 미흡한 편이다. 가맹본부에서 홀 매출과 배달 매출 비율을 인위적으로 조정하기는 현실적으로 어렵다.

가맹본부는 전략적으로 생산적인 포장 판매 정책을 수립해 활성화함으로써, 홀, 배달, Take-out 매출 비율이 효과적으로 구성되도록 가맹본부는 심혈을 기울여야 한다.

(2) 오프라인 마케팅

✏️ 플렉스 간판, 채널 간판

프랜차이즈 매장 간판은 브랜드의 얼굴과 다름없다. 간판의 구성과 설치 방식에 따라 프랜차이즈 매장임을 고객이 한눈에 알아차릴 수 있다. 간판을 통해 느끼는 첫인상은 고객이 매장 안을 들어가기 전 브랜드에 대한 선입관을 갖기 충분하다.

간판은 플렉스 간판과 채널 간판이 있다. 허가 조건에 따라 다르겠지만 가독성이 높고 디자인이 우수한 간판을 선택해야 한다. 멀리서도 잘 보이는 간판을 설치하고, 이후 간판 관리도 중요하다. 간혹 밤이 되어도 간판 불이 꺼져 있는지 모르거나 간판의 글자 중 몇 개가 꺼져도 교체를 안 하고 있는지 등 유무를 잘 살피는 것도 중요하다.

매장의 외관은 가장 먼저 보여지는 이미지로, 가맹점에서는 유심히 보고 관리를 잘할 수 있도록 평소 슈퍼바이저가 지도를 잘해주어야 한다.

✏️ 전단지 마케팅

오프라인 매장 홍보 방법 중 전단지보다 좋은 효과를 볼 수 있는 것이 없다는 말이 있을 정도로 전단지 광고는 매장의 존재와 메뉴 특성을 알리는데 공헌도가 크다 할 수 있다. 고객이 직접 보고 인지할 수 있는 가시적인 홍보 수단으로 활용된다.

주거단지 상권에서는 아파트나 오피스텔 거주자 대상으로 전단지를 활용할 수 있다. 전단지는 매번 배포할 필요는 없지만, 새로 오픈한 매장의 경우는 필수적이다. 아파트 경비실을 통해 게시판에 부착하는 방식도 빈번하게 이용하고 있는 편이기에 참고할 필요가 있다. 시대가 변해도 매장을 알리는 데 전단지 마케팅은 활용 가치가 높기에 가맹본부는 효율적으로 매장에서 실행할 수 있도록 지도 편달을 할 필요가 있다.

📝 현수막 및 배너 활용

브랜드의 탄생이나 획기적인 이벤트를 진행할 때, 현수막은 효과적인 마케팅 수단으로 활용도가 높다. 많은 브랜드가 메뉴 구성이나 신메뉴 출시 시에도 배너를 활용해 브랜드를 홍보하고 있다. 특히 배너는 인도를 지나가는 고객에게 브랜드를 알리는 것은 물론, 매장 방문 전에 고객이 메뉴를 선택하고 매장에 들어오도록 유도하는 데 큰 효과가 있다.

매장 입구에 배너를 설치하면 메뉴와 판매가격을 외부에서 쉽게 확인할 수 있어, 어떤 메뉴를 판매하고 있는지 직관적으로 알릴 수 있다. 이는 매장 방문율을 높이는 데 중요한 요소이며, 배너 구성이 왜 중요한지 잘 보여준다.

또한, 지리적 여건이 허락된다면 공공 게시대에 현수막을 활용하는 것도 좋은 방법이다. 매장 주변 유동 인구가 많은 곳에 공공 게시대가 있다면 이를 적극 활용해 브랜드 노출을 극대화할 필요가 있다.

현수막과 배너는 프랜차이즈 사업을 운영하면서 기본적으로 활용도가 높은 오프라인 마케팅 방식이다. 단순해 보일 수 있지만 고객에게 브랜드를 노출 시키는 데 기대 이상의 성과를 낼 수 있는 마케팅 방법이므로 적극 활용할 수 있어야 한다.

04
오픈 전, 오픈 일, 오픈 후 마케팅

(1) 매장 오픈전 마케팅

프랜차이즈 매장을 오픈하기 전에 고객에게 브랜드 네이밍과 오픈 일자를 효과적으로 알리는 것이 중요하다. 요즘은 예전처럼 그랜드 오픈 행사를 대대적으로 진행하는 신규매장이 드물기에, 매장 인근의 상주인구와 유동 인구를 대상으로 한 사전 마케팅의 중요성이 더욱 대두되고 있다. 막연하게 오픈하는 것보다 철두철미하게 준비한 후 오픈할 경우, 고객의 관심을 끄는 데 상당한 차이를 보일 수 있다.

이를 위해 SNS 채널을 개설하고 인스타그램, 네이버 블로그, 틱톡 등 다양한 플랫폼을 활용해 꾸준히 관리하는 것이 필요하다. 이러한 플랫폼에서 브랜드 스토리, 매장 인테리어, 메뉴 개발 과정을 콘텐츠로 제작하여 공개하면 고객의 관심을 끌고 브랜드에 대한 호감을 높이는 데 효과적이다.

특히, 오픈전 마케팅은 고객에게 브랜드를 각인시키고 기대감을 형성하는 중요한 단계이다. 이를 놓치지 않기 위해 가맹본부와 가맹점이 미리 논의하여 효율적인 마케팅 방법을 모색하고, 이를 공동으로 추진하는 것이 브랜드를 빠르게 안착시키는 방법이다.

매장 오픈전 사전에 기획하여 팔로우 이벤트를 진행하여 고객에게 SNS 팔로우와 좋아요를 통해 할인쿠폰을 제공한다고 미리 알리면, 자연스럽게 매장에 대한 관심과 기대감을 높일 수 있다.

또한, 오픈 기념으로 온라인 광고를 활용하는 것도 효율적인 방식이다. SNS에서 지역 기반 타깃 광고를 진행해 정해진 타깃층과 일정 범위 내에서 온라인 광고가 노출되도록 설정하면 매장을 효과적으로 홍보할 수 있다. 배달앱에 입점한 후 첫 주문 시 할인이나 리뷰 작성 이벤트를 진행하면, 오픈 초기 고객 유치에 유리하다.

간판 설치는 매장 오픈 전 준비에서 중요한 요소이다. 간판 설치에 허가만 난다면 대형 현수막을 건물에 걸어 오픈 일정, 대표메뉴, 이벤트 내용을 포함한 홍보를 진행하는 것도 잠재 고객의 이목을 끌 수 있다.

전단지와 쿠폰은 배달 가능지역의 아파트, 원룸촌, 학원가, 회사 밀집 지역 대상으로 하여 배포하는 것이 효과적이다.

(2) 오픈 당일 마케팅

매장 오픈 당일에는 일정 시간 동안 특정 메뉴를 할인해 주는 행사를 진행하는 것이 일반적인 마케팅 전략이다. 매장 오픈을 주변 사람에게 알려 매장 유입을 유도하기 위한 정책으로 슈퍼바이저가 가맹점과 함께 진행하는 브랜드가 많다.

오픈 초기 며칠 동안은 가맹점 지인보다는 일반인을 대상으로 한 마케팅을 펼쳐서 매장 인근의 잠재 고객에게 브랜드 탄생을 빠르게 알리고, 널리 홍보할 수 있다. 최근 들어, 전략적으로 지인에게 오픈일을 알리지 않는 매장이 늘어나고 있는 이유도 여기에 있다.

오픈 당일 방문한 고객들이 브랜드를 오래 기억할 수 있도록 가정에서 자주 사용하는 물건을 사은품으로 준비하고, 여기에 브랜드 네임과 로고를 표기해 맞춤 제작하여 활용하는 것이 브랜드를 알리는 데 효율적이다.

　매장 오픈 당일 개설한 SNS 채널을 통해 이벤트를 진행하는 것도 좋은 방법이다. 예를 들어, 방문 인증샷과 특정 해시태그를 포함한 이벤트를 진행하면 SNS에서 자연스럽게 매장 홍보가 이루어질 수 있다. 고객이 매장에서 찍은 사진을 특정 해시태그와 함께 업로드하면 제품 할인이나 사이드 메뉴를 무료로 제공하는 것도 좋은 방법이다. 또한, 친구를 태그하면 추첨을 통해 추가 혜택을 제공하는 방법도 있다.

　첫 방문 고객을 대상으로 선착순으로 제품을 무료로 제공하거나, 길거리 시식회를 통해 작은 컵에 맛보기 제품을 제공해 브랜드의 맛과 향을 경험하게 하는 것도 매장 오픈을 알리는 데 자주 활용하는 마케팅 방법이다.

　또한, 주변 상점, 학원가, 회사 밀집 지역 등 구매 가능성이 있는 타깃층을 대상으로 단체 주문 시 할인을 제공하는 마케팅을 펼치는 것도 효과적인 방식이다.

　오픈 당일에 유의할 사항은 마케팅을 통해 고객을 방문하게 만드는 것도 중요하지만 가맹본부에서 교육 받은 대로 제품을 완성하여 고객에게 제공해 브랜드에 대한 첫 이미지를 좋게 만드는 데 총력을 기울여야 한다. 물론 오픈 일에 담당 슈퍼바이저가 조력해주어서 별다른 문제 없이 고객을 맞이할 수 있으나 오픈 일 이후에는 가맹점 스스로 자생력을 갖고 매장을 운영하기가 쉽지 않으므로 운영 프로세스와 매뉴얼을 다시 한번 학습해서 내 것으로 만드는 것이 무엇보다도 중요하다.

(3) 오픈 후 마케팅

프랜차이즈에서 가맹본부는 매장 매출 증대를 위해 다양한 방법으로 마케팅과 브랜드 홍보를 추진한다. 일선 현장에서 가장 많이 실시하고 있는 오픈 후 마케팅인 LSM(지역 점포 마케팅)을 들 수 있다.

이외에도 전국 프로모션을 전개하거나 지역 특성에 따라 탄력적으로 여러 마케팅을 전개한다. 경영자의 경영관과 마케팅 담당자의 역량에 따라 브랜드 간에 마케팅 방법은 상이하게 전개된다고 보아야 한다.

매장 오픈 후 마케팅은 아이템 성질, 가맹점 수, 가맹본부 자금력 등에 따라 접근 방식이 다르다. 필자가 경험하고 실행해 본 결과 가장 효과적인 오픈 후 마케팅은 매장 특성과 현지 환경을 분석한 후 슈퍼바이저의 도움을 받아 매장별로 실행하는 방식이다. 매장마다 주어진 여건과 환경이 다르기 때문에 획일적인 접근보다는 각 매장의 특성을 반영한 전략적 마케팅이 필요하다.

배달앱 입점은 오픈 후 매출을 올리는 유용한 방법이다. 고객 리뷰를 꾸준히 관리하고, 리뷰 이벤트를 통해 바이럴 효과를 유도하는 방법도 효과적이다.

필요에 따라 인플루언서와 협업하거나, 관련 업종에 전문성을 가진 유튜버나 크리에이터와 콜라보레이션을 진행하는 것도 고객 이목을 집중시키는 데 효율적인 마케팅 방식이다.

매장 인근의 자영업자나 단체고객을 대상으로 하는 프로모션도 매출을 효과적으로 올리는 방법이다. 단체주문 전용 할인과 무료 배달 서비스 등의 혜택을 제공해서 활성화하면 매출 증대에 도움을 줄 수 있다.

05
입소문(바이럴) 마케팅

프랜차이즈 사업이 번창하기 위한 최고의 비결은 가맹점주가 브랜드에 대해 높은 만족도를 느끼고, 주변 지인이나 고객에게 자연스럽게 전파하도록 만드는 것이다. 브랜드의 강점을 입에서 입으로 전달하는 입소문 마케팅은 그 어떤 마케팅 방식보다 효과가 크다고 단언해도 과언이 아니다. 특히, 가맹점주가 직접 전하는 메시지는 임팩트가 강해 최상의 마케팅 효과를 발휘한다.

입소문 마케팅을 극대화하려면 매장 수익이 기대치를 충족하거나 넘어서야 한다. 가맹본부는 이를 위해 점주들이 안정적으로 운영할 수 있는 지원 시스템을 구축하고, 가맹점 수익 개선에 필요한 모든 역할과 책임을 다해야 한다.

입소문 마케팅이 성공을 거두게 되면 가맹점 매출의 상승은 물론이고 신규창업자 발굴과 계약 클로징이 용이하게 된다. 입으로 전해지는 파급효과의 영향력을 반증 해주는 대목이다.

비용을 들이지 않고도 브랜드경쟁력을 빠르게 확산시키는 강력한 홍보 수단인 입소문 마케팅은 프랜차이즈 가맹사업을 성공적으로 추진하기를 희망하는 창업주와 경영자의 모든 숙원이라 할 수 있다.

프랜차이즈를 꿈꾸는 시점부터 가맹점주의 만족도를 최우선으로 여기며 사업을 추진하는 것은 어느 것보다도 중요하다. 고객으로 붐비는 매장을 만드는 것이야말로 브랜드를 자연스럽게 긍정적으로 알리는 핵심이다.

비록 당연한 진리일 수 있고 누구나 다 알고 있는 사항인데도 소수의 브랜드만 입소문 마케팅의 효과를 보고 있는 것이 프랜차이즈의 현실이다. 그만큼 가맹점의 입에서 입으로 파급되는 것이 현실적으로 쉽지 않다는 것을 입증해 주는 결과다.

이러한 난제를 풀면서 극복해가는 브랜드가 경쟁력을 갖추게 되어 메이저 프랜차이즈로 입성하는 계기를 마련하게 된다. PART 1부터 언급한 사항들을 준수하면서 가맹사업을 추진한다면 충분하게 입소문 마케팅 효과를 보아 기대하는 브랜드로 자리매김하리라 믿는다.

입소문 마케팅의 성공은 가맹점과 고객 모두의 긍정적인 입소문에 달렸다. 브랜드가 자연스럽게 좋은 이미지로 알려지는 것도 매우 중요하다. 가맹점주가 전하는 입소문은 신규가맹점 확산에 도움이 크게 되며 고객의 브랜드를 평가해 지인들에게 추천하는 경우, 운영 중인 가맹점의 매출에 기여도가 크게 나타나게 되어있다.

고객이 가족이나 지인에게 자연스럽게 매장 방문을 추천하도록 유도하려면, 고객이 가장 중요하게 여기는 가치를 지속적으로 개선해야 한다. 브랜드에 만족한 고객은 스스로 긍정적인 후기를 남기고 주변에 알리는 경향이 있다. 결국, 고객 경험을 최적화하는 것이 가장 효과적인 마케팅 전략이 된다.

또한, 고객은 새로운 것을 추구하려는 경향이 강하며 처음으로 접한 것을 지인에게 공유하고 공감을 얻고 싶어 하는 심리가 있다. 가맹본부는 이러한 고객의 마음을 사로잡을 수 있도록 차별화된 마케팅 전략을 수립하여 실천해야 한다.

입소문 마케팅을 활발하게 전개하려면 다양한 마케팅 계획을 수립하고 실천할 필요가 있다. 입소문 마케팅의 핵심은 제품의 차별성에 있다. 남들과 다른 것을 분명하게 노출시켜 고객의 마음을 사로잡을 수 있어야 한다.

또한, 어떤 고객층을 주 타깃층으로 삼고 공략하여 관심을 끌 것인지도 염두에 두어야 한다. 블로그, 맘카페, 네이버 플레이스와 같은 채널은 대표적인 입소문 마케팅 플랫폼으로, 이를 적극 활용하는 것이 효과적이다. 특히, 입소문 마케팅은 오프라인보다 온라인 채널에서 더 큰 성과를 얻을 수 있는 경우가 많다.

모든 마케팅 활동의 종착점은 매장에 고객의 발길이 끊이지 않도록 만들기 위함이다. 가맹점주와 고객이 브랜드에 대한 만족도가 높아 지인에게 브랜드의 강점을 전할 수 있도록 만드는 것이 최고의 마케팅 방식이다.

경영자는 이 점을 깊이 인식하고 가맹점과 상생할 수 있는 정책을 수립하여 실천해야 한다. 브랜드를 빠르게 안착시킬 수 있는 최상책이기 때문이다.

마케팅은 온라인과 오프라인을 적절히 결합하여 매장 컨디션에 부합하게 실행하는 것이 효율적이고 생산적이다. 브랜드가 고객의 뇌리에서 잊히지 않도록 지속적인 외부 노출이 필요하다. 매장에서 직접 진행하는 이벤트는 마케팅 효과를 극대화하는 중요한 요소로, 고객의 관심을 끌고 브랜드 인지도를 높이는 데 큰 역할을 한다.

예를 들어, 특정 메뉴 할인, 사은품 증정, 스탬프 적립 이벤트 등을 활용하면 고객이 자연스럽게 매장에 관심을 가지게 된다.

이러한 이벤트와 광고를 연계하면 새로운 고객이 방문할 가능성도 커진다. 결국 중요한 것은 지속적인 노출이다. 단발성 이벤트에 그치지 않고, 고객이 매장을 잊지 않도록 정기적인 마케팅 전략을 수립해야 한다.

온라인 홍보와 오프라인 프로모션을 적절하게 활용하면 매장의 존재감을 꾸준하게 알릴 수 있다. 브랜드가 생동감 있게 움직이고 있다는 이미지를 고객에게 전달하면, 그 브랜드는 고객에게 좋은 이미지를 깊게 각인시킬 수 있다. 이런 이유로 온라인과 오프라인 마케팅은 프랜차이즈 사업에서 필수적인 핵심 요소라 할 수 있다.

06
효율적인 마케팅 전략 수립

프랜차이즈 사업에서 마케팅이 차지하는 비중은 매우 크다. 마케팅은 단순히 고객을 유입하는 수단을 넘어서, 매출과 신규 개설에 직접적으로 영향을 미치는 중요한 요소이다. 효율적인 마케팅 전략을 수립하고 실행함으로써 고객의 니즈를 충족시키고, 브랜드를 알리는 데 유리하게 작용하여 가맹점으로부터 가맹본부에 대한 긍정적인 인식을 갖게 만들기가 용이하다.

성공적인 마케팅을 수행하려면 가맹본부와 가맹점이 하나의 공동체로서 각자의 역할을 완벽히 수행하는 것이 선결과제이다. 고객이 브랜드에 관심을 가지도록 유도하고, 매장을 방문하게 하며, 그 브랜드를 지인에게 자연스럽게 전파하도록 만드는 것이 가맹점 수익으로 이어진다. 이는 효율적인 마케팅을 꾸준히 펼치는 데 달려있다고 단언해도 지나치지 않다.

마케팅은 광범위한 의미를 내포한다. 브랜드 가치를 증대시키고 매장 매출을 향상시키는 데 작용하며, 신규 매장 오픈에도 공헌도가 크다. 또한, 고객이 브랜드를 경험할 수 있도록 니즈를 환기시키는 역할을 하므로 전략적으로 접근하여 실행하는 것이 무엇보다도 중요하다.

프랜차이즈 마케팅은 처음부터 마무리까지 한결같은 메시지를 전달해야 고객이 브랜드 경쟁력을 강하게 인식할 수 있다. 고객은 제품과 브랜드가 일관되게 전달된다고 느낄 때 관심도가 높아지게 된다. 또한, 매장 운영이 원활해지려면 적절한 재고를 유지해야 한다. 이런 재고관리도 한편으로 보면 마케팅의 일환이라 할 수 있다.

SNS를 활용해 강렬한 인상을 고객에게 심어줄 수 있는 영상을 제작하여 브랜드를 알리는 것도 간과해서는 안 되는 마케팅 방식이다.

가맹점과 고객으로부터 클레임이 발생했을 때 신속하게 해결할 수 있는 프로세스를 정립해야 한다. 불만 사항을 빠르게 처리하지 않으면 가맹본부에 대한 불만과 브랜드 이미지가 실추될 수 있다. 이를 방지하기 위해 체계적인 전략을 수립하고 실행하는 것이 중요하다.

이처럼 브랜드 파워를 증대시키는 일련의 활동이 프랜차이즈 마케팅의 일부이며 경영자는 이를 명확히 이해하고 효율적인 전략을 세워 실행할 필요가 있다.

가맹점이 브랜드 선택을 잘했다고 확신을 갖게 만드는 것이 가맹본부에서 해야 할 중요한 역할이다. 효율적이고 생산적이며 경제적으로 가맹본부에서 마케팅 전략으로 수립하고 실행하면 매장 매출 증대로 이어져 브랜드에 대한 긍정적인 사고를 갖고 매장 운영을 하게 되므로 효율적인 마케팅은 성공적인 가맹사업을 달성하는 데 중요한 요소가 된다.

하지만 가맹본부에서 실행하는 마케팅 전략이 가맹점의 매출 증대에 미흡하면 브랜드 신뢰도가 하락할 수 있다.

마케팅의 가장 큰 한계는 상황에 따라 비용이 과다하게 지출될 수 있다는 점이다. 가맹본부의 여건과 자금 사정에 따라 마케팅의 양과 질이 달라지는 것이 일반적인 현상이다. 마케팅은 매출을 유지하고 예비 창업자를 발굴하는 데 필수적인 요소이므로, 효율적인 전략을 세우고 지속적으로 실천할 수 있어야 한다.

브랜드가 안착하는 비책은 바로 지속적인 마케팅 노력이다. 프랜차이즈 사업에서 마케팅 없이 브랜드가 좋은 이미지로 고객에게 남는 경우는 극히 드문 경우다.

프랜차이즈는 누누이 강조한 것처럼 고객이 언제 어디서나 동일한 맛과 서비스를 제공받을 수 있을 때 프랜차이즈로서 생명력을 갖게 되어있다. 이런 동일성에 기반을 두고 브랜드가 지닌 강점을 최대로 살릴 수 있는 마케팅을 전개하는 것이 필요하다.

마케팅은 단순히 브랜드를 고객에게 알리는 데 그치지 않고 브랜드의 유지와 관련된 중요한 역할을 한다. 매출을 증대시키는 것뿐만 아니라, 브랜드의 배경과 스토리, 특질을 고객에게 전하는 것이 마케팅의 본질이다. 프랜차이즈는 전국적으로 통일성을 유지하는 것이 최우선 과제이며, 로컬이 갖고 있는 특색을 살리면서도 가맹본부 매뉴얼을 준수해 모든 매장에서 동일하게 운영될 수 있도록 하는 것이 중요하다. 이렇게 해야만 진정한 프랜차이즈의 면모를 갖출 수 있다.

하지만 아무리 좋은 마케팅을 펼쳐도 가맹점이 동참하지 않으면 기대하는 성과를 거두기가 어렵다. 가맹본부와 가맹점의 강력한 실행력이 뒷받침되어야만 성공적인 마케팅이 실현된다는 점을 경영자는 반드시 인식하고 가맹사업을 전개해야 한다.

프랜차이즈 마케팅은 단발성인 효과에 만족하지 않고 지속성을 유지하는 것이 중요하다. 단기적인 마케팅으로 일시적인 매출 상승을 끌어낼 수 있지만, 브랜드 가치를 증대시키는 데에는 미흡한 측면이 대두될 수 있다.

가맹본부는 가맹점 운영 수에 따라 차별화된 마케팅 전략을 수립하고 실행할 수 있는 역량을 갖추어야 한다. 매출 증대와 신규매장 확산을 위해 마케팅은 필수이지만 브랜드를 고객에게 인지시킬 수 있는 홍보전략도 중시해야 한다. 고객에게 브랜드가 지닌 본질적인 특성과 경쟁력을 꾸준히 알릴 수 있어야 오랫동안 좋은 이미지로 남을 수 있다.

브랜드에 대한 고객의 인지도와 영향력을 숫자로 나타낸 브랜드 파워는 곧 브랜드 얼굴이나 다름없다. 프랜차이즈는 브랜드에 대한 가맹점 충성도에 따라서 가맹사업의 성공 여부가 판가름 난다고 보아도 무방할 정도다. 가맹점 충성도를 높이기 위한 방책으로 여러 가지가 있으나 효율적인 마케팅 전략을 수립하고 실행하는 것이 가장 효과적인 방법이다.

기본과

소통의

생활화

01
기본(Basic)에 충실

　프랜차이즈 사업은 체계적이고 시스템화된 구조에 의해 추진 된다. 가맹본부와 가맹점, 그리고 협력업체가 서로 상생하며 협력하고, 각자의 역할과 미션을 수행하여 수익을 창출시키는 구조이다. 감으로 실행하는 것이 아니라 모든 것이 가맹본부에서 수립한 각종 매뉴얼에 의해 움직여야 한다. 정해진 매뉴얼을 준수하고 가맹점에서 품질, 위생 청결, 고객서비스를 일관되게 유지할 때, 기대하는 성과가 나오게 된다.

　조금이라도 융통성을 부리거나 새로운 것을 독단적으로 가미하게 되면 통일성이 사라지고 부정적인 요인이 파급되어 브랜드 이미지가 실추될 수 있다. 프랜차이즈가 갖고 있는 고유의 특질이다.

　목적을 달성하기 위해 제일 먼저 실천해야 하고 필히 존재해야 하는 것이 기본이라 말할 수 있다. 기본을 충실히 실전하는 것이야말로 성공의 첫걸음이다. 가맹사업은 여러 여건과 환경이 다른 가맹점을 하나로 통일시켜 브랜드의 특색과 강점을 고객에게 전달하는 것에 목표를 두고있다. 이 기본을 망각하는 순간부터 매출 하락과 가맹점 수 감소가 시작될 수 있음을 명심해야 한다.

　기본에 충실하기 위해서는 교육이 필수다. 가맹본부 임직원은 물론,

가맹점 직원들에게도 지속적인 교육을 실시해야 한다. 사람은 시일이 지날수록 매너리즘에 빠지거나 나태해지기 쉽다. 규정을 준수하고 원칙에 입각한 생활을 한다는 것이 쉽지 않은 일이다.

가맹사업 초기에는 가맹본부가 기본을 중시하는 경향이 강하다. 메이저 브랜드로 자리 잡은 경우에도 기본에 충실하겠다는 각오를 새롭게 다지며 가맹점 관리에 노력을 기울인다. 하지만 가맹사업이 일정한 기간 안정적으로 운영되거나, 가맹점이 충분히 확보된 브랜드는 점차 융통성을 발휘하려는 경우가 생각보다 많다.

이때 말하는 '융통성'이란 교육의 강도와 횟수가 줄어들거나 매뉴얼 준수에 대한 의지가 약해지는 것을 의미할 수 있다. 하지만 기본에 충실하라는 원칙은 모든 조직에서 통용되는 말이지만 특히 프랜차이즈처럼 독특한 사업구조를 가진 곳에서는 더할 나위 없는 핵심 중의 핵심 용어이다.

기본을 지킨다는 것은 정해진 규정을 준수한다는 의미다. 이는 하지 말아야 할 일을 하지 않는 것과 같은 맥락이다. 프랜차이즈는 가맹본부 구성원이 직접 현장에서 고객을 상대로 제품을 판매하는 것이 아니라 가맹점을 통해 이루어진다. 이 과정에서 가맹본부나 가맹점 중 하나라도 기본을 지키지 않고 제 역할을 다하지 않는다면, 프랜차이즈로서의 생명력을 잃기 시작하는 단초가 될 수 있다.

예를 들어, 슈퍼바이저가 담당 매장을 맡은 초기 몇 달 동안은 열심히 가맹점을 방문하고 정성껏 관리하며 지도하더라도, 시일이 지날수록 안이한 태도를 가지게 되어 활동을 소홀히 한다면 현장에서 기본이 흔들리게 된다. 마찬가지로 가맹점주가 매장을 오픈한 후 일정한 시일이 경과 되면 매장에 잘 나오지 않고 종업원에게 맡겨버린다면, 이는 기본을 저버리는 행동이다.

옛말에 "가랑비에 옷 젖는다"라는 말이 있듯이, 별거 아니라고 여긴 사소한 태만이 쌓이기 시작하면 기본을 잃어버리고 매뉴얼이 준수되지 않아 매출은 물론이거니와 브랜드 이미지까지 실추되어 나락으로 빠져들기에 십상이다.

따라서 가맹본부와 가맹점 모두 역할과 책무의 중요성을 인지하고 이를 지속적으로 실천함으로써 상호 성장과 상생을 이룰 수 있으며, 각자가 추구하는 본연의 목적도 성공적으로 달성할 수 있다.

일상생활의 모든 것은 기본에서 비롯된다고 볼 수 있다. 기본이란 어떤 것을 이루기 위해 반드시 갖추어야 할 기초적인 요소를 뜻한다. '기초가 튼튼하지 못하면 모래성을 쌓는 것과 같다'라는 말처럼, 기본이 흔들리면 결국 모든 노력이 허사로 돌아가게 된다. 모래성을 쌓는 데 들인 시간과 비용이 무색할 정도로 낭비되어 끝에는 남는 것이 없게 된다는 의미이다.

프랜차이즈 사업에서도 이러한 원리는 동일하게 적용된다. 실제로 초기에는 순조롭게 100호점까지 별 어려움이 없이 추진하다가, 어느 순간 성장세가 멈추고 퇴보의 길로 접어드는 브랜드가 의외로 많은 것이 현실이다. 이는 대부분 기본을 지키지 않았기 때문에 발생하는 사례다. 가장 근본적인 맛과 품질, 서비스, 위생과 청결 관리의 문제점이 노출되어서 생기는 경우다.

사업 초기에는 기본을 철저히 지키려 노력하지만, 가맹점이 기대 이상으로 빠르게 확산하면 관리 소홀로 인해 가맹본부와 가맹점 간의 균형이 깨지게 된다. 이로 인해 프랜차이즈의 근간이 되는 기본이 준수되지 않고 운영되고 있는 것이 주요 이유다.

결국, 기본을 지키는 것은 프랜차이즈 사업을 안정적으로 유지하기 위한 필수 요소다. 가장 기본적인 미션을 가맹본부와 가맹점이 수행해야 고객에게 사랑받는 브랜드로 안착할 수 있다.

가맹점은 가맹본부가 규정한 정책과 매뉴얼을 준수해야 매출을 증대시킬 수 있다는 신념을 가져야 한다. 이런 명제를 저버리는 순간, 프랜차이즈 매장으로서의 본연의 특성을 잃게 되어 고객의 발길이 끊어지는 결과를 초래하게 된다. 이는 프랜차이즈 시스템에서 가장 원초적인 논리다.

이 부분에서 중시해야 할 사항은 가맹본부가 먼저 기본을 지킬 때 가맹점에서 기본을 준수하게 만들 수 있다는 것이다. 하지만 기본을 오랫동안 지킨다는 것은 현실적으로 쉽지 않은 일이기에, 가맹본부의 지속적인 지도와 교육을 통해 기본을 잃지 않고 충실하도록 도와야 한다.

최소한의 융통성도 허용해서는 안 되는 곳이 프랜차이즈다. 전국의 모든 가맹점이 동일한 운영 방식을 유지하며 일체감을 조성해야만, 좋은 이미지의 브랜드를 지속적으로 이어갈 수 있다. 일관성을 갖춘 운영은 고객의 사랑을 얻는 데 중요한 역할을 하며, 가맹본부와 가맹점이 상호 상생의 길로 향할 수 있게 된다.

02
오픈 첫날 마음가짐

서비스업종에 종사하는 대다수가 오픈 초기에는 매장을 방문하는 고객에게 정성을 다해 최고의 서비스를 제공한다. 고객 한 사람이 너무나 반갑고 감사한 마음으로 전력을 다해 매뉴얼을 준수하며 고객이 만족할 수 있도록 최선을 다하는 모습을 흔히 볼 수 있다. 이러한 마음을 오랫동안 유지한다면 단골 고객을 확보하기가 수월하고 기대하는 매출도 꾸준히 이룰 수 있다는 것을 잘 알고 있음에도 불구하고, 시일이 지날수록 매너리즘에 빠지거나 나태해지는 경우가 적지 않다. 초심을 유지하며 매장을 운영하는 곳이 많지 않다는 점이 이를 증명한다.

그만큼 처음의 심정을 지속한다는 것이 쉽지 않다. 무슨 일을 하든 초심을 잃지 않고 추진해야 성공 확률이 높다는 것은 누구나 다 아는 사실이다. 처음은 의욕과 열정이 최고조에 달해 주어진 일에 최선을 다한다. 시일이 지나면서 기대 이상의 수익이 발생하면 점점 초심을 잃게 된다. 자신은 아니라고 생각하며 종전과 같은 생활을 한다고 착각하기 일쑤다. 수입이 좋아지면 차를 바꾸거나 매장 근무를 탄력적 조정하고, 다른 일에 눈을 돌리는 등 변화가 나타난다. 물론 이는 잘못된 행동이라 말하기 어려운 부분이다. 본인의 노력으로 이루어 낸 결과에 대한 보상이기 때문이다.

그러나 이러한 변화가 매장 운영에 영향을 미치기 시작하면, 초심이 흔들리고 매장의 지속 가능성은 어려워진다. 이는 자명한 논리다. 기본을 지키며 초심의 중요성을 반복적으로 상기시켜 뇌리에 깊이 각인시키는 것이 최고의 비책이다.

프랜차이즈에서 가맹본부와 가맹점이 기본을 유지하고 초심을 잃지 않으며 각자의 역할을 다할 때, 상생은 물론 성공적인 브랜드로 안착시켜 원하는 수익을 창출할 수 있다. 그러나 원대한 비전과 꿈을 품고 프랜차이즈 사업을 추진하는 경영자가 어느 정도 성과를 이루었다고 생각하는 순간, 기본과 초심에서 서서히 멀어지게 되어있다.

이 시점에서 경영자는 그동안 펼쳐온 정책과 시스템에 대한 전반적인 점검과 진단을 통해 더 큰 목표를 향해 전진해야 한다.

하지만 현실적으로 지금의 편안함과 안락함에 현혹되어 이를 뿌리치지 못하는 일이 많다. 이는 200호점, 300호점을 힘들게 이루고 가맹사업이 쇠퇴기에 접어드는 브랜드에서 흔히 나타나는 공통적인 문제다.

특히 프랜차이즈 시스템에서는 경영자의 일거수일투족이 조직원들에게 미치는 영향이 몇 배 이상으로 크다. 경영자의 태도와 행동은 조직원의 직무성과와 비례하며, 브랜드 성과로 직결된다. 이런 사실을 늘 염두에 두고 가맹본부 역할과 책무 이행에 만전을 다해야 한다.

한결같이 무엇을 한다는 것은 앞서 언급했듯이 쉬운 일이 아니다. 그러나 남들이 안 하고 못 하는 것을 실천하는 브랜드만이 경쟁력을 갖추었다고 할 수 있다. 이런 브랜드가 결국 메이저 프랜차이즈로 우뚝 서게된다.

필자가 우수한 가맹점 방문을 해보면 항상 고객을 대하는 직원의 친절한 태도를 엿볼 수 있다. 가맹점 사장이 자리에 있든 없든, 직원들이 항상 일관성 있는 고객서비스를 제공하고 있다. 평소 교육과 지도를 꾸준히 실천하기에 가능한 일이다. 가맹점 교육은 백 번, 천 번 반복해서라도 기본과 초심을 잃지 않도록 하는 것이 중요하다.

매출이 좋은 가맹점이 하락세로 접어드는 주요 원인은 매장 운영상의 문제다. 운영 매뉴얼을 미준수하며, 기본과 초심이 흔들린 결과다. 프랜차이즈에서 기본을 준수와 초심을 유지하는 것은 제일 중시해야 할 직무이다.

프랜차이즈를 선택하고 매장을 오픈하기 전, 가맹점주는 가맹본부가 실시한 교육을 이수하고 매장 오픈 첫날, 고객이 얼마나 방문할지 모르는 불안감에 엄습 되기 마련이다. 가맹점마다 차이는 있겠지만, 대부분 의욕과 열정이 앞서지만, 무엇을 먼저 해야 할지 몰라 몸과 마음만 바빠지는 것이 일반적이다. 이럴 때일수록 기본을 유지하기가 만만치 않다. 마음은 가는데 몸이 안 따르는 일이 흔히 발생한다.

기본은 사업 초기 단계에서 정립해 놓아야 오랫동안 지속하기가 수월하다. 가맹본부와 가맹점 모두 처음의 마음가짐으로 운영해야만 동반 성장이 가능해진다. 이를 위해선 가맹본부가 한 가족처럼 움직일 수 있도록 제반 시스템을 확립해 놓아야 하며 주먹구구식 운영에서 벗어나 완벽한 프로세스를 통해 각자의 역할과 책임을 완수해야 한다.

기본을 지키지 않고 주어진 역할을 제대로 완수한다는 자체가 맞지 않는 논리다. 사람은 시일이 지날수록 나태해지게 마련이며, 이를 최소화하기 위해 가맹본부는 지속적으로 가맹점을 지도하고 교육해야 한다. 인간의 심리는 누군가의 자극이 있을 때 자신을 돌아보게 된다. 가맹본부의 반복적인 교육과 관리를 통해 가맹점에서 기본을 유지하며 매장을 운영할 수 있도록 돕는 것이 성공적인 운영의 지름길이다.

　매장을 오픈하면 지인과 친지에게 먼저 알려 첫날부터 문전성시를 이루게 하는 것이 보편적인 오픈 행사 방식이다. 반면, 오픈 후 당분간은 지인에게 알리지 않고 일반 고객만을 맞이하는 가맹점도 있다. 언제든지 방문할 수 있는 지인보다, 매장의 첫인상이 중요한 일반 고객을 우선적으로 고려한 선택이다.

　이러한 전략은 어찌 보면 현명한 판단이라 할 수 있다. 긴장감을 유지한 상태에서 정성을 다해 고객을 맞이하고, 매뉴얼 준수와 서비스에 만전을 기해 브랜드의 강점을 널리 알리려는 의도가 크다. 아무래도 지인에게 응대하는 것과 일반 고객에게 응대하는 것은 다소 차이가 있어서 초반부터 기본을 준수하는 습관을 들이는 것이 유리하다.

　매장 오픈 첫날의 마음가짐을 지속적으로 유지할 수 있도록 가맹본부와 가맹점이 함께 노력해야 한다. 메이저 프랜차이즈 매장을 방문해 보면 언제나 한결같이 운영되고 있다는 점을 발견할 수 있다. 이는 초심을 잃지 않고 매장을 운영했기 때문이다. 기본과 초심은 어디서나 적용되는 가장 중요한 요소다.

03

쌍방향 의사소통 문화 정착

프랜차이즈 가맹본부와 가맹점은 하나의 공동 조직체로서 성격이 강하다. 원활한 소통 없이는 프랜차이즈가 가진 본연의 목적을 달성하기 어렵다. 가맹본부와 가맹점의 소통이 실시간으로 활발하게 이루어질 때 브랜드 가치는 더욱 증대되며, 고객의 관심과 사랑을 받을 수 있다.

이러한 소통은 단순한 정보 전달이 아니라, 서로의 역할과 방향성을 공유하고 공동의식을 고취하는 데 초점을 맞춰야 한다. 가맹본부가 일방적으로 지시하는 형태로 가맹점과 소통해서는 안 된다. 가맹점은 독립된 사업자로서 동반 성장하는 관계이므로, 충분한 소통을 통해 정책의 필요성을 설명하고 설득할 수 있어야 한다.

이를 위해 슈퍼바이저의 역할이 중요하다. 가맹점이 브랜드에 대한 신뢰를 가질 수 있도록 서로 원활한 소통을 통한 친밀도를 유지하며, 의견 차이가 있더라도 지속적인 대화를 통해 해결의 실마리를 찾을 기회는 반드시 생긴다. 상호 양보하고 이해하며 합리적인 방식으로 정책을 실행할 때, 강한 동반자 관계가 형성된다.

소통은 단순한 대화가 아니라, 상대의 말을 경청하고 합리적이고 논리적인 설명을 통해 마음을 움직이는 중요한 요인이다. 가맹본부와 가맹점이 시너지를 창출해야 성공시킬 수 있는 프랜차이즈 사업에서 가맹점과의 원활한 소통은 1순위가 아닌 0순위로 매우 중요한 핵심적인 사항이다.

소통은 상대방의 말을 경청하는 데서 시작된다. 각종 매체에서 소통 교육이 활발하게 이루어지고 있으며, 대부분 강사들이 공통적으로 강조하는 것이 바로 "경청이 최우선"이라는 것이다. 나이가 들수록 자신의 이야기를 더 하고 싶어지고, 자신의 말을 잘 들어주는 사람과 더욱 친밀한 관계를 유지하기를 희망한다.

슈퍼바이저는 가맹본부를 대신하는 핵심적인 소통 창구 역할을 한다. 여러 임직원이 가맹점과 소통하게 되면, 책임소재가 불분명해지고 가맹점에서도 누구와 소통해야 할지 헷갈리게 된다. 이를 방지하기 위해 슈퍼바이저가 일원화된 소통 창구로 기능해야 한다.

프랜차이즈의 이러한 원리를 확실히 인지하지 못하는 경영자가 성공적인 가맹사업을 기대한다는 것은 어불성설이다. 대부분 브랜드가 가맹본부와 가맹점 간 신뢰를 잃게 되는 첫 번째 요인은 쌍방의 소통이 원활하고 신속하게 이루어지지 않아서이다.

특히, 일방적인 소통은 오히려 갈등의 불씨를 일으키게 된다.

내 말을 안 들어주면 말이 안 통한다고 생각하고 상대방에 대한 믿음이 사라지는 것은 일반적인 현상이다. 프랜차이즈에서도 이런 상황이 자주 발생한다. 가맹본부의 정책을 가맹점이 원활하게 실행하도록 만드는 핵심 요소는 바로 원활한 소통이다.

가맹점이 가맹본부의 원리와 시스템을 잘 이행하고 매뉴얼을 준수할 수 있도록 설득하고 납득시키는 역량을 가맹본부는 지니고 있어야 한다. 가맹점과 간담회를 해보면 예상치 못한 불만이 나오는 경우가 생각보다 많다. 그럴 때마다 드는 생각은 이런 문제들이 슈퍼바이저를 통해 잘 소통되고 충분한 설명과 설득이 이루어졌다면, 혹은 슈퍼바이저 선에서 해결이 힘든 부분은 상사에게 즉시 보고하고 대안을 마련해 빠르게 피드백했다면 발생하지 않았을 거라는 아쉬움이 많았던 경험이 있다.

대다수의 문제는 결국 대화를 통해 사안을 풀어갈 수 있다. 사람 사이의 관계는 늘 이해관계가 얽히기 마련이지만, 진실된 소통이 뒷받침된다면 원만한 관계를 유지할 수 있다. 프랜차이즈 사업에서 가맹본부는 가맹점과의 원활한 소통을 최우선 과제로 삼고 실행해야 한다.

소통을 잘하려면 상대방이 쉽게 이해할 수 있도록 표현하고, 일관되게 전달되어야 한다. 일방적인 의사소통으로는 기대하는 바를 이루기 어렵다. 한쪽의 견해가 반강제적으로 상대방에게 전달되는 느낌을 주는 소통은 원활한 소통이 아니다.

가맹본부와 가맹점은 서로 원하는 것을 얻기 위해 쌍방의 소통이 이루어져야 한다. 예를 들어, 가맹본부가 전국적인 프로모션을 추진한다고 해도 가맹점이 함께 실천하지 않으면 비용만 지출되고 성과를 달성하기 어렵다. 결국 가맹점을 동참시키려면 상대를 이해시키는 소통이 우선시 되어야 한다.

이 과정에서 슈퍼바이저의 소통 능력이 중요한 역할을 하지만, 그에 앞서 경영진이 정책의 취지, 배경, 목적을 슈퍼바이저가 충분히 이해하도록 만들어야 한다. 이것 또한 내부 구성원 간에 원활한 의사소통이 이루어져야 한다. 프랜차이즈에서 진정한 쌍방향 소통은 필수 불가결이다.

인생을 살아가면서 남과의 소통은 끊임없이 지속된다. 자신의 뜻과 맞지 않다고 상대를 배척하거나 배타적으로 행동하는 것은 어리석은 행동이다. 다름을 인정하고 "그럴 수 있겠구나"하고 상대의 견해와 주장을 존중하는 태도가 필요하다. 그러면서도 자신의 의견을 표현해 서로의 거리와 괴리감을 좁혀 나가는 지혜가 중요하다.

가맹점과의 소통은 좀 더 고도의 소통 기술이 요구된다. 가맹본부가 정한 정책을 현장에서 실행하도록 설득해야 하는 경우가 많기 때문이다. 가맹본부는 전체적인 방향을 고려해 정책을 수립하고 실천하려는 의지가 강한 반면, 가맹점은 각 매장의 처한 여건과 환경을 중시하고 그에 맞는 실천을 바라는 경우가 많다.

이런 상황에서 프랜차이즈의 통일성을 유지하기 위해 슈퍼바이저는 가맹점이 정책을 실행할 수 있도록 설득하는 미션을 갖게 된다. 바로 이 지점에서 쌍방 소통의 중요성이 부각된다. 만약 원활한 소통 없이 일방적으로 정책을 강행한다면, 가맹점과의 갈등이 커지고 결국 분쟁으로 이어지는 사례가 종종 발생 된다. 이는 쌍방 소통의 중요성을 극명하게 보여주는 대목으로 유념해야 할 사항이다.

04
신속한 피드백을 통한 가맹점 고충 처리

어느 조직에서나 문제가 발생하듯, 프랜차이즈 가맹점도 여러 원인으로 해결해야 할 사항들이 항상 존재한다. 가맹점의 수가 많든 적든 현장 클레임은 항상 발생 된다. 역설적으로 불만이 없는 것이 더 큰 문제가 되는 경우가 있다. 고객이 매장을 방문했는데 맛이 예전 같지 않거나 종업원의 서비스가 불쾌했을 때, 아예 아무 말 없이 나가버리고 다음부터 발길을 끊어버리는 경우다.

가맹점에서 발생하는 불만 사항을 해결하기 위해 슈퍼바이저가 존재하며 가맹본부가 운영되는 이유도 여기에 있다. 각 가맹점은 지역적 위치, 환경, 운영 방식 등이 다르기에 여러 가지 불만 요인이 발생할 수밖에 없다. 이때, 가맹점이 슈퍼바이저를 통해 문제를 제기하면 가맹본부는 신속하게 처리 과정과 결과에 대한 피드백을 해야 한다. 이러한 대응이 원활할수록 브랜드에 대한 만족도가 높아지게 된다.

반대로, 본부의 피드백이 늦거나 부족하면 브랜드 가치는 실추되고 가맹사업 자체가 쇠퇴기에 접어들게 된다는 사실을 경영자는 반드시 염두에 두어야 한다. 기존 가맹점의 브랜드 우호도가 낮다면 활발한 신규 매장 개설은 기대하기 어렵다.

가맹점 내에서 발생하는 클레임을 얼마나 빠르게 해결하느냐는 전적으로 담당 슈퍼바이저의 역량에 달려있다. 클레임을 최초로 받으며 처리 결과에 대한 피드백을 제공하는 주체가 바로 슈퍼바이저다. 만약 슈퍼바이저가 자신의 직무를 제대로 수행하지 못하면 가맹점의 불만은 극도로 커질 수밖에 없다.

가맹점의 가장 큰 불만은 클레임을 접수했음에도 아무런 회신을 받지 못한 경우다. 이것은 수많은 브랜드에서 이미 검증된 문제다. 따라서 가맹본부는 이 점을 깊이 인식하고 가맹점과 소통을 할 수 있어야 한다.

평소 원활한 소통이 이루어지는 브랜드는 가맹점의 불만 사항을 빠르게 해결할 수 있어야, 브랜드 이미지에 큰 타격을 주지 않는다. 가맹본부에서 경쟁력을 갖추고 있을 때 가능한 일이다. 경영자의 경영 능력에 따라 클레임 발생 빈도가 줄고 신속한 피드백이 행해지게 된다.

프랜차이즈는 사람을 중심으로 한 사업이자 교육사업이며 시스템사업이다. 가맹본부에 직무별로 유능한 인력이 배치되고 영업, 운영, 교육 시스템이 잘 완비되어 있다면 가맹점과의 불만 사항도 최소화될 수밖에 없다.

사람 사이의 사소한 갈등과 불만은 늘 존재한다. 특히, 프랜차이즈는 다수의 가맹점이 본부의 운영 원칙에 따라 동일한 맛과 서비스를 제공해야 하는 특수한 사업 형태이기에 상호 의견이 대립하고 상충 되기 일쑤다. 그러나 매장에서 불만 사항이 발생하더라도 슈퍼바이저와 가맹점 간에 친밀도가 형성되어 있다면, 불만의 강도가 적어지고 가맹본부를 이해하려는 마음이 앞서 원만히 해결된다는 사실을 슈퍼바이저는 필히 유념해야 한다.

슈퍼바이저의 태도와 대응 방식에 따라 브랜드 이미지가 긍정적으로 형성될 수도, 부정적으로 변할 수도 있다. 슈퍼바이저는 경영자를 대신해 가맹점과 직접 소통하는 현장의 대표이기에 끊임없는 교육과 육성이 절실히 요구된다.

매장에서 발생한 불만 사항을 가맹본부가 해결해 주어도 시기에 따라 가맹점의 만족도는 상당한 차이를 보이게 된다. 필요한 시점에 적절한 지원을 받으면, 가맹점은 본부에 대한 신뢰와 감사함을 느끼지만, 시간이 지나고 나서야 해결이 이루어진다면 오히려 반감이 생길 수 있다. 이 부분을 경영자와 슈퍼바이저는 클레임 처리에서 속도가 핵심 요소임을 반드시 인식해야 한다. 그렇지 않으면 브랜드 우호도는 점차 하락세를 보일 수밖에 없다.

또한, 가맹점을 방문한 고객의 불만 사항도 빠르게 해결해야 한다. 고객은 가맹점 보다 기다릴 수 있는 시간이 더 짧다. 불만이 즉시 해소되지 않으면 브랜드에 대한 신뢰가 무너질 뿐만 아니라 주변의 지인에게 부정적으로 전파될 가능성이 크다.

가맹본부는 가맹점과 원활한 소통을 통해 신속히 해결해 주어야 한다.

가맹점에서 요청한 사항에 대해 진행 과정을 공유하고 처리 결과를 신속히 해주는 것이 성공적인 가맹사업에 절대적인 영향을 미친다. '함흥차사'란 표현처럼 심부름을 간 사람이 아무런 소식 없이 늦게 돌아올 때를 비유할 때 쓰는 고사성어다. 가맹점에서 요청한 내용에 대해 가맹본부가 회신을 주지 않거나 늦게 전하면, 가맹점에서 불만을 표출하는 경우가 비일비재하다.

이 문제는 특정 브랜드에 국한된 것이 아니라, 대부분의 프랜차이즈에서 공통적으로 발생하는 실정이다. 물론 예외적인 브랜드도 있겠지만 소수에 해당한다. 그만큼 알면서도 현실적으로 신속하게 해결하기 어려운 부분이다.

담당자가 과다한 업무로 인해 놓치는 경우도 있지만, 그보다 현장에서 요구하는 문제 특성상 타 부서와 협의가 필요하거나 경영자의 의사 결정을 기다려야 하는 경우도 발생하기 때문이다. 이런 이유로 처리가 지연될 수밖에 없는 상황이라면, 중간 피드백이 필수이다. 그러나 이마저도 간과하는 일이 생기면 가맹점 불만으로 이어지기 때문에 가맹본부가 놓쳐서는 안 될 금기사항이다.

05
가맹점 간담회 활성화

가맹점 간담회는 현장의 목소리를 적나라하게 들을 수 있는 소중한 기회다. 슈퍼바이저가 여러 가맹점을 관리하다 보면, 본의 아니게 매장에서 발생한 불만 사항이나 가맹점의 건의 사항을 상사에게 보고하는 것을 잊어버리거나, 스스로 별문제가 아니라고 판단해 본인 선에서 무마해 버리는 일도 있다. 그러나 간담회를 하다 보면 이러한 문제들이 낱낱이 드러나 무안한 상황이 초래되는 사례가 의외로 많다.

가맹점 간담회는 늦더라도 현장의 문제를 파악하고 해결의 실마리를 찾을 수 있는 중요한 역할을 한다. 가맹점과 지속적인 만남을 통해 현장에서 일어나는 일의 실상을 파악하는 브랜드가 상호 상생의 길을 열어갈 수 있다. 반면, 브랜드가 현장에서 안착하지 못할수록 가맹본부는 가맹점과의 만남을 꺼리는 경향이 강하다. 가맹점이 모이는 것 자체를 부담스러워하는 경영자가 많은데 한번은 풀고 가야 한다. 그래야 가맹점 만족도를 높여 메이저 프랜차이즈로 향하는 발판을 마련할 수 있기 때

프랜차이즈 시작이 달라야 성공한다

문이다.

　가맹점 간담회에서 나오는 말들은 슈퍼바이저를 통해 평소 들을 수 있는 현장의 목소리보다 깊이가 있다. 간담회에는 경영자를 비롯한 가맹본부의 주요 인력이 참석하며, 이들은 현장에서 의사결정을 내릴 수 있는 위치에 있다. 따라서 가맹점은 실질적인 현장의 문제보다 진지하게 전하려는 의도가 강하다.

　이러한 간담회를 통해 가맹본부는 현장에서 발생하는 일에 대한 현상 분석과 대안을 마련해야 한다. 가맹점과의 신뢰를 저버릴 수 있는 불씨를 사전에 해소하는 데에도 도움이 된다. 가맹본부는 사전에 미팅 내용에 대한 준비를 철저히 해야 한다.

　먼저 정책 추진 방향을 논리적으로 설득할 수 있도록 해야 하고 당부 사항을 명확하게 정리해 전달할 수 있어야 한다. 간담회에서 가맹점의 의견을 들을 때는 무엇보다도 경청하는 태도가 최우선이다. 중간에 말을 끊거나 끼어드는 것은 절대 피해야 하며, 가맹점주가 이치에 맞지 않는 이야기를 하더라도 끝까지 듣는 자세를 취해야 한다. 특히, 다수의 가맹점이 모인 자리에서는 더욱 존중해 줄 필요가 있다.

　소통의 첫 단계는 경청이라는 사실을 누구나 알고 있지만, 실제 대화에서는 실천하기가 쉽지 않다. 그러나 진정한 소통이 이루어지려면, 상대방의 말을 끝까지 듣고 공감하는 자세가 필수적이다.

　가맹점 간담회에는 여러 가지 방식이 있으며, 명분을 세워 작은 단위로 진행하는 우수가맹점 간담회도 있다. 분야별로 가맹점 시책을 제시해 해당하는 가맹점을 대상으로 시상하고, 이후 현안 과제와 가맹본부의 향후 방향에 대해 논의하는 시간을 갖는다. 같은 부문에서 수상한 가맹점의 모임 성격이 강해 미팅 분위기가 좋아 현실적이고 진취적인 말들이 오고 간다. 이러한 간담회 방식은 적극적으로 추진할 필요가 있다.

또 다른 방법은 지역별 정기 간담회로, 주로 매년 초에 시행하고 있다. 메이저 프랜차이즈 몇 곳에서 실행하는 방법으로 지난해 동안의 추진 실적과 금년도의 추진 계획을 발표하고 가맹점의 건의 사항과 제안을 받는 시간을 가진다.

신메뉴 출시 간담회는 메뉴 출시 전에 그룹 또는 지역별로 진행되며, 가맹점의 반응을 살피고 아이디어를 받아 메뉴를 보완할 수 있어 효율성이 좋은 방식이다.

또한, 소그룹 간담회는 특정 그룹을 대상으로 진행하는 방식이다. 예를 들어, 1년 차 가맹점이나 신규 오픈 가맹점을 대상으로 한 모임이 이에 해당한다. 동질의 성격을 가진 가맹점들이 모여 현장 상황을 잘 파악할 수 있는 장점이 있다.

어떤 형태의 간담회이든, 가맹본부는 가맹점 간담회를 활성화시킬 수 있어야 한다. 간담회는 가맹점과의 상생을 기반으로 진정한 소통 채널이기 때문이다.

가맹점 간담회를 진행할 때 현장의 소리를 경청하는 마음가짐을 갖는 것이 중요하다. 일방적으로 가맹본부의 정책을 강하게 밀겠다는 생각은 금물이다. 가맹본부에서 중요한 정책을 입안하고 결정할 수 있는 관리자와 현장에서 직접 브랜드 가치를 제공하고 있는 가맹점주 간의 허심탄회한 소통을 통해 상호 신뢰를 쌓는 것이 간담회의 핵심이다.

상호 간의 미흡한 점을 돌아보는 시간이 되어야 하며, 이를 통해 새로운 마음가짐을 가다듬고 한 방향으로 향하는 전환점을 마련할 수 있다. 한쪽의 주장만 고집하는 간담회는 실효성을 거두기 어렵다. 가맹본부는 사전에 철저한 미팅 준비를 하고 추진할 수 있어야 한다.

가맹점 간담회를 정기적으로 진행하는 브랜드의 공통점은 브랜드경쟁력에 대한 확실한 믿음을 가지고 있다는 사실이다. 이들은 평소에 투명하게 경영하고, 가맹점과의 소통에 거리낌 없이 솔직하게 임하는 특징이 있다. 이는 가맹사업을 성공적으로 이끌기 위한 중요한 요인이다.

가맹점은 브랜드의 중요한 가족공동체라는 인식을 가지고 상생을 최우선으로 여기고 원활한 소통을 통해 정책을 추진해야 한다. 고객으로부터 좋은 이미지 브랜드로 안착하게 되는 것이 프랜차이즈가 갖는 속성이다. 가맹점 간담회를 꺼리는 브랜드는 메이저 프랜차이즈로 진입이 만만치 않다.

필자는 지역별로 간담회를 실시하여 가맹점과 더욱 돈독한 관계를 만든 경험이 있다. 지역별로 가맹점 모임을 한정식집에서 오후 1시경에 실시하여 오후 3시경 마치면 당일 매장 오픈하는 데 지장이 없어서 효율적이다. 보통 30명 내외로 식사를 곁들여 진행하는 방식이다.

간담회 진행 절차를 간략하게 소개하면 가맹점이 모두 모이면 가맹점마다 인사를 나누고 식사를 한다. 식사가 끝난 후 현장의 소리를 경청하는 시간을 갖는다. 현장의 목소리를 다 들은 후, 바로 답변할 수 있는 사안은 그 자리에서 답을 해주고 논의가 필요한 부분은 향후 회신을 약속한다. 이후 가맹본부의 실적을 전달하고 향후 마케팅 및 브랜드 홍보 전략을 설명하며 특별한 정책에 대해 안내하고 가맹점들이 준수해야 할 사항을 당부하고 간담회를 마친다.

가맹점 간담회를 추진할 때는 반드시 의사결정 권한을 가진 경영자나 NO.2가 참석해야 한다. 가맹점 간담회는 가맹본부와 가맹점이 상호 신뢰와 믿음을 공고히 하는 자리이며 작은 불씨를 해소할 수 있는 기회다.

06
동반 성장할 수 있는 협의체 구성

가맹점과의 진정한 소통을 통해 현장 상황을 파악하고 대책을 마련하기 위해 지역 대표성을 갖춘 가맹점들과 모임을 결성하여 운영하는 브랜드가 있다. 이 브랜드는 정기적이거나 수시로 주요 정책이나 이슈가 있을 때 대표 가맹점들과 논의하여 실질적이고 실효성 있는 대안을 수립해 실천하면 정책을 추진하는 데 효과적이다.

가맹본부는 현장에서 듣기 싫은 소리를 가감 없이 귀담아들을 수 있는 대화 채널을 활성화해야 한다. 아무리 서운하고 오해가 있어도 자주 만나서 대화하면 해결의 실마리가 보이게 된다.

일부 메이저 프랜차이즈는 가맹점을 대표하는 기구를 만들어서 소통하고 있다. 예를 들어, 동반 성장위원회, 마케팅위원회, 가맹점주 협의회 등 가맹본부가 주관하여 구성하고 이를 통해 주요 정책과 이슈에 대해 논의하는 경우다.

반대로 가맹점주가 자체적으로 대표성을 띤 협의회를 구성하여 가맹본부를 견제하고 건의사항을 제안하는 사례도 있다. 이처럼 가맹본부는 가맹점과 언제든지 소통할 수 있는 열린사고를 가져야 한다.

가맹점과의 갈등과 분쟁을 일으키는 브랜드를 보면 대부분 소통의 부재에서 비롯된다. 종종 소통이 잘 되고 있다고 착각하는 경우가 많다. 진정한 소통은 쌍방이 함께 마음을 주고받을 수 있는 환경을 만드는 것에 달려 있다.

프랜차이즈는 끊임없이 가맹본부와 가맹점 간의 소통이 이루어져야 하는 구조다. 가맹점은 본사의 제품과 서비스를 현장에서 고객에게 전달하는 역할을 하기 때문에 가맹본부는 소통을 잘할 수 있는 환경과 여건을 만들 수 있어야 한다. 스탭 부서는 물론이고 특별히 슈퍼바이저의 소통 능력은 성공적인 가맹 사업을 위해 절대적으로 요구되는 사항이다.

또한, 대표성 있는 가맹점 협의회를 구성하는 것도 중요한데, 평소 슈퍼바이저의 가맹점 관리역량에 큰 영향을 받는다. 이러한 단체기구는 가맹점 수가 어느 정도 확보되었을 시 효과를 볼 수 있다.

어느 한쪽만의 성공은 기대할 수 없는 프랜차이즈는 동반 성장할 수 있도록 제반 시스템을 갖추는 것이 중요하다. 자칫 소홀히 여길 수 있는 것이 바로 가맹점과의 소통 채널이다. 이 점은 필자가 여러 해 동안 경험하고 여러 브랜드를 자문해 주면서 피부로 절감한 부분이다. 가맹사업에서 중요한 부분을 차지하는 가맹점과의 원활한 소통을 간과하고 있다는 사실이다.

당연히 슈퍼바이저가 알아서 가맹점의 고충을 잘 해결하고 관리하면서 지도하고 있다고 생각하며 소통상의 문제가 없다고 판단하는 경우가 많다. 하지만 이는 굉장한 오류를 범하고 있다고 봐야 한다. 일방적인 소통은 원활한 소통이라고 볼 수 없다. 대부분 여기서부터 발생하기 때문이다.

브랜드가 가맹점과의 소통을 잘하고 있는지 경영진단을 수시로 진행해야 한다. 가맹점과 동반 성장할 수 있는 기반을 마련하는 것은 쌍방이 원활한 소통을 할 수 있도록 환경을 마련하는 것이다. 브랜드에 대한 만족도와 충성도를 상승시키기 위해서는 1차적으로 가맹점과의 여러 채널을 통해 쌍방의 소통을 추진해야 한다. 가맹본부와 가맹점이 원활하게 소통하는 환경이 조성되면, 다음 단계에서 실천을 통해 목적을 달성할 수 있는 구조가 프랜차이즈이기 때문이다.

프랜차이즈로서 확고하게 자리매김한 브랜드는 가맹본부 주관으로 대표 가맹점주 모임을 결성한 뒤, 정기적이거나 수시로 주요 정책을 결정해야 할 때 미팅을 열어 논의하고 실행안을 수립한다. 이 모임은 지역을 대표하는 가맹점주들로 구성되기 때문에, 여기서 결정된 사항은 현장에서 실행력이 높아질 수밖에 없다.

이런 모임을 운영하려면 전국적으로 안정된 가맹점을 보유한 브랜드여야 가능하다. 메이저 브랜드로 도약하는 단계이거나 이미 입성한 브랜드가 할 수 있는 방식이다. 여기서 주의할 부분은 대표 가맹점을 선출하는 방식이 합리적이어야 한다. 가맹본부가 일정한 기준을 정해 선

프랜차이즈 시작이 달라야 성공한다

출하는 방식도 있지만, 가맹점에서 자체적으로 선출하는 방식이 전체를 대신하는 데 유리하다.

가맹본부는 가맹점과 함께 성장할 수 있는 채널을 강화할 필요가 있다. 가맹점 수에 부합한 소통 채널을 구성하고, 서로 동반 성장하는 사업 파트너라는 인식을 심어줄 수 있어야 한다.

프랜차이즈는 가맹본부와 가맹점이 열린사고를 갖고 공동운명체라는 인식 속에 각자에게 주어진 역할과 책무를 이행했을 때 함께 성장할 수 있는 사업구조다. 브랜드가 고객에게 늘 가까이 다가가려면 먼저 동반 사업가라는 의식을 갖추고 있어야 한다.

프랜차이즈의 핵심은 '일관성'이다. 매장에서 동일한 경험을 지속적으로 유지하고 매장을 운영하느냐가 고객의 뇌리에 오랫동안 간직될 수 있다. 가맹본부와 가맹점이 다양한 방식으로 소통할 수 있는 채널을 만들어 늘 같이한다는 생각을 갖도록 해야 한다.

성공적인 가맹사업을 희망하는 예비 경영자나 초기 단계에 있는 경영자에게 가맹점과의 원활한 소통이 목표 달성을 훨씬 수월하게 만든다는 점을 명심해야 한다. 초심을 유지하고, 서로 막힘없이 소통할 수 있는 가맹본부가 메이저 프랜차이즈로 안착할 수 있다.

1호점이
브랜드의 거울이다

어느 조직이든 문제가 없는 것이 오히려 문제라는 말이 있다. 프랜차이즈도 마찬가지다. 예측하기 힘든 많은 문제가 빈번히 발생할 수밖에 없다. 이는 가맹본부가 직접 소비자에게 제품을 판매하는 구조가 아니라, 가맹점을 통해 운영되는 사업 방식이기 때문이다.

프랜차이즈 사업이 성공하려면 처음부터 가맹본부와 가맹점이 함께 성장하는 구조를 만들어야 한다. 서로 가치관과 배경이 다른 여러 가맹점을 하나로 묶어 브랜드의 통일성을 유지할 수 있어야 장기적으로 상생할 수 있다.

가맹점이 수익을 내지 못하면 가맹본부가 아무리 지원하고 혜택을 줘도 브랜드에 대한 신뢰는 하락할 수밖에 없다. 1호점에서 확실한 수익모델을 만들고 이를 다른 매장으로 확산시켜야 브랜드의 믿음과 가치가 증대된다. 그래서 1호점을 수익모델 매장으로 만드는 것이 무엇보다 중요하다.

2호점, 50호점, 100호점을 1호점과 같은 수준으로 운영하려면 슈퍼바이저의 역할이 필수적이다. 슈퍼바이저는 단순히 매장을 방문하는 것이 아니라, 매장 운영에 실질적인 영향을 미칠 수 있어야 한다. 가맹본부의 검증된 시스템을 기반으로 가맹점이 안정적으로 운영되도록 돕는 것이 핵심이다.

프랜차이즈 사업에서 성공적인 가맹점을 운영하려면 철저한 검증이 필요하다. 하지만 현실에서는 많은 창업자가 개인 사업을 하다가 장사가 잘되면서 깊이 있는 검증 없이 프랜차이즈를 확장하는 경우가 많다. 그러다 보니 처음부터 프랜차이즈 시스템을 제대로 이해하지 못한 상태에서 가맹사업을 시작하는 경우도 흔하다.

프랜차이즈 시스템을 제대로 이해하고 철저히 준비하더라도 사업을 진행하면서 예상치 못한 장애요인이 발생하기 마련이다. 프랜차이즈 인프라나 운영 노하우가 부족한 상태에서 브랜드를 키우려 하면, 성장 단계부터 어려움에 봉착할 수밖에 없다. 현 시장에 나온 무수히 많은 브랜드 중 200호점을 넘긴 곳이 많지 않은 이유도 여기에 있다.

필자는 다년간 국내 최고의 프랜차이즈를 비롯해 중견 및 신생 프랜차이즈에서 종사하며 가맹사업이 성공하려면 초기부터 가맹본부와 가맹점이 상생해야 한다는 사실을 몸소 체험했다. 다양한 환경에서 여러 직무를 수행하며, 언제, 어떻게 프랜차이즈 사업을 추진해야 성공 확률을 높일 수 있는지 피부로 절감하였다.

브랜드가 1호점에서 100호점, 300호점, 500호점까지 확장해 나갈 때 중요한 것은 가맹본부가 초심을 잃지 않고 기본에 충실하며 가맹점을 관리하는 것이다. 운영 중인 가맹점주가 브랜드에 만족하지 않으면, 가맹점 확산은 수월하게 이루어질 수 없다. 실제로 이 부분을 놓쳐 브랜드에 대한 신뢰가 추락하는 경우가 다반사다.

가맹점과 신속하고 원활하게 소통해야 가맹점주가 가맹본부의 정책을 이해하고 실천할 수 있다. 하지만 그보다 우선되어야 할 것은 가맹점이 수익을 낼 수 있는 구조를 만드는 것이다. 수익성이 검증된 모델 매장 없이는 프랜차이즈의 특성을 살리는 것도 힘들다.

프랜차이즈 사업은 가맹본부와 가맹점이 함께 성장할 때 메이저 브랜드로 진입하게 된다는 점을 가맹본부는 유념해야 한다.

지금도 무수히 많은 프랜차이즈가 탄생하고 있다. 브랜드에 대한 각자의 확신 속에서 프랜차이즈 사업의 문을 두드리고 있을 것이다. 하지만 시작하기 전에 한 번 더 모델 매장의 투자수익률과 운영시스템을 철저히 점검해 보기를 권한다.

안테나 매장이 성공적으로 자리 잡아야 2호점, 100호점, 500호점까지 이어질 수 있다는 사실을 직시하고, 가맹사업을 추진해 원하는 목표를 이루길 진심으로 바란다.

끝으로 이 책을 통해 모델 매장의 중요성을 일깨우는 계기가 되길 바라며 가맹본부와 가맹점이 동반 성장하는 성공적인 프랜차이즈로 거듭나길 기원한다.